变革的课程领导丛书

丛书主编◎杨四耕

磁性课程
当文化与儿童相遇

王 平◎主编

华东师范大学出版社

提升课程领导力：学校课程变革的
恒久命题与核心内涵

于课程改革而言，课程领导问题无法回避，不可或缺！

因为，提升课程领导力是学校课程实践的恒久命题，也是课程研究的一个新兴领域。

早在 1952 年，哥伦比亚大学帕索教授（A. H arry Passow）就写了《以集体为中心的课程领导》的博士论文，并进行过一个为期 14 个月的课程领导项目研究。1976年，尤鲁（Glenys G. Unruh）在《课程领导的新内涵》一文中提出了课程改革的关键在课程领导之观点，引起课程理论与实践界的热议。进入 20 世纪 80 年代，整个时代发展呈现出前所未有的民主、合作氛围，人们在质疑、批判的同时也开始寻找符合时代特点的课程管理范式。20 世纪 90 年代以后，课程领导的理念越来越受到青睐，许多教育类书籍开始频频涉及课程领导话题，如罗梭（L. E. Rossow）的《校长：教学领导中的尺度》，布雷斯（Blase）等人的《教学领导手册：真正优秀的校长如何促进教与学》、Allan A. Glatthorn 的《校长的课程领导》、詹姆士·G·亨德森等人的《革新的课程领导》等。这些著作对课程领导进行了较为详细的阐述，形成了比较系统的课程领导理论。

值得注意的是，国外关于课程领导的研究并不仅仅停留在理念层面，而是已经深入到实践中，形成了一系列的课程领导模式，如美国的课程与学校改善模式、加拿大的课程开发共同体模式、英国的学科领导者模式等。

我国香港、台湾地区自 20 世纪 70 年代起，已开始课程领导的研究，成果颇丰，仅2001—2005 年间以"课程领导"为学位论文标题者，就有 28 篇，其中博士论文 2 篇，硕士论文 26 篇。此外，我国香港、台湾地区还有不少课程领导方面的研究专著。从总体上看，我国香港、台湾地区关于课程领导的研究已进入实践层面，已经关注到了课程领导的具体问题。

近些年来，我国大陆地区对课程领导理念的认识已经取得共识，其中有些研究成果颇具前瞻性，如提出"教师即课程领导者"，这与课程领导研究的若干前沿观点是一致的；又如认为课程领导的主体可以是个人，也可以是团队，这为构建课程领导共同体提供了理论基础。目前，我国基础教育课程改革到了攻坚阶段，有必要加强课程领导问题的研究。提升课程领导力是推进、深化课程改革极其重要的举措。

于课程改革而言，课程领导问题无法回避，不可或缺！

因为，提升课程领导力是学校课程实践的核心内涵，也是学校课程品质凝练的基本保证。

"课程领导"并不是"课程管理"概念的简单替换。"课程领导"概念的提出不仅仅是术语上的改进，它折射了民主、开放、沟通、合作的基因。从课程实践的角度看，课程领导是一种角色，更是一个过程。

——课程领导是一个持续变化、充满活力的互动过程。其间既关注学校领导者的专业参与、决策和发展，也关注学校情境因素对教师和学生参与学校课程的影响。课程领导力是个体在与群体互动中，对群体提升课程品质的影响力。提升课程领导力意味着提升对课程的判断力、理解力、规划力、执行力和评价力。

——校长作为课程领导者是学校课程实践的诉求。校长进行课程领导的主要措施是：厘定学校课程哲学，规划学校整体课程；健全课程开发组织，监控课程实施过程；创造自己的高效教学经验，推动以有效学习为中心的变革；组织合作的教师团队，促进师生共同发展。

——教师作为课程领导者是教师专业化的要求。教师进行课程领导的主要措施是：根据课程方案，通览学段教材；参照课程标准，拟订学期教学计划；编拟学习单元，整合课程资源；充实课程内容，创造自己的课程；推进课堂教学，评价课程效能。

——学生具有参与学校课程变革的能力。共享学习权力是学生参与课程变革的本质。学生成为研究者，是参与课程变革与创生的关键。

——课程领导对学校发展具有重要影响。课程领导促进学校发展的具体表现是：优质教育理念的确立、学校发展规划的制订、教师专业水平的提升、教学质量的提高、学校文化的重塑、学校管理的优化以及相应课程连结的创造。

总之，探讨课程领导的理据、途径、措施和条件等问题，确立校长、教师和学生领导学校课程变革的合理性与可能性，揭示中小学课程领导力提升的基本规律，为校长、教师和学生成为真正的课程领导者提供理论依据和实践技术，是我们的共同追求。

于课程改革而言，课程领导问题无法回避，不可或缺！

因为，提升课程领导力是课程研究的应然诉求，也是学校课程实践的实然状态。

学校课程发展是一项合作的事业，需要校长、教师、专家、学生、家长和社区各方面力量的参与。构建课程领导共同体，让课程参与者共同承担课程领导的责任，分享共同的价值观，是学校课程变革的必然要求。着眼愿景创建、环境创设、行动创生之过程，把握制度建设、文化更新、观念变革、技术革新之取径，采取开放、参与、共享、多元之策略，是学校构建课程领导共同体的基本思路；成立课程发展委员会，加强教研组和备课组的课程慎思，强调领域和主题的课程统整，创建完全的课程连结，规划学校整体课程，创造自己的高效教学经验，是学校构建课程领导共同体的基本方法。

"变革的课程领导丛书"是上海市教育科学研究项目"基础学校课程领导共同体的构建研究"与全国教育科学规划"学校整体课程规划的理论与实践研究"之终期成果，也是合作研究学校之集体智慧的结晶。我们倡导校长、教师和学生共享课程权力，共同领导课程变革之观点。根据课题研究需要，我们采取或"理论先行，实践验证"，或"实践探索，总结提升"，或"理论与实践互动，形成模式"之研究路径，着力探讨以下问题：为什么要倡导校长、教师和学生共享课程权力，领导课程变革？校长、教师如何进行课程领导，学生如何参与课程变革？需要什么条件？存在哪些问题？如何克服？如何提升中小学校长、教师的课程领导力？如何增进学生参与课程决策能力？课程领导力如何测量与评价？课程领导力与中小学课程改革的关系如何？课程领导力提升了又是如何推进学校课程变革的？等等。

本丛书从"变革"的视角，以"变革"的哲学看待课程领导的理论与实践，分析、解决中小学课程改革的系列问题，主要包括《学校整体课程规划的7个关键》《创造自己的高效教学经验》《百草园课程：架构与创生》《无边界课程：框架与实施》《阶梯式课程：设计与实施》《课程统整：后绿色学校的想象力》《磁性课程：当文化与儿童相遇》《"更儿童"的课程：阶梯式课程的深度推进》《特色学科建设：理论与实务》等。

我们非常荣幸地邀请到中国教育学会副会长张民生教授、上海市教育科学研究院胡兴宏研究员担任丛书学术顾问。他们对后学的扶持，让我们由衷敬佩！

感谢上海市教育科学研究院普通教育研究所对我们研究工作的鼎力支持，感谢各位合作者及其学校的长期合作，感谢华东师范大学出版社对我们研究成果的高度信任，是他们让我们的思想得以分享！

真诚希望广大专家、同行给我们提出宝贵的意见和建议，pujiaosuo@163.com 永远期待您的声音！

杨四耕

2012 年 10 月 24 日

目录

序一

  一只萤火虫在夏夜里穿行，点点萤火居然不会把自己烧死；一只蜜蜂飞得很远很远，它居然能够很准确地找到自己的家。这些，给我们的童年带来了很多的好奇和快乐。于是，年少的我们会不断地向大人们提出问题：萤火虫为什么会发出光亮？蜜蜂为什么能准确地找到自己的家？

  童年的好奇就如磁石，伴随着成长，深深地引导我们一如既往地去研究和探索。瑞金二路小学（以下简称"瑞二小学"）多年来，坚持开展校本课程的研究，围绕儿童与生俱来的好奇，开发出"磁性课程"发展模式。"磁性"已成为瑞二小学的办学特色和独特标识。在这所"磁性学校"里，儿童沐浴在充满"磁性"的学校文化里，在尽情嬉戏中成长。以"磁性"吸引学生和家长，在老师的指导下，儿童可以基于自己的兴趣，从自然、社会、学科领域、身边生活中选择自己感兴趣的课程专题。他们通过实践获取知识、应用知识、研究问题、解决问题，在不断的探索和研究中，增强了好奇心和对知识的渴求，取得了可喜的成绩。这种课程发展模式——"磁性课程"的开发与实施培养了学生乐于探究的精神，使孩子们成为一块块乐于学习的小磁石。

  瑞二小学以"磁性"作为富有吸引力的表达，并以此作为自己的教育追求——"磁性教育"。"磁性教育"，旨在创造性地借鉴磁性现象，用诗意化的方式表达瑞二人对小学教育的理解，即学校是一个文化场，它应在适应和满足小学生发展需要的同时，激发他们主动学习的兴趣和能力，并由此增添真实的生命活力，使人类灿烂的文化对每一个孩子产生更多吸引的"磁性"。

  瑞二老师相信，"磁性教育"能为学生的发展提供持久的营养和动力。瑞二老师坚信：课程的魅力在于富有吸引力。于是，把"磁性课程"作为实施"磁性教育"的重要抓手。瑞二小学秉承"课程即磁铁石"的课程理念，着眼于学生的成长需要，通过营造开放空间、创造学生参与的途径，打造富有吸引力的，并且可以促进学生成长的课程。让每一个学生都能根据自己的特点选择自己感兴趣的课程，体验自己应有的课程决策，让个性得到充分的发展,从而让课程拥有磁性,让学校拥有磁性。

"磁性课程"的定位在于:体现瑞二小学办学理念,营造富有吸引力的学校教育的文化场。因此,我认为"磁性课程"这一课程发展模式的目标可以表现为以下两个方面:

——适应学生的成长特征,回应社会和家长的期望,根据学校所处的周边环境和学生的实际情况,让课程贴近学生生活;根据孩子的智力发展水平,关注学生差异、着眼发挥学生个体潜能,发挥课程的文化场的力量。

——引领学生的发展需要,吸引学生积极投入到学校生活之中,实现更高品质的发展。"磁性课程"是立足现实、面向未来的课程,以心理健康、科技、德育等课程作为磁极,让学生在潜移默化中得到磁化,从而养成良好的品德和对学习的痴迷。

在阅读本书的时候,我能从"磁性课程"这一富有特色的课程发展模式背后,读出隐藏在背后的价值:

一是"磁性课程"有利于学生的发展——学生特长的形成。教育最高的价值在于使每个人的个性都得到充分而自由的发展,"磁性课程"的意义就在于创造一种适合每一个学生发展的教育,注重学生的主体性、差异性,注重不同学生原有的生活经验和学习基础。当课程与教学向学生的生活世界回归,当课程实施过程中强调学生发展的主动性、可持续性,当每一个孩子的个性发展成为教育的终极追求,"使每个学生都能得到充分的发展"的理念才真正化为行动。

二是"磁性课程"有利于教师的成长——教师专业的发展。课程是孩子在学校一切生活的总和,教师的专业发展是提升这个总和质量的核心。要让学校成为"磁性学校",教师就要努力做一个课程的研究者。在探索研究"磁性课程"的历程中,瑞二小学的教师个个都成为了教学现场的洞察者、课程改革深度参与者、课程完善的探索者。教师在结合学校传统和自身优势的基础上,不断领悟、开发和实施课程,这个过程,就是教师自然成长的过程,慢慢地从普通教师成为一个富有磁性的"专家型"教师。

三是"磁性课程"有利于学校的发展——学校特色的凸显。瑞二人坚信:一所学校的发展不在于其空间的大小,而在于其内涵的丰富性。瑞二小学有着悠久的办学历史,同时滋养在最富有海派文化气息的地区,当学校自身发展的传统和校园周边深厚的历史文化被充分挖掘出来后,充满魅力的办学特色也就自然形成了。

相信每一个读完这本书的教育者,都能清晰地看到这样一幅动人的情景:在这所"磁性学校"里,每一个儿童都沐浴在"磁性"的文化里,享受"磁性课程"带给他们的学习快乐。

我感动:瑞二小学的孩子是愉快的;

我感怀:"磁性课程"是富有魅力的;

我感谢:"磁性学校"创造的新经验,能够成为上海基础教育转型发展的新亮点。

倪闽景

上海市教育委员会基础教育处处长

2012 年 10 月

序二

读完《磁性课程：当文化与儿童相遇》的全部书稿，我不禁陷入了沉思。梳理自己阅读此书的一些思绪断想，权充序言。

瑞二小学真的很普通，论规模，比较小；论历史积淀，其建校历史还不足百年，在黄浦区仅百年老校就有 20 多所。但就是这样一所普通小学，近年来，始终坚持"做学生喜欢的教师，办富有磁性的学校"这一目标，咬定青山不放松，走出了一条"科研兴校、特色发展"的路子。自 2007 年始，学校围绕区级重点课题《"磁性课程"的设计与开发研究》开展了扎扎实实的实践研究，设计并开发出一系列切合本校学生发展需求的课程，其中"世博课程"尤为引人瞩目，受到了教育圈内外的好评。继而，学校在此基础上，认定办"磁性学校"的目标，由点到面，由浅入深，以新的课题《小学特色课程的整体设计与精细实施研究》（上海市教育科学规划课题）来统领学校工作，推进学校向更高层面攀登。有耕耘就有收获。如今，《磁性课程：当文化与儿童相遇》一书即将付梓。我注意到，本书的撰稿者主要是本校教师（参见《后记》），教师是课题研究的参与者、受益者。手捧书稿，我感受到沉甸甸的分量，深知其字里行间凝聚着教师们的心血和智慧，勾勒出教师们心系孩子、追寻教育理想的心路历程；书稿忠实地记录了瑞二人一路走来、风雨兼程之艰辛，也寄托着他们对学校未来发展的憧憬。

我们知道，学校的发展是建立在每一个教师发展的基础上的，也即说，只有一个个教师的发展，才有学校真正意义上的发展。学校管理者要尽可能地激发教师参与课题研究的信心和热情，让教师在研究的过程中提升教育境界，增强专业能力，这应该是"科研兴校"的本质含义。本书的出版所蕴含的意义及价值大概也就在此吧。

瑞二小学，地处中心城区，地域文化资源丰富，具有浓厚的历史人文气息。学校周边坐落着田子坊、绍兴路文化街、8 号桥创意园区、思南公馆——历史名人一条街等等。这些社会文化资源，如何改造、转化为学生的学习资源，为学校教育所用？对校长而言，这是课程领导力的体现。让学生走出校园，到周边社区去学习考察，从而拓展学生的学习经历、形成自己的学习经验，这是上海市新一轮课改所倡导的核心理念。瑞二小学可谓"善假于物也"，在深入推进课改的过程中，学校将"天时、地利"融入到自己的课程设计与开发之中，创设出具有校本特色、地域特点，切合学生发展需求的拓展型和探究型课程。正像书中所表达的，资源无处不在，关键是我们有没有这样的意识和能力：有意识，那就"生活即教育"，无处不是教育的资源；有能力，无处不在的资源才能被转化为可用于教育的资源。瑞二小学的领导与教师看待周边资源的眼光是专业的，他们整合、转化社会资源的能力是很强的；学校编撰的校本教材，对学生身心健康成长是有益的，无疑，也是完全符合新一轮课改精神的。

除此之外，学校对"世博课程"加以改造，使之提升与完善，成为世博后新的拓展型课程，用以拓展学生的视野，培养学生对多元文化的理解与尊重的国际素养，这种课程开发与实施思路是值得赞许的。

瑞二小学的办学传统与理念是"接纳平民，善待百姓"。这样的办学理念在当下依然是先进的。今天，政府极力倡导基础教育要均衡发展，黄浦区在教育改革与发展目标上始终坚持"办人民满意的教育，办学生喜欢的学校"。坦白地说，"接纳平民"主要是政府行为，在现行体制下容易做得到——政府通过落实"就近入学"、"划块录取"的政策就可做到；但要真正做到"善待百姓"——"善待百姓的子女"，就得依靠校长和教师来做了。如何"善待"？路径大概只能是学校通过改革课程与教学，为每一个孩子提供适切的教育教学来促进他们的身心健康与学业进步。真正"善待"每一个孩子，既是我们教育工作者的追求，也是我们必须要研究的专业工作。从这样一个意义上说，本书的内容，其实就是瑞二小学在办学实践中研究如何"善待"学生。

一所学校、一段办学历程、一个课改案例，这本书通过呈现出"这一个"，从而揭示出某种典型意义。有幸读到此书的读者，或将引发一些思考，或将有所借鉴。如是，对本书的编撰者来说肯定是很欣慰的。

以上是我阅读此书的一些断想，恐怕有点杂乱，但我是真诚的。

唐海宝

上海市黄浦区教育局党工委书记

2012 年 11 月 9 日

前言

  在集中西文化于一身的田子坊、浓浓书香情怀的绍兴路、幽静雅致的思南路与时尚前沿的"日月光"商业中心之间,坐落着一所古朴而又典雅的学校——瑞金二路小学(以下简称"瑞二小学")。"校不在大,有魂则灵;廊不在深,有韵则名",这是 2011 年上海市政府教育督导室主任杨国顺对我校课程改革与教学调研的高度评价。看似简单的一句话却给予了我们这所极其平凡的学校巨大的鼓舞与力量,帮助我们指明了学校今后发展之道,同时也使我们重新回顾了学校漫漫的课程改革之路。

  迎着上海市"二期课改"的春风,2005 年我校开始尝试与探索校本课程的开发。2007 年我校的《"磁性课程"设计与开发研究》被立项为区级重点课题。课题研究初期,学校"磁性课程"的研究还局限于以科技教育为主的"校本课程"创建项目上,操作更趋向于建设"特色课程"。之后,随着学校课程改革的不断深入,"磁性课程"的内容涵盖愈加宽泛些。我们根据学校的办学宗旨、培养目标、社会需求以及学生的兴趣爱好,充分利用现有的校内外教育资源,积极开发了科技教育课程、心理健康教育课程、世博德育课程、在地资源类课程等众多"磁性课程"。这些课程符合我校学生的年龄特点与心理特征,满足了他们的成长需求,因而深受学生的喜爱,在市、区范围也赢得了一定的声誉。

  积极开发更多"磁性课程",构建我校"磁性课程"体系,既是我校进行新课程改革所赋予的使命,也是我校彰显"磁性教育"办学理念的重要载体。于是,在前一轮课题研究的基础上,2010 年关系着我校整体课程发展的课题研究——《小学特色课程的整体设计与精细实施研究》应运而生。因此,我们瑞二小学全体师生继续践行着课程改革的探索之路,立足"磁性"理论,强化教学实践……

  随着课题逐步接近尾声,回首我们为争创"磁性学校"而奋斗的"磁性课程"变革之路,其间充满着艰辛与荆棘,有过徘徊与无助……但最后我们收获累累的硕果,拥有更多的是成长、成熟、成绩……您瞧,这棵结满了果实的"磁性之树":

立足"磁性之根"的思考。我校在前期课题研究——《"磁性课程"的开发与设计研究》中取得了较为显著的成效,使"磁性学校"、"磁性教育"成为我校的办学特色和独特标识。触摸当今时代的脉搏,在"二期课改"的全面推进中,在提升课程领导力的迫切需求下,我校如何坚持"磁性教育"的理念? 如何通过课程这一载体将理念实践化? 如何将"磁性教育"办学理念与二期课改的核心理念有机融合? 这一连串的问题等着我们去思考与回答。于是,我们根植于"磁性",开启了本卷的扉页,本书的第一章、第二章和第三章正记载了这样一段思考之路。

感应"磁性之杆"的成长。倾听历史的回音,感应历史的召唤,我校一直传承着"接纳平民、善待百姓"的办学传统,始终恪守着"磁性教育"的办学理念,并将这种理念落到实处,积极探索在学校"磁性课程"、"磁性课堂"、"磁性管理"、"磁性评价"领域中逐步开花,感受我校"磁性之树"从无到有,从有到优的茁壮成长过程。本书的第四章、第五章、第六章和第七章呈现给大家的就是我们瑞二小学全体师生对于"磁性课程"改革实践的成长之路。

歌唱"磁性之果"的收获。课题研究就犹如踏寻一道风景,沿途可能荆棘丛生,也可能布满惊喜。《磁性课程——当文化与儿童相遇》一书见证了我校探索"磁性学校"发展之路的过程,也是我校坚守自己发展之道的意外惊喜。"磁性课程"改革之旅让我们的学生更爱学习了,让我们的老师更爱教学了,让我们的学校更富"磁性"了。实践也证明,"磁性"让学生在课程中感受到学习的快乐;"磁性"让教师在课程中不断发展了自我;"磁性"让学校在课程中不断确信了自身定位。

朱永新先生在《新教育之梦》一书中这样说道:"理想的学校,应该是一所有特色的学校;理想的学校,应该是一所有品位的学校;理想的学校,应该有一个富有人格魅力、有远大理想的校长;理想的学校,应该有一支创新型、有活力的教师队伍;理想的学校,应该有一批善于探索、具有良好习惯的学生;理想的学校,应该有一个面向所有学生的校本课程体系……"

让我们"瑞二人"追随理想,坚守信念,怀着坚持不懈的精神,用自己的汗水与智慧为创办一所富有真正意义的"磁性学校"而不懈奋斗,让"磁性"的光芒在星空中熠熠生辉。

王 平

2012 年 12 月

第一章　校不在大,有魂则灵

磁性智慧——

　　有一种回味无穷的魅力叫"磁性",有一个儿童喜爱、富有吸引力的乐园叫"磁性学校"。历史的声音回荡在耳边,喃喃诉说着磁性的源泉;触摸时代的脉搏,仰望天空,脚踏实地,磁性与现实结下了不解之缘;沧海桑田,放眼未来,需要描绘更美好的磁性愿景。我们励志踏着磁性的足迹,建设更富有魅力、拥有灵魂的学校……

第一节　磁性之源:历史的声音

　　朦胧月,淡淡风,往事已随风而逝,而历史的声音却总是回荡在耳边久久不散,历史的风铃声,起伏在耳畔,喃喃吟诵着她的音色……

　　黄浦江畔,花木掩映中坐落着一所古朴典雅,富有磁性的学校——瑞金二路小学(以下简称"瑞二小学")。百年经雨凭风行,瑞二小学济舟日日新,她已经走过八十年风雨历程,从无到有,从有到优,举步维艰,成为如今旧貌换新颜的"磁性学校"。瑞二人在学校历史的演绎中看着那些潮起潮落的影子,倾听着那扣人心弦的历史之音,励志踏着磁性的足迹,建设更富有魅力、拥有灵魂的学校……

一、"接纳善待"

　　学校前身可追溯到创办于1930年的国华小学,1932年更名为华广小学。她们既是"接纳善待"之礼的传承,更是今天"磁性"理念的源泉。近代上海的学校教育素来发达,各类大中小学校林林总总,比比皆是。但同样是在上海,大街小巷到处徘徊着失学儿童的身影。在工厂的机器旁边,那些本该坐在教室里读书的孩子却在忙碌劳作,读

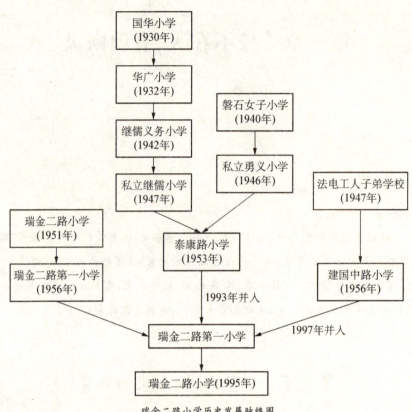

瑞金二路小学历史发展脉络图

书上学对于他们来说简直就是一个遥远的梦想。据统计,在 20 世纪 30 年代初,上海适龄儿童的失学率仍然高达 35％。①

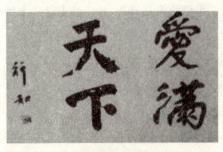

◎ 陶行知题词"爱满天下"

1932 年 10 月,著名教育家陶行知把在晓庄师范学校积累的教学经验带到上海,在宝山大场地创办了"山海工学团",它招收当地贫苦人家子弟,为了让他们得到受教育的机会,"山海工学团"奉行"来者不拒,不来者送上门去"的招生原则。陶行知曾为其题词"爱满天下"。无独有偶,30 年代的国华小学和华广小学坚持"接纳平民、善待百姓"的

① 庄庆龄.学堂春秋[M].上海:上海文化出版社,2005:90.

理念,招收平民百姓的子女及那些失学儿童。

有这样一则小故事——

一个夏天,上海西区一条马路,一男孩拎只冷饮瓶,叫喊:"棒冰,光明牌赤豆棒冰……"冷饮瓶能装两打棒冰,全卖掉赚一毛四。下午一场雨过后,瓶里还有四根,如果卖不掉就化了,一天吆喝只够保本,小男孩几乎哭出声来。这时,出现三辆人力板车,板车上堆了很高的货,车夫肩套着绳,一步一蹬地移来。第一辆停住,"老大爷,买根棒冰吧!"小男孩鼓起勇气。车夫不在意地摇摇头。"老大爷,我妈病了,今天我头一次替她……"小男孩带着哭腔。车夫目光落在小男孩身上,他扫了一眼另外两辆车:"还有几根棒冰?"

◎ 失学儿童:背孩子的孩子

"四根。""好吧,我全买下了。"车夫掏出钱,小男孩很惊喜。他接过钱,捧出四根棒冰。"不,三根就够了,还有一根算我请你的。我知道你也舍不得尝尝棒冰的滋味。"说着,车夫把一根留在瓶里,他那只粗糙的大手,在小男孩头上摸了一下。一股暖流从头顶到心里,小男孩鼻腔一酸,眼眶里盈满泪水。小男孩带着最后一根棒冰回家,让母亲吃棒冰退热。母亲听完,搂着儿子说:"孩子,长大后,不管成了怎样的人物,也不能忘记今天的事。"小男孩使劲点头。那个小男孩就是我,那年,我八岁。那个在雨后凉意中出现的老车夫的印象随岁月推移而越显清晰,使我懂得怎样做一个平凡而又善良的人。[1]

对平民百姓的关注与帮助是衡量一个社会文明风尚水平的试金石。在教育中,对平民百姓的接纳与善待是衡量一个学校精神文明的标杆。在上海 20 世纪三四十年代的背景下,为给失学儿童提供一个固定的学习场所,上海许多大中小学校的学生以"服务社会"为己任,克服种种困难,开办了各类义务学校,为失学儿童提供免费的义务教育。

1942 年开办的继儒义务小学便是其中之一。学校免费招收失学儿童,根据学生的学习能力分级教学,课程有国文、数学、常识等,教学严格按照有关教学大纲进行,学

---

[1] 赵荣发.最后四根棒冰[J].读者,2004(22).

校的日常管理,由聘请的专职人员负责。继儒义务小学接纳失学儿童,善待贫苦百姓,不仅为失学儿童提供了一些学习机会,也为学生服务社会创造了一个平台,激发了学生的社会责任感和服务社会的热情。

抗日战争胜利后,上海相继创办了很多小学,例如,1946年创办的私立勇义小学,1947年创办的法电工人子弟学校,同年继儒义务小学改为私立小学。这些学校的学费低于一般学校,接收的学生大多是工人子弟与贫苦人家的儿童,并且当时校方还有津贴,教师的食米等都由校方提供。一直以来,学校秉持着接纳善待的优良传统。

二、"向工农开门"

1949年5月上海解放,政府接管公立学校,整顿、改造公私立学校,学校真正向工农子女开门,设置工人子弟班。1949年12月,我国召开第一次全国教育工作会议。教育部长马叙伦在开幕词中指出:"我们的小学校应该多多吸收工农的子女,以期大量地培养工农出身的新型的知识分子,作为我们国家建设的新的坚强骨干。"新中国成立前,工农子女由于家庭经济困难,无力缴纳学杂费而不能上学。新中国成立以后,上海教育行政领导部门即提出各级学校必须向工农开门,市教育局也根据当时实际情况,予以补助,尽可能避免工农子女因缴不起学杂费而失学。这一时期,经整顿改造,原卢湾区境南部增办小学,办学条件和学校布局初步改善。瑞金二路小学创建于1951年2月,为新中国成立后原卢湾区第一所公办小学,于1956年更名为瑞金二路第一小学。1953年私立勇义小学和私立继儒小学合并为泰康路小学,1956年法电工人子弟学校更名为建国中路小学。它们作为瑞二小学的前身在贯彻教育向工农开门方面,取得了显著的效果。它们依然坚持了固有的传统——"接纳平民、善待百姓",使众多的工农子女受教育的权利得到了保障。

三、"同在蓝天下"

改革开放后,普及教育成为上海基础教育发展的重要任务之一,1986年国家颁布了《义务教育法》后,大大加快了上海市九年义务教育的普及工作。我校积极响应政府的号召,接收来自不同群体的人员子女,满足所有适龄儿童入学的愿望,我校接纳善待之礼的传统精神一直得到传承与发扬。

1995年,学校更名为卢湾区瑞金二路小学,校址为瑞金二路215号(参见瑞金二路小学历史发展脉络图)。瑞二小学坐落于原卢湾区中部,南临打浦桥,北接淮海路,地处上海老城厢，周边名校林立，地域资源丰富，富有浓厚的历史人文气息。学校周边的田子坊、绍兴路文化街、8号桥创意园区、思南路历史名人一条街等，这些活化的教育资源为我校的发展提供了强大的文化依托。

全校目前共有10个班级，243名学生，31名在岗教职员工，其中中学高级教师1名，小学高级教师13名。学校有区骨干教师3名，校骨干教师5名。教师学历达标中，研究生学历2人，本科学历20人，大专学历7人。目前，我校已初步形成一支"师德高尚、理念先进、结构合理、年龄优化、工作踏实、业绩显著"的师资队伍。

目前，学校除小部分学生为本地生源外，74%的学生是外来人口子女。如今，我校仍继续继承和发扬优良的历史传统，广纳生源，不拒绝、不歧视任何学生，对本地生源与外地生源以及社会各阶层人民的子女一视同仁，尤其更加关注和保障社会底层平民的子女也能接受良好的教育。

八十余年来，在一代又一代瑞二小学的领导、教师和学生的共同努力下，学校在办学过程中坚持推进素质教育，注重提高教学质量，明确了办学方向。学校先后取得了"卢湾区文明单位"、"上海市安全文明校园"、"上海市平安单位"、"上海市航天科技教育特色学校"、"上海市心理健康教育实验校"、"上海市气象科普特色学校"、"卢湾区科技特色校"、"卢湾区绿色学校"、"卢湾区健康促进校"、"卢湾区心理健康教育示范校"、"卢湾区安全教育示范校"、"卢湾区消防教育示范校"以及"卢湾区十佳爱心助老基地"等称誉，并在科技教育方面享有较高声誉，逐渐形成学校特色品牌。

如今，回眸那漫长的岁月，历史的声音仍响彻在耳边，我们依然能够清晰地触摸到"接纳平民、善待百姓"之礼的优良传统，它即是今天的"磁性"之源。

早在19世纪末20世纪初，法国社会学家迪尔凯姆就提出了"社会团结"的概念，并区分了传统社会的"机械团结"和现代社会的"有机团结"。他认为，现代社会的一个重要特征就是高度分工，随着分工的扩展，个人与个人、群体与群体之间越来越相互依赖，由此而形成了"社会整体意识"，在此基础上便形成了有利于社会整合的更高层次的"有机团结"。然而，在一个高度分工和相互依赖的有机团结的社会中，对社会团结造成威胁的主要隐患是：高度分工造成了高度的异质性和个性，这会削弱社会成员的共同联系，使人们往往只认同某个有限的群体，而不认同整个社会。为了社会的"有机团结"与和谐，对每一个群体都一视同仁，"接纳善待"之礼是十分必要的。

回顾历史，着眼现实，学校一直秉持"接纳平民、善待百姓"的办学传统。在坚实的发展历程中，可持续的内涵发展道路越来越清晰。如今，主动关怀平民，理解学生的发展需求并利用学校的教育资源来呼应这种需求，成为学校一脉相承的办学风格。这也是学校在新阶段提出"磁性教育"的一个重要依据。

同在蓝天下，快乐共成长，我校"接纳善待"之礼的办学传统，正呼应了保障每一位儿童的受教育权，促进教育均衡发展，构建和谐城区的系统工程。在这丰硕的沃土上，新时期，我校追寻着历史的声音，聆听着现实的脉搏，展望着未来的愿景，提出了"磁性教育"。

第二节　磁性之缘：现实的聆听

人类生生世世在编织着梦想与希冀，遥望苍穹，星空诉说着先人祈福的呢喃和虔诚的祷告，然而人人心中不灭的追求，往往又是浮于现实的繁华与幻想。其实，现实就是脚下的土地，踏实而厚重地记录行路的足迹。瑞二人仰望天空，脚踏实地，在天时地利人和的现实之际，与"磁性"结下了不解之缘。

教育的改革是一个永恒的话题，不同时期的教育面临着不同的问题。新时期我们面临的突出问题是：课程整齐划一、教学方法滞后、以分数为唯一目标、外来务工人员随迁子女的非同城待遇所导致的学生在择校上的限制等。明确问题，寻找路径，基础教育课程改革实验已全面铺开，新课程体系在课程功能、结构、内容、实施、评价和管理等方面都较传统的课程有了不同程度的创新和突破。瑞二人为了跟上时代的步伐，适应课改的要求，积极做出改革。我们提出"磁性教育"的办学理念，以"磁性课程"的研发为抓手，以"磁性课堂"的打造为基点，努力创办一所富有吸引力的"磁性学校"，培养"有理想会做人、有活力勤实践、有个性能发展、有情趣会生活"的新一代"四有"瑞二少年。

一、触摸时代的磁性诉求

上海，正处于发展转型关键时期，致力于把人才作为发展的第一资源，把实现经济发展方式转变、增强城市核心竞争力建立在人才优势和教育优势的基础上，优先发展教育事业，为上海实现创新驱动、转型发展提供强有力的支撑和强大的动力。黄浦区处于上海中心繁荣城区，教育底蕴深厚，教育资源丰富，老校名校云集，教育质量普遍比较高。瑞二小学在这样一个广阔的舞台上，能够得到更多的人力和物力资源，这为学校的发展提供了充分的契机。如何打造"磁性教育"品牌，跟上时代的步伐，适应城市化发展和人口数量、人口分布变化的趋势，实现学校的可持续发展，满足人民日益增长的对优质教育的需求，是我们瑞二人所面临的新挑战。

（一）二期课改促学生发展

1998 年，《上海市中小学第二期课程教材改革工程》（以下简称"二期课改"）出台，标志着上海新一轮课程改革启动。按照"上下互动、分批推出、滚动实验、逐年推广"的策略，1999 年上海推出了新课程方案和各学科改革行动纲要，2001 年，《上海市普通中小学课程方案》及各学科课程标准相继颁布，二期课改正式开始。在第一批课改实验学校的基础上，2004 年秋季，上海市所有小学全面推行二期课改。二期课改的核心是改变以往由学生适应课程的被动局面，建立起让课程适应并促进每一位学生发展的课程体系。

二期课改如同清新自然的风，吹绿了教育的田野，吹走了陈旧的阴霾。二期课改为孩子带来了更广阔、自由的天空，给教师带来了无限的机遇与挑战，也为我们描绘了大教学观的蓝图。尽管它姗姗来迟，却满足了我们多年的企盼和渴望。往日传统教师早已习惯凭借一本教科书，以三寸不烂之舌，老和尚念经似地照本宣科。应试教育大行其道，考场论英雄，"分分分，学生的命根、教师的银根"。各级领导如此引导，上级逼下级，校长赶教师，教师追学生，学生在题海中疲惫不堪，度日如年。应试教育年胜一年的势头强劲，多少教师凭良知在反思质疑，难道这就是我们教育教学的终极目标？如今，二期课改犹如新生婴儿在母亲的阵痛呻吟声中问世。以学生的发展为本是课改的理念，也是课改的归宿。它作为一项理念与实践同步变革的工程，给我们带来的是课程理念的巨大变革，它从整体上推进素质教育，促进学生健康发展。

二期课改像温暖的春风吹进了校园,牵动了每一位老师与学生的心。每一位学生如同一棵树,教师的教育就是让其成为参天大树的空气和土壤,学生需要的是阳光、是雨露、是肥沃的土壤和适宜的气候,我们需要提供的是服务,一种以对每个学生的成功和发展负责为前提的服务。以二期课改为契机,瑞二人认为,课程正是孩子成长的园地,可以满足学生的发展需求,课程的建设决定了学校的发展思路和未来走向。为了能让课程发挥更好的优势,跟上时代的步伐,适应学生的发展需求,瑞二人根据学校的实际情况,对课程文化提出了自己特别的诠释:课程,让学校富有磁性。为此,我们把"磁性文化"融入到学校课程的每一个方面。磁性,让学生在课程中感受学习的快乐;磁性,让教师在课程中不断发展自我;磁性,让学校在课程中不断寻求自身定位。

二期课改犹如一缕春风,带来了生机与活力。以学生为本、启迪智慧、人文熏陶、综合实践为特点的课程理念,得到了老师的肯定,与此同时,也带来了相应的挑战与冲击。二期课改为教师提供了自由发展的空间,在实施过程中,教师充分感受自身成长和发展的空间。挑战与机遇并存,我们秉持着二期课改的核心理念——"以学生发展为本,为了每一个学生的发展。"

(二) 提升课程领导力,扩展学校内涵

《基础教育课程改革纲要(试行)》指出:改变课程管理过于集中的状况,实行国家、地方、学校三级课程管理,增强课程对地方、学校及学生的适应性。2004 年《上海市教育委员会关于印发上海市中小学 2004 年度课程计划及其说明的通知》,要求全市小学一年级将 20% 的周课时数留给校本课程。校本课程开发是新课改的重要内容和产物,到 2007 年,校本课程的开发已经成为学校教育改革的热门话题,被视为改变学校"千校一面",办出特色的重要突破口和贯彻"以学生发展为本"理念的特色实验区。为了进一步落实二期课改理念,深化课程改革,提升课程领导力,2009 年上海市教委特制定"提升校长课程领导力三年行动计划(2010—2012)"。校长作为课程领导者是二期课改赋予的新使命,提升校长课程领导力是深化课程改革的必然要求。由此,在二期课改的推进中,一个迫切需要解决的课题是如何将课改精神落实到学校实践层面。

上海市当前课改的工作重心已转向学校层面,主要任务聚焦于课程实施、质量评价、教学改进、专业支持等核心领域,校长的课程领导力正逐渐成为深化课改的焦点,

成为推动课改向纵深发展的必要前提。苏霍姆林斯基曾说："学校校长只有不断完善自己作为教师又作为教育者的技巧，才能充当教师和学生的优秀而有威信的指导者。"学校的课程建设的唯一目的是适应学生的发展，课程建设要从研究学生开始，助学生成长成材。提升校长课程领导力，使其能够在课改精神的指导下潜心研究、踏实实践，探索出适应每一个学生发展的优质课程。

教育是文化的传承，课程改革是要更好地实现文化的传承。一个学校以什么为重，以什么为轻；以什么为主，以什么为次，这些价值判断直接决定了学校的内涵发展走向。中国教育学会副会长张民生将集中体现价值思想的"规划学校发展愿景和课改方案"放于首位，其用意不言而喻。原北大校长蒋梦麟说："教育如果不能启发一个人的理想、希望和意志，单单强调学生的兴趣，那是舍本逐末的办法。"因而，学校应立足"学生发展"为本，整合教师、家长、学生、社区群众的观点，通过真诚沟通达成共识，自下而上建构起学校课程发展愿景，规划出富有学校价值判断的课程体系。

面对当前教育发展改革，瑞二人积极响应，提升学校课程领导力，推进新课程改革。我校结合自身条件和实际情况，设计并实施了适合我校学生特点的"磁性课程"，试图通过"磁性课程"的整体设计与精细实施，培养学生积极主动学习的态度，让学生喜欢学习，喜欢老师，喜欢学校。"磁性课程"创生出了有效的、充满吸引力的"磁性课堂"，从而使学校真正成为教师乐教、学生乐学的"磁性学校"。与此同时，学校也将真正落实和凸显我校的办学理念与内涵："磁性课程、魅力课堂、自主发展"，让瑞二小学的每一个孩子都能拥有"充满自主与自信的快乐童年"，我校将成为深受教师、家长、学生喜爱的"磁性家园"。

瑞二小学的全体教职员工在新阶段新背景下，不断思索着学校的可持续发展与内涵，思索着学校的办学方向与目标，思索着教师的发展，思索着学生的成长……在思索的道路上，不断地努力践行着……

二、让学校成为强力磁场

为了顺应时代的发展，我校积极做出回应。学校在教育教学过程中注重以生为本，坚持推进素质教育，以培养学生良好品行、健全人格、扎实基础和创新精神为目标，以"磁性课程"体系研发和以"魅力课堂"的打造为抓手，关注学科德育整合，开设系列校本课程，大力开拓了学生视野，发掘学生潜能，推动学校办学质量日益提高。我校地理位置非常优越，周边地区富有浓厚的历史人文气息，为我校的发展提供了强大的文化依托。

(一) 创办"磁性学校"是核心理念

学校要想生存和发展,就必须适应现代社会对人才的需求,可持续发展,建设具有自己特色的现代化学校。我校紧紧抓住二期课改的发展契机,在吸收和借鉴 20 世纪 70 年代美国"磁石学校"的基本理念上,根据我校已有的探索、现有的实际条件和今后的发展需要,秉持"磁性教育"的办学理念。我校兼顾考虑学校自身发展的历史和本地区同类学校整体发展态势的现实需求,为学校度身定做的蓝图是:充分开发、整合和利用各种教育资源,着眼于适应学生成长特征、引领学生发展需要,营造高品质的学校文化场。新阶段的瑞二小学将成为"富有磁性的家园"。

"磁性教育"这一表述方式,旨在创造性地借鉴磁性现象,用诗意化的方式表达我们对小学教育的理解,即小学教育是一个文化场,它应在适应和满足小学生发展需要的同时,激发他们主动学习的兴趣,并由此增添人类文化的生命活力,使人类文化与新一代人之间产生更多相互吸引的"磁性"。我们认为,在小学阶段,学校提供的教育资源应呼应学生的成长需要,在激发学生内在动力的同时,提升他们的成长需要,培养他们自主发展的意识和能力。这样,让学校教育与学生发展之间相互呼应、相互吸引。

以"磁性教育"为教育哲学,以创办"磁性学校"为核心理念,整合一切具有教育价值的资源,适应并提升学生的成长需求,从而在此过程中让学生爱上学习,引领学生发展。将"磁性教育"贯穿于学校的德育、课程、教师、管理和文化等各个方面的工作,且以科技、心理等若干个特色项目为支撑,形成学校自己的特色与品牌。让"磁性教育"的思想与理念形成一种整体的教育效应,使整个学校都融合在充满磁性的教育氛围之中,促进学生健康、快乐、和谐全面地发展。

(二) 开发"磁性课程"是重点抓手

课程改革为学校变革打开了新的视角。我校在深入实施二期课改的过程中一直在寻求我校发展的着眼点,也迫切希望能够赋予学校课程新的意义:

——它不是封闭的系统,而是开放的系统,可以为学生自主发展提供可能性和诠释。

——它不是单向度的执行系统，而是有反思精神贯穿其中。对课程本身的讨论和探索，可以为课程的进一步发展提供可能。

——它不是学校文化的衍生品，而是文化脉络的联结者，可以为我校的文化走向提供清晰的印迹。

学校课程的本土解读，也即瑞二小学以"磁性课程"作为学校课程蓝图的最初意图。学校课程的未来憧憬，促使我们决心在实践中不断修正，不断完善，不断展示"磁性课程"的魅力，"磁性学校"的教育理想。

一所学校要想办出特色，取得长远的发展，就必须以课程建设为抓手，以校为本开发出自己的校本课程。这种校本课程须融入自身的办学理念，满足学生的学习需要和兴趣，还原教师的主体性，并且可以随内外部因素的变化而不断变革。

2008年，学校在研究区级重点课题"磁性课程的设计与开发研究"时，"磁性课程"的研究区域还局限于以科技教育为主的"校本课程"创建项目上，操作更趋向于建设"特色课程"。但是随着学校课程改革不断深入，学校加快了科技教育课程化和心理健康教育课程化的进程，课程内容涵盖更加广泛。目前，学校"磁性课程"的研究区域拓展到学校整体课程。

我校"磁性课程"的核心理念是为了每一个学生快乐地发展，让每一个学生都能根据自己的特点选择自己感兴趣的课程，参与自己应有的课程决策，让自己的个性得到充分地发展，这也是"磁性课程"的追求。它的内涵可以表述为：

1. 课程内容是鲜活的

无论怎样的课程，它始终是知识的载体。在繁多的知识体系中选择、精炼、梳理成学生最需要、最喜欢、最能够接受的形式是课程设计的初衷。斯宾塞对"什么知识最有价值？"的追问和阿普尔对"谁的知识最有价值？"的思索，让我们将"磁性课程"内容定位为：鲜活的、有生命张力的课程。

"磁性课程"的内容设置突出鲜活，更突出与学生日常生活息息相关的方方面面。关注学生心理成长的心理健康教育内容、关注身边风景的在地文化内容、关注学生感兴趣的科技类内容，都将纳入到"磁性课程"的架构之中。

2. 开发视角是多元的

"磁性课程"的开发视角是多维的。"磁性课程"力图从多维度审视课程的设计与开发。学生、教师、家长参与课程的设计与开发。在地文化、学生需求、教师特长也被作为课程设计与开发的重要因子。"磁性课程"给学校以弹性空间,结合学生特点和学校具体环境,面对鲜活的教育现场与过程面向全体教师,并赋予他们课程开发的权利和责任;"磁性课程"对学生需求的关注也更多从非物质性资源生成的角度去考虑,从而放大学生在各种知识获取过程中细小的变化和进步。

3. 价值基点是儿童

对课程主体的追问是"磁性课程"存在的基点之一。杜威认为需要对课程价值有批判的观点和考察。同样从课程价值的群体性出发,就应该对课程的主体和主体需求进行分析,弄清课程改革目标究竟是反映了谁的价值,反映了何种价值。在对"磁性课程"主体——儿童进行了分析之后,我们得出"磁性课程"具有以下几个特征:

强调基础性。"磁性课程"应该能扎扎实实地为学生未来生活奠定基础。"磁性课程"的价值主体是学生,课程必然要满足学生需求。按照国家三类课程设置的思路,我们把基础性作为"磁性课程"的首要特征。基础性立足于对所有学生需求的解读,意指学生能从"磁性课程"中获取坚实的知识基础。

注重贯通性。"磁性课程"是在严格执行国家三类课程基础上的本土解读,它作为一种理念贯穿于三类课程之中。"磁性课程"注重依据学生特点,凭借在地资源,在三类课程间寻求一条联系的纽带,让三类课程之间的联系更加紧密,让学生了解更多的"本土"知识。

富有儿童性。"磁性课程"以"磁性"为修饰语,旨趣在让儿童喜欢,吸引儿童。儿童作为课程开发的主动参与者展示他们的教育需求,课程开发者则从这些展示中去撷取、选择,并以儿童化的方式来呈现课程资源。

我校"磁性课程"是实现"磁性教育"理念的重要抓手。学校立足实际,从学生的学习需求、教师的特长能力及周边环境资源出发,以学生发展为本,开发和实施众多深受学生喜爱的"磁性课程",从而彰显学校办学特色。如今,"磁性教育"已将触角伸及到学校的各个方面,包括管理、德育、教学、教师、文化等诸多方面。"磁性教育"的探索已从局部走向整体,它将使瑞二小学成为本地区具有特色化办学理念、系统化教育资源的磁性学校。"磁性教育"是我校办学宗旨与办学目标的追求,也是我校能动的精神财富。它可以演绎成师生共同认可的行为准则,使我校全体师生产生强大的凝聚力和向心力,它也是我校永葆生机与活力的重要源泉,是形成我校特色的重要标尺。

第三节　磁性之愿：未来的向往

风云变幻，沧海桑田……

历史的波涛在岁月的茫茫大海中汹涌澎湃，现实的浪花在生活的大熔炉里滚滚而来，驰骋汪洋，豪情万丈。脚踏瑞二小学的这方土地，历史的激情与现实的繁华将瑞二人坚强不屈的精神之魂点燃，惊艳四座。风云变幻，沧海桑田，不变的是我们瑞二人脚踏实地对教育的炽热之心。不应只迷醉于昨天的繁华，不要仅着眼于今天的安定，放眼未来，还有更高的山需要我们去爬，还有更长的路等着我们去踏。瑞二小学已经朝着磁性的目标迈出了，在不久的将来，会完成全体师生的共同愿景。

一、愿景：让学校更有吸引力

学校发展愿景是学校对未来理想和长远战略目标所描绘的纲领性蓝图，是学校的发展目标，也是全体师生的共同愿景。"学校愿景"是一个学校特有的、全体教职员工共同对未来希翼的景象，它创造出了众人一体的感觉，并使这个感觉遍布学校的各类活动中，从而使整个学校的各项工作、各项活动融汇起来。它有三个基本要素：大家愿意看到的（期望的）、大家愿意为之努力的（主动的）、通过努力可以一步一步接近的（可接近的）。一所学校如果没有愿景，就像一艘没有航舵的船，像是一列失去轨道的列车。要实现学校内涵、高效、健康、持续的发展，必须形成学校的发展愿景，愿景清晰了，学校发展的灵魂也就有了，发展的方向和路径也就明了了。

新时期，我们瑞二小学全体师生的共同愿景是：让"磁性教育"的探索从局部走向整体，使学生更爱学习，让学校更有吸引力。具体地说，通过整体设计"磁性课程"，使我校的课程更富有吸引力，从而使学生由被动学习转为热爱学习，也使学校因为"磁性课程"而更赋有磁性与魅力，变成学生学习的乐园，让瑞二小学在本地区成为一所具有特色化办学理念、真正意义上的"磁性学校"。

——以"磁性教育"为教育哲学，让教育资源呼应并提升学生的成长需要，从而在相互呼应的过程中引领学生发展。并将其贯穿于学校的德育、课程、课堂、教师、管理和文化等各个方面的工作，且以科技、心理等若干个特色项目为支撑，形成自己的特色与品牌；让"磁性教育"的思想与理念形成一种整体的教育效应，使整个学校都融合在充满磁性的教育氛围之中，促进学生健康、快乐和全面地发展。

——广纳生源，优化资源，特色发展。继续继承和发扬我校优良的历史传统，不拒绝、不歧视任何学生，将本地生源与外地生源以及社会各阶层人民的学生等而视之，接纳平民，善待百姓，尤其更要关注和保证社会底层人民也能接受良好的教育。同时，我们也要充分利用现有教育资源，整合社区资源，挖掘学校周边浓厚的"在地文化"资源，进行特色校本课程的开发与设计，让瑞二小学成为本地区具有特色化办学理念、系统化教育教学资源和高质量教学效益的现代化学校。

二、目标：彰显"磁性教育"特色

要实现学校的发展愿景，必须首先制定学校的战略发展目标，具体地说包括学校办学目标、教师发展目标、学生发展目标三个方面。根据学校新一轮发展规划，现将这三个目标表述如下：

1. 学校办学目标

未来三年，我们将努力使瑞二小学成为一所真正意义上的"磁性学校"，让学校教育富有吸引力，充分体现"磁性教育"的特色。我们将以"磁性课程"的建设为主线，将"磁性教育"贯穿于学校各项工作中，在各领域挖掘教育资源、创新教育方法，最终形成自身的办学特色，树立自己的教育品牌。

2. 教师发展目标

为了提升教师的课堂教学能力，我校在未来三年将努力打造一批素质过硬、专业精良、乐思善研和风格成熟的教师队伍，使每一位成员都成为富有"磁性"的魅力教师。学校全体教师 80％能上教学研讨课、公开课，50％的教师能设计和开发校本课程，20％的教师形成自己的教学主张。其中，在研究学生成长需求、呼应并引领学生成长需要方面，教师要形成整体追求和实践风格。

3. 学生发展目标

我校把"学会做人、学会求知、学会健体、学会审美、学会创造"作为培养目标，使学生能够在德、智、体、美等方面得到全面发展。未来三年，在学生的学业进步方面，我校希望达到区里中等偏上水平。同时，我们特别关注学生在与学校教育资源的相互呼应中形成自主发展的意识和能力，形成不断进步的内在动力。

当代著名的教育家朱永新在《新教育之梦》中这样说道："理想的学校，应该是一所有特色的学校；理想的学校，应该是一所有品位的学校；理想的学校，应该有一个富有人格魅力、有远大理想的校长;理想的学校,应该有一支创新型、有活力的教师队伍;理想的学校,应该有一批善于探索、具有良好习惯的学生;理想的学校,应该有一个面向所有学生的校本课程体系;理想的学校,应该有一个永远对学生开放的图书馆和计算机房……"

三、"磁性"与"文化"的相遇

路易斯·康说:"学校源于一个人坐在树下,与另外几个人谈论自己的想法。谈的人不知道自己是老师,听的人也不知道自己是学生。学生听得出神,不禁惊讶万分,要是这个人能留下来多好啊。于是,他们就在那个所在地划出一个地方。因此世界上就诞生了第一所学校。学校的诞生是不可避免的,因为它代表了人类欲求的一部分。"①商界有句话,管理的98%是文化;也有人说,三流的学校靠校长,二流的学校靠制度,一流的学校靠文化。文化决定着学校的品位,体现着学校的灵魂,文化连着你我他,文化区别着千万家。所以,学校是人才的储备库,更是文化的竞技场。

我校以创建"共生文化"为导向,充分发挥学校文化的教育、凝聚、激励功能,展示"磁性课程"成效,通过校园内部的物质与精神环境的营建,不断加强教师文化、课程文化和课堂文化等"软文化"建设。借助与社区的合作,结合社区文化特征,形成展现学校育人风格与办学追求的特色校园文化,全面构建新的瑞二小学"磁性文化",并形成辐射效应。

(一)"磁性文化"善假于物,浓郁办学特色

"君子生非异也,善假于物也。"善于利用外界条件,是君子成功的一个重要途径。同样,我们认为:一切资源都具有教育价值。我校"磁性教育"的理念善于借助于外物,根据学生的需求,开发校内外各种资源,挖掘校外周边的在地文化资源,统一进行优化整合,将其贯穿于学校的各项工作。

学校目前已试图构建以"磁性课程"为主线的拓展型课程体系,多方面满足学生的学习需求。学校充分利用校内教育教学资源,兼顾学生长远发展的需要,为学生提供更广阔的发展空间,丰富学生的学习经历。学校注重挖掘校外教育资源,结合时事,已打造了世博主题系列课程。针对我校生源情况,结合学校自身特色,开设多种拓展型

---

① 曹洪敏. 教而思教[M]. 北京:北京师范大学出版社,2009:17.

和探究型课程。

盘活在地文化资源。我们每天都置身于日常生活之中,但却往往选择漠视。但惯常的、本然的日常生活形态总是以其特有的影响力,在不知不觉中影响着我们。对在地文化资源的关注,让课程开发者从踌躇满志地认为自己已经对周边的资源了解,既无需对过程的程序与内容作深入的理解,也不需要追根究底地进行"为什么"、"如何可能"之类的提问的自得状态,转移到对周边资源懵懵懂懂,迫切需要仔细"备备课",和学生一起来"补补课"的状态。因此,在地文化资源也瞬间鲜活起来。加强对周边一些资源的探究,加强对日常存在的关注,在地文化资源才能从"近在眼前,远在天边"的困境中走出,真正演化为活灵活现的教育素材。

"磁性课程"提出重视吸引力,重视辐射力,沿袭这一思路,我校课程建设的思路之一就是最大化纳入周边资源。我校根据周边地理环境,以绍兴路和田子坊为资源,开设了文化味十足的在地文化课程。在地文化资源有选择地进入三类课程的实施过程中,让附近的风景也成为魅力无限的课程,既可以达成师生共同建构知识平台、共同成长的磁性理念,也可以让教师结合在地文化资源,安排课外实践,引导学生将自己学到的知识、技能和素质恰如其分地运用于实践。学生学习的内容变得丰富多彩,学习内容不仅来自教材,也来自于日常生活,来自于他们身边的一景一物;在地文化也让教师按照既定教材来上课的过程变成了师生共同建设课程、共同改进课程的过程,原来的线性模式变成了一个动态生成的过程,课程变得富有生机和活力。

我校整合和优化资源,走特色发展的道路。我们的"磁性教育"善于借助于外物,充分利用一切现有的教育资源,整合社区资源,挖掘学校周边浓厚的"在地文化"资源,打造特色校本课程,让瑞二小学在本地区成为一所具有特色化办学理念、丰富的教育教学资源和高质量教学效益的现代化"磁性学校"。

(二) 磁性教师:走进儿童世界的使者

俄罗斯著名诗人叶甫图申科曾经对学校有个独特的比喻:"学校——是育人的产院。"育人的产院,不是身体的、物质的,而是"我们要为培养儿童的心灵而奋斗,/我们要,/我们要……/要是在别人的吆喝声中/我们/没有心灵/会怎么样呢?"儿童不能没有心灵,儿童心灵的纯洁,来自教师在"育人的产院"里纯洁而神圣心灵的引领。教师要懂得走进儿童的世界,洞察他们的心灵,教师就是派到儿童世界的使者。"走进儿童世界的使者"肩负着民族、人民、时代和未来对儿童引领、教育的使命。

美国前国防部长、哈佛大学教授瑟夫·奈提出了文化软实力的概念。他是这样解释文化的:"谦卑的强奴,通过吸引人而不是强求别人想要达到的目的,这就是文化。"[①]这是对文化的诸多解释中,最耐人寻味的一个,其方式是"吸引别人"而非"强求别人"。在通常意义上讲,使者应当友善而非强暴,尊重而非无礼,沟通而非武断。我校秉持"磁性教育"的办学理念和发展愿景,其教育方式就是通过吸引学生和家长而非强求他们,这就是"磁性"的教育,把教师、课堂、课程看做"磁铁石",把教师培养成为磁性富有魅力的人,懂得走进儿童的世界中,用教师的魅力去感染孩子,吸引孩子,激发孩子自主学习的意识。

马斯诺曾经说,如果一个人手里拿着锤子,就有可能把眼前所有的东西都看作钉子,即没有差异,而且会狠命地用锤子去把学生当作钉子来钉。这自然会让我们去想象:教师手里应该拿什么呢? 也许是照人向前的一盏灯,也许是扶人而上的梯子。其实,手里拿什么还不是最重要的,心里有什么才是关键,陶行知说得好:"捧着一颗心来,不带半根草去。"

作为"磁性教师"正是如此,应做到尊重、倾听、理解和对话。尊重像是清晨那第一道阳光,会唤醒儿童的耳朵,唤醒儿童的心灵。倾听既是一种尊重他人的方式,更是一种品质和智慧。只有倾听,才能获得更多的、真实的信息,理智地作出判断,才会伴随以理性的情感引导。对儿童教育的失败往往是缺乏对儿童的理解所造成。意大利小镇瑞吉欧创造了最好的学前教育,其成功的秘诀就是他们善于关怀、倾听和理解。对话是意义溪水的流动,在"教师——学生"的心间流淌,最终,教师发现了学生,学生也发现了教师,于是,师生彼此到达了未知的彼岸。

我校将努力培养一批能走进学生世界的友善使者,感学生之心,呼学生之情,将教师打造成为具有丰富磁性的"磁铁石",用教师独有的魅力和教学方式吸引学生,调动学生学习的主动性和兴趣。

(三) 磁性课堂:洞开儿童学习的窗口

有这样一则故事:

在印度新德里,有不少穷人街。穷人街的孩子没有钱上学。没有钱上学的孩子不

---

① 成尚荣. 教师——派到儿童世界去的文化使者[J]. 人民教育,2010(09).

想上学吗？也不会学习吗？研究者们做了个实验,在墙上开了个洞,洞的大小正好放进一台电脑,洞的高度与孩子们的身高差不多。而且,这台电脑是可以上网的。可孩子们既没有上网的技能,也不会英文。但是,这样的装置引来了许多孩子,他们感到十分新奇,有的孩子告诉大家,这是电脑,可以上网,胆子大的孩子开始动手。多次触摸以后,电脑屏幕上突然出现了一个十分神奇的世界,呈现出许多似曾相识又从不认识的东西。一星期,两星期,三星期过去了,你帮我,我教你,穷人街的所有孩子几乎都学会了用英文上网,从此,他们进入了一个新世界。故事讲完后,提出三个问题:他们在学校吗？他们在接受教育吗？他们在学习吗？回答是:他们不在学校,是否接受了教育并不知道,但是他们肯定是在学习。[①]

故事的隐喻就在于儿童的心灵上应该洞开学习的窗口,学习是孩子的天性,他们渴望学习。学习是学生在一定的情境里、在已有经验基础上的自我建构。教师的智慧首先是保护学生学习的天性,教学的核心是教会学生自己学习,指导学生自主学习,创造性地学习。这是教学本义的回归,又是教学改革再出发的目标,是课程改革原本的理念和要求,我们必须坚守。荷兰国家课程研究所主任说得好:"关于学习的理论观点成了课程革新的灵感之源。"

也正因为如此,我校试图通过打造"磁性课堂"来使学习成为一种有意思的游戏,通过富有磁性的课堂,让学生在教室的墙上凿开一个又一个洞,开启一扇又一扇窗,课堂如"磁铁石"般吸引学生主动学习,让学生学会学习,喜欢学习。

如今,瑞二小学已经朝着自己的理想迈出了坚实的一步,今后,自强不息的瑞二小学会让自己的未来更加辉煌。"让'磁性教育'的探索从局部走向整体,让瑞二小学在本地区成为一所具有特色化办学理念、系统化教育资源的磁性学校"是瑞二小学全体师生的共同愿景。这也是校园横幅上写的"做学生喜爱的老师,办富有磁性的学校"的具体写照。

---

① 成尚荣. 让孩子学会学习:在教室的墙上洞开新的窗口[J]. 基础教育课程,2010(08).

第二章　有一种信念叫"磁性"

磁性智慧——

　　"磁性教育"是一种忠贞不渝的信仰。我们信奉的教师犹如在一片广袤草原上放风筝的人，手中牢牢攥紧那根系在风筝身上的长线，愉悦地将"风筝"放飞于远处的天空，时而牵引着风筝一阵慢跑，时而又驻足放线让风筝远去。我们坚信唯有这样，风筝才会扶摇直上，遨游于空中逍遥自在，成为天空中的点点繁星。

　　孩子们就是这一个个多彩的风筝，总有一根线牵引着他们，或长、或短。孩子们在这头，牵引他们的人在那头。

第一节　自由呼吸的教育

　　我们坚信：教育的作用在于使学生的心灵变得敞亮，使其思想驰骋于未知的世界。

　　真正的教育是价值引导和自主建构的过程，即一种文化——心理过程。一切的教育都是培养人的活动，以影响人的身心发展为直接目的。我们将"磁性教育"作为教育信念，在适应和满足小学生发展需要的同时，激发他们主动学习的兴趣和能力，并由此增添人类文化的生命活力，使人类文化与新一代人之间产生更多相互吸引的"磁性"。使学生在学习过程中感受到学习的乐趣，感受到学校的吸引力。

　　教育是一种培养人的活动，以影响人的身心发展为直接目的。《教育——财富蕴藏其中》这篇报告中指出："教育的基本作用，似乎比任何时候都更在于保证人人享有他们为充分发挥自己的才能和尽可能牢牢掌握自己的命运而需要的思想、判断、感情和想象方面的自由。"也就是说，教育是探索和启蒙，而不是宣传和灌输；是平等对话和自由交流，而不是指示和命令；是丰富认识，而不是统一思想；是尊重和信任，而不是消极防范。因此，真正的教育是价值引导和自主建构的过程，即一种文化——心理过程。

教育的文化——心理过程关注的是个体的生成与发展，是社会的价值引导与个体的自主建构相统一的过程。[①] 所谓"引导"是指，教育活动为达到一定的教育目的而展开，教师肩负着帮助学生成长的责任，学生是有着自由意志、独立人格的个体。所谓"自主建构"是指，学生的精神世界是自主地、能动地生成的，而不是外部力量强加的，任何学习都是一个积极主动的建构过程，学习者不是被动地接受外在信息，而是主动地根据先前的认知结构注意和有选择性地知觉外在信息，建构当前信息的意义。在这过程中，不断地培养学生的创造力，发展学生的个性品质。价值引导与自主建构相统一的过程，要求教育关注学生的生活世界，基于学生的身心发展水平开展教学，着眼于激发学生内在的学习动机。即教育的过程是以与学生的经验系统密切相关的教育内容来吸引学生主动参与的过程，学习是学生自愿自觉的，在学习过程中，学生逐渐感受到学习的乐趣，并不断充实着精神世界。

一、我们的信念："磁性教育"

教育的文化——心理过程，简言之，即教师的价值引导与学生自主建构相统一的过程。教育内容与学生的生活实际密切结合，学校教育对学生才会富有极大的吸引力，我们以"磁性"作为富有吸引力的表达，并以此作为我们的教育追求——"磁性教育"。我们相信，"磁性教育"能为学生的发展提供持久的营养和动力。

"磁性教育"这一表述方式，旨在创造性地借鉴磁性现象，用诗意化的方式表达我们对小学教育的理解，即小学教育是一个文化场，它应在适应和满足小学生发展需要的同时，激发他们主动学习的兴趣，并由此增添人类文化的生命活力，使人类文化与新一代人之间产生更多相互吸引的"磁性"。我们认为，在小学阶段，学校教育提供的教育资源应呼应学生的成长需要，在激发学生内在动力的同时，提升他们的成长需要，培养他们自主发展的意识和能力。这样，让学校教育与学生发展之间相互呼应、相互吸引。

"磁性教育"作为我校的办学理念与追求目标，它并非是空洞的口号，而已将触角伸及到学校的各个方面，包括管理、德育、教学、教师教育、文化等诸多方面，且以科技、心理等若干个特色项目为支撑。"磁性教育"的探索已从局部走向整体，它将使瑞二小

---

① 肖川. 教育的理想与信念[M]. 长沙：岳麓书社，2002.

学成为本地区具有特色化办学理念、系统化教育资源的磁性学校。"磁性教育"作为我校办学宗旨与办学目标的追求,也是我校能动的精神财富。它可以演绎成师生共同认可的行为准则,使我校全体师生产生强大的凝聚力和向心力,它也是我校永葆生机与活力的重要源泉,是形成我校特色的重要标尺。以"磁性教育"为教育哲学,让教育资源呼应并提升学生的成长需要,从而在相互呼应的过程中引领学生发展。"磁性教育"的思想与理念可以形成一种整体的教育效应,使整个学校都融合在充满磁性的教育氛围之中,促进学生健康、快乐和全面地发展。

二、我们的期待：快乐学习、自能发展

教育的发展最终都要落在学生的发展层面上。"磁性教育"的办学理念旨在促进学生快乐地学习,实现自能发展。

儿童的世界是丰富多彩的,儿童的世界是充满想象的。快乐活泼永远是孩子的标志与天性,让他们快乐健康的成长是每一个教育工作者的真挚愿望。正如我校的形象标识,主画面用简约的笔画勾勒出一个活泼、奔跑的少年,昭示出学生们在瑞二小学老师的悉心培养下朝气蓬勃、乐观向上、全面发展。所谓快乐学习,是指学习行为的发生是学生自愿自觉,主动发起的行为;不是教师强加赋予,被动地等待接受的行为。学习的过程是学生主动参与的,乐于参与的,学习被看成是探索未知世界的旅程。学习的结果表现为学生热爱学习,感受到学习的乐趣,不断地产生积极的情感体验以刺激积极的学习行为发生,以此循环往复。"磁性教育"帮助学生快乐学习,快乐成长,度过快乐童年。

叶圣陶先生在长期的教学实践中,提出了"教师教各种学科,其最终目的在达到不复需教,而学生能自为研索,自求解决"的教育观点,即当前广为引用的"教是为了不教"的观点。① 也就是说,教育教学过程中,教师的"教"只是手段或者途径而不是目的,关键在于学生"学"的状态和效果;教师要通过"讲"来激发学生的"想",让学生掌握思维方法,做到触类旁通,举一反三;"不教"不是什么都不做,而是教师起着引导者的作用,鼓励和信任学生,让学生自己把握学习过程,选择学习方法,成为学习的真正主体,实现自能发展。而所谓自能发展,是指"随时间的推进在学生身心上发生的潜能或才能的变化"。但是,"学生身心上发生的潜能或才能的变化"并不是"随时间的推进"

---

① 叶圣陶. 叶圣陶教育名篇[M]. 北京:教育科学出版社,2007.

自然而然地发生的，不是凭空进行的，而是在教与学的活动中通过教与学的活动实现的。其中学生的主体活动既是学生存在和发展的方式，又是教育的重要基础。鲁宾斯坦曾指出："教育者或教师企图不通过儿童自己的活动去掌握知识、培养品德，却将知识、品德要求强加到儿童身上。任何这样的企图只会破坏儿童健康的智力发展和精神发展的基础，破坏培养他的个性品质的基础。"①因此，教育必须通过学生的主体活动来引导和促进学生自能发展。

我校以"磁性教育"为指导，积极开展各类富有创新特色的主题教育实践课程，通过校园文化德育活动课程化促进学生的自我发展、自我完善、自我教育，努力培养"有理想会做人、有活力勤实践、有个性能发展、有情趣会生活"的新一代瑞二少年。

第二节　一所学校的生存哲学

我们坚信：一所学校的发展不在于其空间的大小，而在于其内涵的深刻与丰富。

只要充分认识自己的位置，明确且坚持改革的方向，采取有效的策略，小学校也可以成长为优质学校。黑格尔在著作《小逻辑》中提到："合乎理性的都是现实的，凡现实的东西都是合乎理性的。即所谓'存在即合理'，理性不仅仅是主观的理想性，而且是事物的本质；而事物是符合自己本质的，所以合乎理性的东西一定成为现实。"学校虽小，却具有其存在的合理性，我们以"磁性之路"打造学校的合理性。

一、学校的生存之道

"磁性"在《现代汉语词典》中是指"磁体能吸引铁、镍等金属的性质"。它通常与"磁铁"、"磁场"等名词出现在物理学科中。一般意义上，"磁性"意味着富有吸引力，具体反映在教育领域，最具有代表性的是美国的"磁石学校"。"磁石学校"顾名思义是指"有吸引力的学校"，又称"特色学校"。它诞生于 20 世纪 60 年代后期至 70 年代前期，发展于 80 年代，如今日臻成熟。在数量上，"磁石学校"从创办之初的十几所发展到如今的一千多所。磁石学校有明显的办学特色，具体表现在以下几个方面：第一，以学校特色课程和灵活教学吸引家长和学生；第二，学校在课程改进计划和教师培训方面得

---

① 张俭福. 无根的教育：学生自能发展的戈壁[J]. 当代教育科学，2004(24)：8.

到政府的专项资助;第三,学生入学不受学区限制,学生可以跨学区入学;第四,学生的入学要经过特殊考试,不同社会背景、不同种族的人可以就读同一所学校;第五,教师有极大的热情,可以自行开发新课程;第六,领导具有使命感和个人魅力;第七,成员对学校具有认同感。其中,最值得一提的就是磁石学校所开设的特色课程。课程在教学内容和教学方法上,与其他学校有很大差异,往往开设一些专长课程,可以满足有特殊兴趣和特殊能力学生的发展需要。

我校汲取"磁石学校"的基础理念,承接课题《"磁性课程"的设计与开发研究》,并在此基础上开展《小学特色课程的整体设计与精细实施研究》,以课题研究为契机致力于打造"磁性学校"。经过对校内外资源的分析,把"磁性学校"定位于:充分开发、整合和利用各种教育资源,着眼于适应学生成长特征,引领学生发展需要,营造高品质的学校文化场。"磁性学校"的办学理念具体表现为"磁性课程、魅力课堂、自主发展",我们希望瑞二小学每一个孩子都能有"充满自主与自信的快乐童年"。

我校兼顾考虑学校自身发展的历史和本地区同类学校整体发展态势的现实需求,将学校发展的战略定位确定为:让"磁性教育"的探索从局部走向整体,让瑞二小学在本地区成为一所具有特色化办学理念、系统化教育资源的磁性学校,具体表现为"广纳生源,优化资源,特色发展"。

学校注重以学生自主发展为本,坚持推进素质教育,以培养学生良好品行、健全人格、扎实基础和创新精神为目标,以三年规划为蓝本,以课题研究为引领,在行动上以教师队伍建设为重点,以"磁性课程"体系研发和"磁性课堂"的打造为抓手,大力开拓学生视野,发掘学生潜能,提高教师专业发展水平,推动学校办学质量日益提高。

二、把"磁性"写在"脸"上

"磁性文化"是学校发展的灵魂,是凝聚人心、展示学校形象、提高学校文明程度的重要体现。伴随着学校的发展,学校文化进一步凸显"磁性学校"理念,逐步提升学校精神文化、制度文化、行为文化及物质文化方面的品质,创设有利于师生身心发展的校园文化,使教师和学生能够受到"磁性文化"的陶冶与熏陶,让学生更爱学习,教师享受教育。

(一)"磁性"物质文化,打造艺术美苑

我校的校园文化紧紧围绕学校的"磁性教育"办学理念,借助一切手段,努力将

物质文化刻在校园每一个实体的"脸"上,形成浓厚的、立体的"磁性"物质文化环境。全体师生参与校园物质文化建设,赋予物质文化强大的活力与生命,以主人翁的意识去保护和美化校园环境。一方面对校园环境进行了部分重新设计,另一方面开辟了文化墙和文化长廊。学生通过学校的环境、氛围等处处受到艺术的感染,得到美的熏陶。

(二)"磁性"精神文化,凝聚校园灵魂

我校在已有课题研究的基础上,形成了一系列"磁性"名词。目前,这些"磁性"名词已内化为学校的文化特质,成为学校文化的核心哲学,成为区别于其他学校的特有标识。其中进一步明确学校"磁性教育"办学理念,制定学校共同发展愿景是形成"磁性精神文化"的核心。目前,已将学校发展的战略定位确定为:让"磁性教育"的探索从局部走向整体,让瑞二小学在本地区成为一所具有特色化办学理念、系统化教育资源的磁性学校。通过一系列精神文明建设活动,增强师生对学校的认同感,为学校的发展共同努力。

(三)"磁性"制度文化,奠定民主基石

学校贯彻"以人为本"的管理思想,增强岗位责任意识,创新管理方式,建立了一套以岗位责任制、教学常规制度为主体的管理规章体系。在制定管理制度时强调教师的民主参与,通过教代会、少代会等形式更加关注师生的发展需要,充分发扬教师和学生在制度生成和创新中的主人翁地位。此外,还制定了较为健全的学校管理制度、学校教学制度、学校财务制度及其指南等,这些使得学校"磁性"制度文化更加民主、科学、规范。

(四)"磁性"行为文化,彰显师生风采

为了提升教师和学生的"磁性"行为文化,学校精心设计了一系列丰富多彩的校园文化活动,举办了学生校园文化节等校园活动,如为学生开设了《多彩世界》、《红色主旋律》、《书海拾贝》、《生命保护伞》、《品味卢湾故事》、《心海扬帆》、《艺术畅想》、《探索与发现》、《快乐嘉年华》等众多拓展型课程;此外,学校为了帮助教师舒缓工作压力,放松心情,提高教师职业幸福感,开设了"影视社团"、"瑜伽社团"、"桌游社团"等社团活动。通过形式多样的活动,将教学寓于活动之中,在欢乐的氛围中陶冶师生的情操,提

升师生的涵养,彰显了瑞二小学师生不断进取的精神风貌。

第三节　课程资源:拾起遗忘的贝

　　我们坚信:在我们身边,或隐或现地存在着多种多样的资源;每一种资源都有其教育价值,它等待着我们去挖掘。我们需要的是一双善于发现的眼睛,带领孩子们一起去挖掘学校内外的教育宝藏。

一、资源"无处不在"

　　一所好的小学必定是"门窗敞开"的,发现始于对周围事物的探究。一所好的小学不是一个"孤岛",它必定通过自己建立起一个合作网络,这一网络应有名副其实的教学小组进行的教学;更广泛地说,教学小组应与家长,心理、医疗、社会小组,教学辅助人员,学区督导等和谐地进行合作。[①] 学校的发展离不开教育资源的整合与利用,充分发挥学校资源的价值才能最大限度地推动学校的发展。

　　我校内部资源主要表现为教师人力资源,教育教学设施资源,如图书馆、计算机房、心理健康教室等。教师人力资源直接影响着教学的质量,教育教学设施是影响教学质量的辅助因素,图书馆、计算机房是学校设施的灵魂。苏霍姆林斯基曾说过,一所学校可以什么也没有,但只要有图书馆,就可以称之为学校。读书是丰富学生精神世界的重要渠道,计算机房则是提高学生信息素养的重要渠道,学生的学习不能仅限于课堂、学校,互联网的各种信息已经成为广泛的教学资源。学校心理辅导室是对学生进行心理健康教育的重要资源,关系着学生心灵的健康成长,个性品质的完善。

　　校外资源则涉及家庭、社区和学校周边,从而为学校的发展构建一个广阔的教育网络。我校位于卢湾区中部,地理位置非常优越,周边地区如卢湾区青少年活动中心、中共一大会址、孙中山故居、大韩民国临时政府、新天地、田子坊、绍兴路、8号桥、思南路等富有浓厚的历史人文气息,为我校的发展提供了强大的文化依托。这些资源都可以作为课程开发的一部分,充实"磁性课程"体系,丰富学生的课程选择。

---

① 朱永新. 新教育之梦[M]. 北京:人民教育出版社,2002:153.

二、资源"无所不能"

学校、家长、社区、社会各种资源都蕴含着丰富的教育价值，要使其价值最大化则需要将这些资源进行整合和优化，特别要加强对周边一些在地文化资源的探究，加强对日常存在的关注，盘活在地文化资源，让在地文化资源从"近在眼前，远在天边"的困境中走出，真正演化为活灵活现的教育素材，实现校内外课程资源的整合。

（一）合作与竞赛，促进校内资源利用与价值最大化

在教师人力资源的价值方面，如班主任工作上，我校牢固树立人人是德育工作者的理念，把工作的着力点聚焦在打造一支善发现、会关怀、能倾听、精管理的班主任队伍上。在"创智坊"里班主任们聆听专家的报告，倾听同行的经验介绍，进行着实话实说的专题讨论与研究，智慧的碰撞，平等的对话，共享了集体的智慧。通过"创智坊"的系列主题研修，班主任对学生的关怀力，与家长的沟通力，对学生的夸奖力，师生之间的亲和度、真诚度和信任度得到了很大程度的提高，每个班主任都将成为优秀的管理家、外交家、心理学家。

在学校教学设施价值方面，我校语文大组开展"我读书、我成长、我快乐"的系列读书活动，语文教师利用每班的图书角，结合学生的年级特点，向学生推荐一批包括古今中外的文艺、科普等书籍。同时开展"走进阅读"的比赛，三到五年级的学生通过初赛每班海选出三名阅读小能手参加比赛。通过阅读竞赛活动进一步丰富了学生的课外生活，引导学生爱读书，会读书，培养读书兴趣，形成爱读书的好习惯，在读书中开拓视野，感受快乐。

（二）整合多方资源，共建预警机制，打造安全文明校园

学校针对校园设备实际，结合社会力量，共同打造安全文明校园。学校领导会同打浦警署校外辅导员任警官和王警官一起召开联合安全会议，对建立健全学校各项安全管理制度，健全学校重大安全事故应急预案和预警机制，加强对学校师生消防安全演练指导、培训，加大安全宣传教育力度，消除各种安全隐患，确保在校师生生命和财产安全，促进教育事业全面、协调、可持续发展进行了进一步探讨。在校长引领下，学校后勤部门以开展安全文明校园建设为重要指导思想，以服务师生为宗旨，从保障师生的根本利益出发，切实加强本部门的管理工作，通过全体后勤员工的努力，学校安全稳定、环境整洁。

（三）盘活在地文化资源，促进在地资源课程化

我们每天都置身于日常生活之中，但却往往选择漠视。但惯常的、本然的日常生活形态总是以其特有的影响力，在不知不觉中影响着我们。对在地文化资源的关注，让课程开发者从踌躇满志地认为自己已经对周边的资源了解，既无需对过程的程序与内容作深入的理解，也不需要追根究底地进行"为什么"、"如何可能"之类的提问的自得状态，转移到对周边资源懵懵懂懂，迫切需要仔细"备备课"，和学生一起来"补补课"的状态。如此，在地文化资源也瞬间鲜活起来。

在地文化资源有选择地进入三类课程的实施过程中，让附近的风景也成为魅力无限的课程，既可以达成师生共同建构知识平台、共同成长的磁性理念，也可以让教师结合在地文化资源，安排课外实践，引导学生将自己学到的知识、技能恰如其分地运用于实践。学生学习的内容变得丰富多彩，不仅来自教材，也来自于日常生活，来自于他们身边的一景一物；在地文化也让教师按照既定教材来上课的过程变成了师生共同建设课程、共同改进课程的过程，原来的线性模式变成了一个动态生成的过程，课程变得富有生机和活力。

第四节　儿童：自由的探索者

我们坚信：每一个儿童都有自由之本性，这种自由源于个体的潜能。

自由是人最可贵的财富，瑞二小学给儿童提供了一个自由奔跑的无限空间。每一个儿童都具有探索的天性，是世界的发现者，对周围的世界充满了好奇，并无时无刻不表现出探究世界的愿望。每一个儿童都有自己的特质，在智力、个性、动机等因素方面存在差异，这种差异并不代表儿童的好与差之分，而是要求教育的个性化。每一个儿童都具有发展的可能性，表现为未成熟、未确定、未完成的状态，教育的功能在于激发出儿童的最大可能性，帮助儿童逐步走向成熟与完善。

一、自由奔跑的儿童

自由是人类的本性。古希腊哲学家亚里士多德首次提出"人本自由"的命题，他认为："人本自由，为自己的生存而生存，不为别人的生存而生存。"在他看来，人是自己行

为的主人，人的行为追求着人自己的目的和理想的实现，因此人在自己的行动中是自由的。[①] 儿童首先是作为人的存在，因此自由是儿童存在的本性。儿童的自由源于其属于"人"的各种潜能之中，潜能决定着儿童自由发展的不同方向，并在这个过程中，形成了儿童的兴趣、爱好、情感、意志等心理品质，这对儿童在日后的发展中能够卓有成效地取得更高层次的自由至关重要。

当前，儿童的世界是被控制的世界，是在成人支配和控制下，按照成人的想象、成人的规则不自觉地实现成长。伊斯拉谟斯认为，拉丁文中的"儿童"就意味着"自由者"。儿童的自由本性决定着儿童的发展过程也应该是自由的，正如我校标识中所描绘的，瑞二小学的学生是一个个活泼、奔跑的少年。因此，我们的教育应该是一种适合自由人的教育，它适应儿童天性的自然发展，遵循儿童自然发展的顺序和特点。它的根本目的一方面是要促进人的身体、道德和智慧的和谐发展，另一方面是要促进人的理性的充分发展。我们要尊重儿童的自由，给他们更多自由成长的空间。自由是人最可贵的财富，尊重儿童的自由，给予他们适当的自由，保护其纯真的天性，让儿童的个性得到充分发展。

二、发现学习的"美"

蒙台梭利说，儿童是小小的探索者，是"上帝的密探"；苏霍姆林斯基也说，"儿童就其天性来讲，是富有探索精神的探索者，是世界的发现者"；贾德甚至这么说，"……我们家中那张新买的婴儿床上，有一件神奇的事正在发生。就在那儿——婴儿床的栏杆后面——世界正被创造"。[②] 探索是儿童的天性，美国当代哲学家马修斯用大量生动有趣的实例证明儿童对宇宙、人生、周围一切事物所萌发的种种困惑、疑问及匪夷所思的想法，都含有探索真理的意味，符合深奥的哲学原理。儿童作为探索者，对外在的世界充满了好奇，总会有玩不尽的心情，问不完的问题，无时无刻不表现出探究世界的愿望。儿童对世界的探索，有着自己独特的理解，这种理解具有高度的主动性和创造性，它们既是儿童自己的建构，又是儿童心智本来面目的显现。

教育的使命在于激发儿童的学习兴趣和探索热情。儿童"天生"就具有探究世界的欲望和要求，也就是说，儿童自身就拥有热爱学习的可能性，教育的首要任务在于将

---

① ［古希腊］亚里士多德著，吴寿彭译. 形而上学［M］. 北京：商务印书馆，1983：5.
② 成尚荣. 教育的"儿童立场"［J］. 新课程（综合版），2010（6）：1.

这种可能性变成儿童学习的现实动力。因此,教育的内容要与儿童的生活世界密切相关,只有学科学习而没有生活乐趣的学校教育压抑了学生的探索天性。杜威曾深刻指出:"学习,肯定要学习,但生活是首要的,学习是通过这种生活并与之联系起来进行的。"日常生活本身就是教育资源。我校开设的"快乐活动日"的全部课程,儿童的学习内容、学习方式都是开放的,不受课程标准、教材、教师、教室的限制,而是来源于儿童的实际生活。由儿童自主选择喜欢的活动主题,让儿童从实践中体悟探究的乐趣,激发他们的学习兴趣。

三、差异:挖掘自身的价值

儿童的发展并不是千篇一律的,而是具有个体特质;教育所要培养的并不是同质化的个体,而是要让儿童的个性得到充分、自由的发展。儿童所表现出的个体差异性,是由遗传与环境共同作用的结果,可以概括为四个方面的因素。基础性因素,即身体发育的差异,身体素质的强弱、发育的早晚、性别差异等;智力发展的差异,根据加德纳的观点,每个学生都具有8种或8种以上的智力,每个学生智力的组合方式和程度不同,都有自己的优势智力和弱势智力,有自己的学习类型和方法;个性发展的差异,即学生的气质类型和性格的差异。动力性因素,即学生的学习兴趣、学习动力的强弱不同。操作性因素,即学习能力、学习风格的不同,或者学习方法的不同。方向性因素,即学生在潜在的优势领域方面存在差异。长期以来,我国的基础教育忽视儿童的个体差异,用统一的标准来评价儿童,扼杀了儿童的个性与创造性。

儿童的个体差异性,要求转变传统的教育观念。教育实践的过程应该是个性张扬的过程,强调实施个别化教育、差异性教学。尊重儿童的个性、保护和促进儿童个性的发展是学校和社会的重要任务。教育的个性化,强调要适应儿童不同个体的天赋能力、兴趣和需要,反对教育、教学的强制性和划一性,为儿童的发展提供更多的选择机会,尊重儿童个体做出的自由选择。在这过程中,要重点培养儿童的独立性和主体性。独立性是儿童从出生到成熟,独立存在,不依附于他人的典型特征;主体性是伴随着儿童独立性的发展而发展的。我校在在地文化资源的开发过程中,让学生主动参与课程开发;在探究型课程实施过程中,让学生自主选择主题展开探究实践活动,帮助儿童意识到自己作为一个主体的存在和活动,意识到自己有决定自己的思想和行为的自由,充分发挥自己的个性自由并进行个性选择。

四、正在成长中的儿童

每一个儿童都具有发展的潜能。现代遗传学研究表明，人的遗传素质特点与动物遗传素质特点的基本差异是机能的非专门化，这种非固定的、非专门化的设计，赋予了人类以极大的发展潜能。康德认为："人是一个有限的理性存在，但有无限的可能性。"处在发展过程中的儿童更是有无限的可能性。成尚荣学者提出，所谓可能性，就是"还没有"，即还没有成熟、还没有确定、还没有完成。儿童的发展处在从不成熟走向成熟，从依赖逐渐走向独立的过程；儿童的发展具有多种可能性，在艺术才能、自然科学能力、体育运动能力、社会交往能力等各个方面可以有不同的发展倾向；儿童的发展具有阶段性的特征，每一个阶段都有一个发展目标，并向新目标迈进。

儿童发展的未成熟状态，要求教师投入更多的耐心与爱心，包容儿童出现的错误并及时矫正。教育教学过程中，教师要激发出儿童的潜能，并指导儿童不断积蓄能量。儿童发展的未确定状态，要求改变传统教育定向式的模式，教师不能用统一的标准来衡量儿童的发展变化，不能把儿童归于预先设定的"保护伞"之下，而要在日常教学中，帮助儿童发现自身的各种可能性，给予分析与指导，并提供有针对性的教学。儿童发展的未完成状态，要求教师把儿童看成是一个正在成长中的个体，帮助儿童完成每一个阶段的任务，规划新阶段的目标，并对未来的发展提供指导。

第五节　教师：与学生共成长

我们坚信：教师的发展是学校发展的基石；教师的专业素养决定了学校的办学品质。

学校依据师资实际情况，树立了"立足自培、实践提升、交流引进"的"磁性教师"发展策略，逐步形成以"研究和提升学生的成长需要，享受与学生一起成长的生命历程"为"磁性教师"的教育理念，关注和支撑教师队伍的专业发展规划，激发师生相互关照、相互促进的"磁力"，构建双向的成长平台，实现真正意义上的教学相长。

一、思想：温暖学生的灵魂

教师是学生灵魂的工程师，作为"磁性教师"，首先要努力做一个有思想的人，一个不断探索、不断创新，在教育上的有心人。教育家与教书匠的一个最大的区别在于，教育家有着一种追求卓越的精神，善于积累与思考，并建立起自己的风格和体系。教书匠并不是教师的最高境界，教育家才是教师要追求的目标，教师应该致力于在平时的教育教学实践中形成自己独特的教育思想和教学主张，及时总结与反思，记录精彩的教学片段、自己的感受、自己的思考。努力做一个有思想的教师，关键在于思想本身。思想的源泉在于教育实践，教师要善于将不同的教育碎片系统地串联起来，形成自己独特的教育风格，打造与众不同的教学品牌。这也是教师自身专业成长的内在需求，是提升教师职业幸福感的重要途径与手段。学校致力于培养有教育思想和教学主张的成熟教师，引导教师不断完善和提升自身教育理念，提炼具有教师个人特色的"教学主张"；并以此为契机，全面提升教师专业发展内涵，提高学校骨干教师的含金量。

二、学习：与大师面对面

思想是实践、学习、思考三方面相互作用的产物。"磁性"也表现为教师自身的人格魅力对学生的吸引，而人格魅力的养成在于学习。作为"磁性教师"要努力做一个勤于学习、不断充实自我的人。勤于学习、充实自我是成长为优秀教师的基础。教师重要任务之一就是学习，通过学习不断拓宽自身的人文、自然科学、社会科学等领域的视野。学习实际上是我们用自己的生活阅历与过去的大师们进行对话，从中汲取优秀的思想成果，并运用到自己的教育实践中。当然，学习的方式有很多种，除了阅读书籍，还可以是培训、研讨等形式。校本研修是我校开展的提高教师专业能力的有效形式，涵盖课前、课中、课后全过程的教研活动，关注的都是教师在专业发展上的独特表现，呈现的是因人而异的问题与价值。教师们认为参加这种教研活动的过程，始终是一个在思考中发现问题，在碰撞中分析问题，在实践中解决问题的过程。有效教研对促进教师自我反思，促进教师合作与交流，创造性地解决课程实施过程中的新问题，提高课堂教学有效性，提升教师的实践能力具有重要的作用。

教学相长也是教师学习的主题。教师要努力理解儿童的世界，尊重儿童的个性，成为他们中的一份子。在与儿童的交往过程中，及时发现教学中存在的问题，与儿童共同成长。

三、研究：在行动中收获

课程是教学的载体，教学目标要通过课程的实施得以实现。作为"磁性教师"要努力做一个课程的研究者，具体表现在以下几个方面。

（一）教师成为课程现场的洞察者

在中央集权的教育管理体制中，课程在全国是统一的，然而最后学生的课程体验却不相同，这说明不同的课程现场对课程实施和教育质量有重要的影响。课程能否有效地实施和运作，取决于教师能否结合本土对课程进行领悟、开发和课堂教学。我们认为，教师首先要成为课程现场的洞察者。它包含三方面的要义：

学科知识与在地文化的"链接"。学科知识是人类长期以来的生存经验的总结，是一般的、抽象的逻辑表达。对教师和学生而言，它还是跃然于纸上的间接经验，可以对学生进行技巧训练。在地文化是一种地域文化符号，具有浓郁的情境性和应用性，师生耳濡目染，能丰富学生的体验。学科知识与在地文化衔接起来，才能够做到新课改提倡的从偏重"技能训练"转向注重"体验感悟"。卢湾区位于上海中心城区，海派文化"兼容并蓄、锐意创新"的理念在这里流下浓厚的缩影。绍兴路文化街、田子坊和8号桥的文化底蕴享誉全国，它们都在我校的周边地区，因而方便教师利用这些人文资源创生校本课程，让课程成为孩子们身边的事物，让课程充满亲切感。

学生爱好与内心世界的"关联"。过去备课就有"备学生"一说，但它的主要目的是选择恰当的教学方法，有效地传递知识。新课改后，把课程置于特定的实施背景，突出了学生的主体地位，意味着"备学生"走向全方位，不只是分析学生原有的知识基础，还包括了解学生的思想，发展学生的兴趣。它的目的是建立学科知识与学生经验的关联，为学生提供真实情景的课程资料，激发学生学习的兴趣。由于言语发展水平有限，学生常常不能够表达特殊的需要和特别的想法，教师通常无法通过话语去理解学生的行为以及对应的内在心理状态。然而学生是一群"兴趣使然"的儿童，教师可以通过了解学生的爱好来获得其内心世界的感触。

课程开发中充分利用社区资源。学校教育主要服务于学生发展，如今信息资源充斥在每个角落，学生的发展也不再仅限于学校教育。学校应该把学生的发展置于更广阔的社会空间中，建立起学校与社会互动的关系。学校的课程开发要善于利用社区资源，让学生在社区服务、社会实践中增长社会经验。

（二）让教师成为课程行动研究的深度参与者

教师作为课程行动研究参与者是教师诊断特定课程情景中的问题，改善特定教学环境的一种手段。课程行动研究由设计、检验和判断三个阶段构成。课程行动研究是教师为改进教学问题，提升教学思想而进行的行动研究，带有自我进修的含义。我校根据学校课程存在的问题，选择课题进行课程行动研究，与专家合作，以获得改进教学和促进教师专业发展的功效。

（三）让教师成为课程改进的研究者

行动研究是实践者为了行动、在行动中和通过行动而解决工作问题的一种研究方式，它不需要运用专门的方法技术。教师展开课程行动研究常用的方法有课堂观察、访谈、课程叙事。利用课程观察，教师可以阐明课程实施中师生所经历事件的复杂性与丰富性，全面展示课堂纷繁复杂的情况。教师可以通过观察到的教学案例研究自己的实践，揭示出教学问题，提出解决方案，进而提高自己的教学水平。课程叙事是教师将自己的课程开发、领悟、执行记录下来，如某个教学片断或者教学事件，并且进行反思。这是一种记录事件、总结经验，思考提升的行动研究方法。为保障教学质量，还要开展以学校为中心的课程评估，学校教师与专家合作研究，结合学校实际，形成有效的、可操作的课程评估管理模式，从而使本校的课程开发从无序走向规范。

第六节　课程：一段温暖的记忆

我们坚信：课程是儿童的一段温暖回忆，课程的魅力在于富有磁性。"磁性课程"是实施"磁性教育"的重要抓手。

我校秉承"课程即磁铁石"的课程理念，着眼于学生的成长需要，通过营造开放空间、鼓励学生参与的途径，力图打造学生喜欢的、对他们有吸引力的，并且可以促进学生成长的课程。让每一个学生都能根据自己的特点选择感兴趣的课程，参与应有的课程决策，让个性得到充分的发展，从而使学生喜欢学习、喜欢学校。可以说，"磁性课程"带给学生的是一段温暖的记忆，学生嬉戏于"磁性课程"中，享受"磁性课程"给他们带来学习的快乐，成长的愉悦。

一、课程即文化与人相遇的情境

我们珍视学生的自主体验，注重资源的开发，也希望"课程是充满魅力的旅程，孩子们可以自主发现意外的通道和美丽的图景，并从中收获学习的快乐"。因此，"磁性课程"不是封闭的系统,而是开放的系统,可以为学生自主发展提供可能性和诠释。它不是单向度的执行系统,而是有反思精神贯穿其中,有着学生的主动参与和选择。

(一)"磁性课程"提供自主学习的磁场

"磁性课程"中的学生应当是自主的,他们在好奇天性和教师的指引下,自由地遨游于知识殿堂。在课程的开发过程中,由学生主动探究,发现资源,进行思考;在课程实施过程中,由学生结合自己的兴趣自主选择,在学习过程中快乐、主动地展示爱与自信,感受课程的神奇魅力,从心底升华对知识的渴求,最终愉快地、自主地完成成长过程。这种学习经历无疑是有意义的,也是磁性课程所赋予的美好愿景。

(二)"磁性课程"构建双向磁力线

每个学生以完整的生命个体状态存在于学校课程中,他们不仅是教学对象,学习主体,更是教育资源、学校文化的共生者。在"磁性课程"中,学生应当发生两个根本性转变:从接受资源走向缔造资源,身处学校磁场中的学生也能够提供优质资源,学生的兴趣爱好、个性特长为课程开发提供参考,课堂中学生的表现生成课堂资源;从被动接受走向主动选择,我们设想的磁力线是双向的,学生和课程之间是"吸引与被吸引"的关系,课程设立时我们最大化考虑学生的需求,学生也同样可以通过菜单式选择"被吸引"。

二、课程的"草根"属性

我校的"磁性课程"是指具有吸引力的课程,是深受学生喜爱的课程。它冲破了一般意义上"课程即教学科目"的概念,拓宽了课程的内涵与外延,实际意义上是一种大课程观。"磁性课程"不仅蕴涵于学生必修的基础性课程之中,还渗入拓展性课程及研究性课程之内。它是一种强调师生共同参与、整合及优化学校、家长、社区、社会各种资源的"草根式"课程,是学校本位式课程。这种课程犹如磁铁一般能够强烈地吸引学生,使学生在"磁性课程"中愉快学习,快乐成长,同时也能催化教师的专业成长和学校的长远发展。

"磁性课程"的定位在于:它是体现我校办学理念的学校教育文化场的典型载体。我们将研究本社区学生成长特征、从中发现学生的发展需要,并通过创设和优化课程体系,提供优良的教育内容,创造先进的教育活动,引领学生的主动发展。因此,"磁性课程"的目标可以表现为两个方面:一是适应学生的成长特征,回应社会和家长的期望,即根据我校所处的周边环境和学生的实际情况,我们的课程要与孩子的生活联系,让课程贴近学生生活；与孩子的智力水平联系，注重学生的差异，着眼于发挥学生个体潜能，实现课程的综合化。二是引领学生的发展需要，吸引学生积极投入到学校生活之中，实现更高品质的发展。即我们的课程是实用的、面向未来的课程，如心理健康、科技、德育等课程，对学生的日常生活及今后的成长具有重要的指导意义。具体地说，这些课程对学生人格的培养、良好性格的塑造、科学知识的掌握与综合能力的提升以及为学生将来成为一名合格而又优秀的人才做好充分的准备。

第七节　课堂：富有亲和力

我们坚信："磁性课程"的实施关键在于打造"磁性课堂"。

"磁性课堂"的魅力在于富有亲和力，以极大的亲和力与感染力来吸引学生，这种亲和力具体表现为"磁性课堂"的情感性、趣味性和创生性，并以此来改善教师教学行为和学生学习行为，向课堂教学要效率，要质量，努力追求"全面发展、减负增效、发挥个性、培养能力"的目标。

一、用热情点燃生命

课堂的情感性主要表现为教师课堂的情感投入。其一，教师要富有教学的激情与热情。美国学者威伍在《激情，成就一个教师》一文中曾说过："想要教好的教师可能在大多数情况下都是志向更高和激情奔放的。伟大至少一部分出自天赋，这是无法传播的。然而，伟大的教师一定是激情的教师。"教师以激情感染学生，激发出学生的学习热情，并全身心投入到课堂之中。其二，教师要具有爱心，关爱学生的成长。爱的教育是教育力量的源泉，是教育成功的基础。有学者曾说："教育没有情感，没有爱，如同池塘没有水一样。没有水，就不能称其为池塘。没有情感，没有爱，也就没有教育。"课堂中，让学生感受到教师的关爱，可以使学生以信任、积极的态度参与到教学情境中。其三，师生之间进行愉快的情感沟通与智慧交流。班级里可能充满了欢乐、友谊、合作和渴望；也可能是沉默、不快、矛盾和敌意。前者表现为高亲和度，也是课堂教学成功的基础。

二、以趣味激发动机

课堂的趣味性，主要在于激发学生的学习兴趣和学习动机。兴趣是个体对某人或某物选择性注意的倾向,学习兴趣就是学生在心理上对学习活动产生爱好,追求和向往的倾向。学习兴趣是求知的前提,直接决定着学习的态度和动机,是学习动机中最现实、最活跃的成分,是学习活动的最佳原动力。于小学生而言,学习习惯还没有完全固定,学习的效果很大程度上取决于学习的兴趣与动力。在课堂教学过程中,教学内容要贴近学生的生活实际,教师从身边具体的事例出发,吸引学生的注意力,引发学生的思考,并指导学生将所学知识运用于实践。教学的场所不一定在正式课堂内,教师还可以带领学生走出课堂,指导学生做观察小能手,亲身体验,并在同伴间相互交流与分享。"磁性课堂"的吸引力还在于学生的参与度,即学生的全员参与、全程参与和有效参与,课堂提倡学生参与决定教学内容,力图使学生自己的输入成为主要的教学内容资源,并成为整个教学活动的中心。

三、在生成中创造

"磁性课堂"的创生性是指课堂是生成的,而不是预设的;重点在于培养学生的创造性思维,而不是知识点的灌输。生成性的课堂是在师生的动态互动中自然而然发生的,是不可重复的,没有预设的框架束缚,充分地尊重学生的主体地位,善于捕捉学生思维的闪光点,根据学生的学习状态及时调整课堂教学进程。人本主义心理学家库姆斯(Comes, A.)认为,好教师的教学绝不是千篇一律地遵循着什么既定规则的,他们都有自己的"个性",并在教学中体现出来;好教师在教学中会注重"具体的"、"特定的"情境,不可能以"既定的方法"行动。因此,在课堂教学过程中,教师要善于整合学科知识点,提供清晰的知识点脉络,而不是按部就班地只根据教材内容进行讲授;同时要给予学生足够的自由度,鼓励学生主动发问,积极参与讨论,最大程度地满足学生的多方面需求,为学生提供多样化的表现、表达的机会。课堂关注点在于,激活学生的思维,培养学生丰富的想象力和创造力。

第八节　教学:最富有意义的"游戏"

我们坚信:教学是带领儿童进行的一场最富有意义的"游戏"。

"游戏"的起点在于儿童的本性,"游戏"的有效进行在于教师的激励与引导,"游戏"的落脚点在于使儿童沉浸在这种游戏之中,保持一种心灵期待。打造"磁性课堂"

的关键在于采用恰当的方法组织教学,提高课堂的吸引力,以在课堂与儿童之间形成强有力的"磁力线"。

一、"游戏"起点:因本性而教

儿童具有自由本性、探索天性、个体差异性、发展的无限可能性,杜威提出,在儿童本性的发展上,主动的方面要先于被动的方面。因此我们的课堂教学形式要由"注入式"、"满堂灌"向"启发式"、"讨论式"、"合作式"转变,由单纯的知识传授向培养学生能力转变。学生能积极主动地参与教学全过程,勇于探究,敢于质疑。教学要围绕着儿童的本质差异进行,即在教学内容的组织、教学方法的应用上,要考虑学生的独特性、差异性,提供多元化的教学模式和个别化的教学方法,针对学生的个性特点,帮助学生找到最能发挥他个人的创造性和个性才能的生活道路。因此在课堂教学过程中,我们选择和运用因材施教策略,从而保证每一个学生在学习过程中得到公平的教育机会。因材施教的教学策略从本质上说是尊重学生的个性和差异性的,是从每一个学生个体的实际出发的,因而是人本化的,在思想基础上是和"磁性课程"是一致的。因材施教策略要求教师要把了解和研究学生作为一项重要的基础性工作,认真地去观察分析每一个学生的认知特征和动机倾向,从而既能具体了解又能总体把握学生的学习风格,并在此基础上提供并适时针对性地调节与其有相匹配的教学风格。

二、教师激励:情感共鸣

教师激励是课堂教学有效进行的催化剂,可以保护儿童的想象力,提高儿童的自信心,帮助儿童全面认识自己,并勇于表现自己。在激励因素的影响下,教师与儿童能达成情感上的共鸣,使教学进程的节奏和谐、有序。教师激励是指教师通过语言或者非语言的方式对儿童的一种积极的期待和认同,包括教师期待和给予儿童成功的体验。根据皮革马利翁效应,教师期待可以影响儿童的学习行为、学习心理,进而决定着儿童的学习成效。教学过程中,教师要时常给予学生积极正面的期待,让学生感受到教师的信任与支持,从而转化为学习的动力,提高学习效果。成功的体验对于小学生尤其重要,能有效地保护儿童学习的积极性,提高儿童的自我效能感。教师期待可以说是教师的教育智慧、教学艺术,重点在于能促进儿童人格的发展、个性的完善。在方法的选择上,我们主要是运用自我发展策略,一是要鼓励和促使学生投入各种有助于形成和建构自我的活动，二是要创造可能多的机会，使学生在开放性的活动中形成开放的个性，在现实生活中感受自我，认识自我，理想自我。即让学生从"磁性课程"学习的不同场合和角度认识自我，为学生创造尽可能多的交流沟通的机会以及表达和展现自我的机会；让学生在"磁性课程"学习的融洽进取氛围中，在和谐的师生关系中建构自我；组织学生在丰富的"磁性课程"的学习活动中发展自我。

三、教师引导：思维的激发

课堂教学是教师的"教"和学生的"学"相互作用的过程，而在现实的教学过程中，我们关注的焦点往往是教师的"教"，而不是学生的"学"。学生是课堂的主体，我们相信，有效的课堂在于发挥学生的主体性，教师是处于引导者的角色，学生在这场"游戏"中，关键的活动在于思维的激发与运动。教师的引导表现在，教师作为学生学习的协助者和指导者，是学生学习过程中的解惑者，重在培养学生在课堂中的主体意识，让学生成为学习的真正主人。思维的激发表现在，教师在教学过程中，关注点不仅仅是学生知识的获得，更多地在于学生对知识的建构，以及对知识本质、知识间联系的探究，掌握获取知识的方法。我校在学生思维激发方面主要采取的策略：一是选择和运用自主学习策略。自主学习策略的基本理念是以学生为出发点，充分尊重学生的自主性，满足学生在学习内容和形式上的自由选择，使学生能在积极主动的学习过程中，建构完整人格。自主学习策略的学习观强调变被动学习为主动学习，课程教学取决于学生的需要，重点放在知识的应用上，学生可根据自己不同的学习风格采用多元化的学习路径，以追求学习的最佳效果。二是选择和运用主题探索策略。主题探索策略就是把关于学生生活中的知识内容按照各种主题的形式进行设计，学生在教师的指导下，依据自己的兴趣、能力选择与实际问题相关的主题进行自主的探索，从而培养学生关心和解决现实问题的意识与创造性。

四、心灵期待：沉浸在"游戏"中

教学的目标主要表现为知识技能的获得、过程与方法的掌握、情感态度价值观的培养，就长远的意义而言，这场"游戏"的落脚点还在于让儿童沉浸在这种氛围中，并保持进行这场"游戏"的一种心灵期待。让儿童沉浸在"游戏"之中，表现为在教学方法的带领下，课堂对儿童的吸引力。巧妙的教学内容，灵活的教学过程，创造性的教学方法，使学生真正地融入课堂，为教师所吸引、为课堂所吸引。知识不再是枯燥、脱离生活实际的符号,而是一个个跳动的音符,在学生的脑海里回荡,由学生自己串联和建构,并由此产生创造性的结果。学生在这个过程中,由最初的"游戏"参与者,转变为"游戏"的创造者,这是人的天性使然,即人在潜意识中倾向于获得主动地位,并对某一活动进行控制的体验。学习成为学生的一种生命活动,学生感受到学习的乐趣,并意识到自己的能动性与创造性。课堂的"磁性"和教学方法的引领,提高了学生学习的动机,学生开始期待"游戏"的进行,而不是逃避和被迫加入。学习成为学生主动的愿望,每一次的"游戏"都是学生创造性发挥的过程,给学生提供了全新的旅程。

第三章 "磁性课程"之"三维"谱系

磁性智慧——

　　谱系，其概念为"记载同类事物历代系统变化的书"。瑞二小学的课程谱系，历经学校课改初期仅局限在科技教育特色基础上的走班制、兴趣课等创始阶段，经过数年延续、拓展、变革，完善至今与学校基础课程融为一体的三类课程体系，充满了蓬勃进取的生命力。它是学校不断更新思想和观念，切实展现课程领导力的有效平台，是学校师生依据共同发展需求，愈发强烈地展现出其课程执行力与学习力的真实呼唤，也是学校在当下日益激烈的立身生存竞争中，迫切地释放出对未来教育发展的孜孜追求。

　　《孙膑兵法•月战》上说到："天时、地利、人和，三者不得，虽胜有殃。"原意指的是作战时的自然气候条件、地理环境和人心的向背，三者关系到最后战争能否取胜。同样道理，瑞二小学的课程发展历程，是不断谋划与争取天时、地利、人和的过程。下面，我们将通过天时、地利、人和三个维度，来详细阐述瑞金二路小学"磁性课程"谱系。

第一节　天时：我们的课程契机

一、世博——天赐的课程良机

　　"时事"指的是近期发生的大事，适应潮流的事件。正所谓"家事国事天下事，事事关心"。关注并取材于时事信息，开发和建设与当下时事密切相关的课程资源，是瑞二小学课程规划设计上的亮点之一。

　　如果问任何一个上海人：最近几年影响上海的是哪一桩大事？几乎所有的人都会异口同声回答：世博会！确实，对我们这代人来讲，百年一遇的世博盛会在上海举行,对各行各业都产生了深远、巨大的影响。站在中小学基础教育的视角来审视,世博教育资源,犹如一桌从天而降的饕餮盛宴,在当时成为众多学校课程开发资源的不二之选。在世博会前后,上海几乎校校都有与世博相关的主题教育活动,不过能坚持几年如一日的,能深度开发展现亮点特色的,并且最终能做出有一定社会影响和教育成效的,屈指可数。瑞金二路小学虽然规模较小,但是在世博课程建设上,凝聚全校师生智慧,开辟了一条特色之路,从教育活动创建初期的"600天起每百天开展迎世博倒计时展示活动",世博展会期间"多彩世界"校本课程的实施,至世博后校本课程"视界"的撰写研究,得到了社会的肯定和赞扬,获得了媒体的宣传和支持。

其实在学校行政会议商讨学校世博课程建设初期,面对着如何开展好学校世博课程开发和设计工作,各位学校领导就已经有所思考:我们学校是一所普通小学,70%以上的学生来自全国各地。学校虽然普通,但有着强烈的渴望与企盼。同样,我们努力倡导公平地对待每一个学生,让学校的世博课程回归生活,在充分研究学生成长需要的基础上,为适应和引领学生成长需要而建设世博课程。鼓励和引导学生参与教育设计活动,拓展活动空间,拓宽活动自由度,吸引学生在实践、体验、感悟中形成认识、增强能力、培育人格,为每一个学生的自主发展创造充满"磁性"的空间。学校确定了世博课程开发理念后,决定抓住这一契机,放手一搏:充分利用世博会的教育资源,开发和实施了富有磁性的世博课程——"多彩世界"。

2010年的上海世博会为我们的学校教育打开了一个全新的窗口,在学校参与申博、迎博、观博的过程中,全校师生激情投入,全程体验,领略了世博的精彩,感受了异国的风情。时至今日,我们还依然会感慨孩子、家长和老师一起搭建的一间间"国家场馆"的相片;依然会浮想孩子们一段段惟妙惟肖的异国歌舞;依然会为一幕幕师生同行的世博志愿行动而动容……在享受了这顿文化大餐的同时,孩子们开拓了眼界,拓展了知识,感悟到了"地球村"的博大和谐。如今,世博已经渐渐远去,但其影响是深远的。在世博盛会结束以后,如何开展好"世博后课程"又成为学校课程建设的一大动向。如此丰富多彩的迎世博活动资料,以及在世博展会过程中师生们一次次走进展会现场,获得的大量一手信息,如果随着世博会的落幕而冷藏起来,那这项课程建设就没有真正充分地盘活全局。在学校"磁性课程"的指引下,学校在后世博时代中重新审视这场盛会,再次挖掘教育资源,回炉整合原有课程资料,师生协力编撰了学校新校本课程——"视界"。这门新课程非常注重学生学习能力的培养,通过"我知道"、"我了解"、"我赞叹"、"我欣赏"、"我探究"等环节，为学生提供自主学习探究的机会，将课内与课外学习联系起来，增强学生动手动脑探究的能力。"视界"内容浅显，容量丰富，生动有趣，特点鲜明，借用大量图片呈现实物，学生直观欣赏异国美景，感受异域风情。这也体现了学校"磁性课程"的吸引力，让学生积极主动地阅读教材，主动自觉地学习教材，将关注世博的激情转向关注教材，让学校课程展现出极大的魅力。这份后世博课程，注重传承世博精神，在轻松愉快中带领学生"走遍"几大洲，领略各国人文风景，展现了"磁性课程"的魅力特色；在自主开放的学习氛围中，使学生拓展了视野，形成了探究发现的本领。

漫步地球村，相约世博会

二、科技——课程的一个关注点

上海不仅是文化经济大都市，还是中国科技发展的高地。《2011年全国及各地区科技进步统计监测结果》显示上海地区综合科技进步水平指数高于全国平均水平（60.05％）的地区，和往年的排序相同，上海依然在全国名列榜首。"磁悬浮列车"、"基因工程"、"机器人技术"、"家庭环保节能技术"等一个个我们耳熟能详的高科技项目，在上海这个现代化大都市的哺育下焕发着勃勃生机。

纵观上海的科技发展史，自开埠以来，上海就成为连接东西方文化、经济的桥梁、成为开放的门户和窗口。各种文化和文明在这里碰撞交汇，形成了独特的海派文化风格。上海的科学技术体现了"融中外、汇东西"的海派文化的特色和精神，构成了其独具的海派文化。建国以来，科学技术在上海的经济恢复、社会主义建设的开展、传统产业的改造和新兴产业的发展中，在把上海建设成为国家的重点工业基地中发挥着举足轻重的作用。上海各级领导和科技人员结合上海实际制定了切实可行的措施。实施科教兴市,建设创新型城市主战略,努力打造与建设世界一流城市相适应的科技支撑体系,以促进高新技术产业的发展,实现产业结构的不断优化,推动上海经济社会的繁荣昌盛。

有着如此深厚背景的上海科技教育自然不甘人后,在各级科协组织的引导下,各大中小教育基层单位也都争相开发属于自己学校特色的科技教育项目。瑞金二路小学是一所科技教育特色学校,学校在实施二期课改中始终将科技特色教育与课改新理念同行,使之不断注入新的活力。学校成立了由校长负责,科技总辅导员领衔,少先队辅导员和各学科指导教师参与的辐射型科技教育领导网络;学校有健全的科技教育组织体系,将科技教育纳入学校整体工作之中。从传统的三模到新颖的乐高机器人项目,瑞二小学的科技教育项目不断更新、发展,从学校每周五的科技走班制活动,到现在学校每周开展探究课与学生社团活动,科技教育项目几年如一日地坚持有序开展,提供学生自主学习探索的机会。

正是由于学校充分发挥科技教育的优势,十分注重把二期课改的理念"自主、合作、体验、探究"渗透于科技教育教学活动之中,促进了学生素质的全面发展,并取得了较明显的成绩。因此,学校的课程体系中科技教育是不可分割的一项重要内容。

经过几年来的发展、变革,目前学校科技教育分为两条主线:探究型课程与学生社团。探究型课由教师担任导师,引导一组探究学员进行主题研究。学生社团则由学生按自身爱好进行文艺类和科技类两类走班制学习方式。有"金刚机器人"、"数码OK镜"摄影、"环保小卫士","无线魅力"探雷,"海陆空霸王"航模等社团供学生选择,学生可以根据自己的学习层次和兴趣在科技兴趣"菜单"中选择合适自己的班级,学自己喜欢的知识,在活动中探索科学奥秘。

学校充分发挥科技教育的优势,经过不断的探索和实践,确立了科技创新教育为学校教育特色项目。学校科技创新教育近年来取得了较大的进步。在十数年中,我校一直保持着卢湾区科技节优秀组织奖的光荣称号。学校领导舍得在"科技创新教育"上投资,重视将科技教育意识通过具体工作融入日常教学活动之中,不断地构建相关途径,通过科技创新教育与校园文化、学校教学、少先队活动、家庭教育、社区教育等几方面的结合,形成了全方位立体的科技教育模式,保证了科技教育落到实处。因此,在瑞二小学,科技教育如润物无声的细雨渗入学生的心田,用科学观念教育人,用科学思想培养人,从细微之处培养科学意识,收到了良好的教育效果。

第二节　地利：我们的课程资源

瑞二小学周边，有着多种多样的教育资源，等待着我们去挖掘。我们需要的是一双善于发现的眼睛，带领孩子们一起去挖掘学校内外的教育宝藏。每一所学校的发展离不开对教育资源的整合与利用，充分发挥学校内外教育资源的价值才能最大限度地推动学校的发展。

一、与历史文化名人"对话"

在原卢湾区，曾经驻足过许多重要的历史人物，这里也是许多重要历史事件的始源地。比如孙中山先生晚年和夫人宋庆龄居住在莫利哀路 29 号（今香山路 7 号），还有 1921 年 7 月，中国共产党第一次全国代表大会在境北望志路 106 号（今兴业路 76 号）举行。著名爱国人士邹韬奋、张学良、柳亚子、何香凝也都曾居住在原卢湾区。细数的话，巴金、梅兰芳、郭沫若、许广平、徐志摩、郁达夫、刘海粟、丰子恺等近代几十位享誉海内外的著名学者、文化人、艺术家都曾在此生活、工作过。

思南路孙中山故居

其中，最瞩目的当属思南路历史风貌一条街。思南路位于原卢湾区复兴中路和思南路一带，那里坐落着法国、英国、德国以及西班牙式风格各异的成片花园洋房别墅，开阔的花园、绿色的草坪、高大的乔木，令人惊羡，是上海独一无二的极其珍贵的历史人文资源，也是凸显海派历史人文特色的标志性地区。中国共产党上海办事处——

"周公馆"坐落于此,近代历史名人程潜、梅兰芳、柳亚子等先后在此居住,大都市的喧嚣与洋房的静雅仿佛讲述着各自现代与经典的故事。

这些历史人物和历史建筑,就像天空中闪烁的星星一般,在原卢湾区并不广阔的版图上,勾勒出一幅幅令人向往的探究蓝图。对于小学生来讲,能到这些场所,与这些历史名人开展不同时空的对话,可以激发他们对中国近代史产生浓厚的兴趣和探究的欲望。这些历史名人有的是革命家,有的是科学家,有的是著名的文艺家、作家;有的为我们所熟知,有的静静地等待在小路的某一角落。学生可以利用发挥信息处理的知识技能,通过梳理,然后规划出探究路线,通过实践活动来开展不同层次的学习活动。这些历史人物和历史建筑对学生的历史知识和爱国情怀都是一种切实有效的学习资源。

二、这里有一条文化出版街

离瑞二小学二三百米处的绍兴路,是一条闻名中外的出版文化一条街。这条路上有多家出版社,上海市新闻出版局也座落在此。著名的上海文艺出版总社那幢楼房仍保持了三四十年代典雅、庄重的风格,同时又不失现代文化企业的时代感。绍兴路上还有几家书店,以及一些掩藏于绿荫之中的咖啡馆。一个人在这里喝咖啡看书,或是和朋友一起聚会聊天,都是一种享受,非常适合午后休闲。对喜欢看书进而对出版文化产生好奇的学生来说,这里就是他们的"圣堂",到这里来实地拜访一下,可以聆听到很多老出版社的历史故事。

绍兴路96弄是目前上海保存最完整的石库门之一,许多表现老上海题材的电影电视剧都喜欢到这里来取外景,随着上海老石库门不断被拆毁、改造,这里也是上海为数不多可以提供学生现场实地开展对上海老建筑研究的场所之一。

绍兴路上还有许多有趣的看点,如:上海第一家抽象画廊——角度抽象画廊(绍兴路40—42号)、上海人民出版社的前身(杜月笙母亲曾经的住所,绍兴路54号)等生动有趣的在地文化教育资源都有待学生去探索、去发现。

三、老城厢的"新变身计"

如果是原卢湾区70、80年代的老住户,一定会对很多曾经"辉煌"过的棚户区印象深刻。随着90年代以来的不断拆旧、改造,很多高楼大厦拔地而起,上海的变化日新月异。我们为"上海速度"而自豪,为上海每天的新面貌而赞叹不已。其实在这一老城厢的"变身计"过程中蕴含了不少教育教学资源。

(一)"无烟的工业"——8号桥创意产业园区

创意的"8号桥"是上海最早由工业老厂房整体改建的创意产业园区,先后获得"全国工业旅游示范点"、"上海对外文化交流基地"、"上海优秀创意产业集聚区"、"上海名牌区域"等荣誉称号。

一期的"8号桥"位于卢湾区建国中路8—10号,占地面积9700平方米,是原上海汽车制动器公司老厂房,经过改造,既保留了工业文明时代的蚕桑韵味,又注入了人性化设计理念、时尚文化元素和创新创意氛围。目前上海市在中南部地区利用两处老厂房开发"8号桥"二期、三期,充分放大"8号桥"的品牌优势。

一般对学生而言,工业就是大厂房,轰隆隆的生产车间……而"8号桥"城市创意工业园区的成功,为城市发展打开了新思路,也是所有生活在城市中的孩子可以一探究竟的新学习资源。对于这些未来的城市建设者来说,"8号桥"是城市历史与未来承接的良好典范,集中体现了建筑、历史、艺术和经济价值,在这里历史的留存注入了时尚、创意的元素,陈旧的厂房成为现代城市景观的新景象,值得每一个新上海人关注和传扬。

(二)城市文化的"湿地"——田子坊创意聚集区

田子坊创意集聚区毗邻瑞二小学,它位于原卢湾区中部,南起泰康路、北至建国中路、东临思南路、西至瑞金二路,从瑞二小学走过去不到二三分钟。它的成功,很容易让人将其与新天地进行比较。如果说新天地是商业服务的大手笔的话,那田子坊则是一个更能体现各种草根文化交融的城市文化"湿地"。

田子坊形成的故事,是学生所津津乐道的:由画家陈逸飞领衔的开发者们逐步把旧厂房、旧民宅改建成画家工作室、设计室、摄影室、陶艺馆、时装展示厅等,吸引了来自国内外的一大批从事创意设计的艺术家、画家和设计室加盟,逐渐形成了以室内设计、视觉设计、工艺美术为主的创意特色。近几年来,"田子坊"知名度和影响力不断提升。

另一个值得学生们关注的是田子坊的建筑资源。田子坊是上海历史街区中最具里坊风貌特色的社区之一,其街区形态基本形成于20世纪30年代,由法租界行政区、石库门里弄区、里弄工厂区组合而成,其街区形态反映了从近代江南农村到华洋混住社区及里弄工厂社区的发展脉络。田子坊街区空间格局的历史衍进,反映出上海海派文化的积淀过程,是海派文化兼容并蓄特质的意向表达。街区内的建筑样式丰富多样,集中了上海从乡村到租界再到现代城市发展的各个时期、各种类型的历史建筑,有传统民居、旧式里弄、新式里弄等,因此具有极高的历史文化、建筑文化遗产价值。特别是"田子坊"依然保存着率真的里弄生活,被誉为上海历史风貌和石库门里弄生活的"活化石",展现了上海海派文化、传承了历史文脉。相信每一个前往调查探究的学生,都能满载而归。

四、现代与传统的医术融汇

谈到原卢湾区的医疗机构,瑞金医院和香山中医院不得不提。

瑞金医院全称为"上海交通大学医学院附属瑞金医院",它建于 1907 年,原名广慈医院,是一所大型综合性教学三级甲等医院。医院拥有一大批在国内外享有较高知名度的医学专家,在海内外医学界享受盛誉。

上海市香山中医医院则坐落在繁华的淮海中路商业街南侧的香山路上,东侧与孙中山故居和复兴公园毗邻,是一所以中医为主、中西医结合的全民所有制医院。该医院是上海中医药大学及上海市中医学校的临床实验医院,与美国普士顿大学医学院及上海中医药大学国际针灸培训中心建立了教学关系,每年接待多批国内外实习生和进修生,弘扬了祖国医学,促进了学术交流。

这两所医院,除了其诞生的历史故事可以成为学校校本课程的开发探究内容之外,我们更注重的是其文化符号——现代西医与传统中医在这里融汇发扬。一直以来,中医神秘的治疗技术和神奇的疗效,是国内外医学界的长期话题。对小学生来讲,不管是中医还是西医,都能对身体健康起到良好的促进和保护作用。适当地开发和研究一些西医、中医常规保健知识,也可以成为学校校本课程开发的一项特色教育资源。

五、漫步在购物天堂

每一个到上海来的游客,有两条街不能不逛,一条是"十里洋场"南京路,另一条就是横贯原卢湾区的"购物天堂"淮海路。

在 20 世纪 30 年代,淮海路还叫做霞飞路,它是一条繁华而又高雅的大街,一条堪与巴黎的香榭丽舍、纽约的第五大道、东京的银座、新加坡的乌节路相媲美的大街,号称"东方香榭丽舍"。1949 年后,为纪念淮海战役而改名为"淮海路"。它的高雅、美丽是每一个上海人的话题,不失为校本课程值得开发的在地文化资源之一。每当入夜的时候,淮海路华灯齐放,不锈钢拱型跨街灯组成的灯光"隧道"形成火树银花的景象。流光溢彩的淮海路延续着旧时霞飞路的风情倩影,飘落的梧桐叶诉说着隔世的繁华。

淮海路对于瑞二小学的校本课程开发来说,还有一层特殊的意义:小学生职业生涯课题研究。我校结合学校生源的实际特点,通过对淮海路形形色色的商业、服务业等职业生活开发与研究,来帮助学生形成对自身未来职业生涯的规划。

第三节 人和:课程发展的关键

《孟子·公孙丑下》中提到:"天时不如地利,地利不如人和。"如果说上海世博会给学校带来了全新的课程资源,对学校原有心理、科教资源的二次开发设计是天时;对校园周边的"在地文化"统筹挖掘属于地利;那么学校自身发展的刚性需求,教师的专业发展和学生的成长需要则是学校整体课程规划最关键的一个环节:人和。

一、教师:完全的"课程人"

教师的发展是学校发展的基石,教师的专业素养决定了学校的办学质量。我校依据师资实际情况,树立了"立足自培、实践提升、交流引进"的"磁性教师"发展策略,逐步形成以"研究和提升学生的成长需要,享受与学生的一起成长的生命历程"为"磁性教师"的教育理念,关注和支持教师队伍的专业发展规划,激发师生相互关照、相互促进的"磁力",构建双向的成长平台,实现真正意义上的教学相长。

在我校的课程建设过程中,教师们深刻体悟到自身的课程开发能力的重要性,开发校本课程以及围绕国家课程开发相应的课程资源,是课程改革中教师实实在在的任务和工作,从而让教师真正成为"课程人"。

在过去长期的课程集中控制的管理体制下,教师开发课程的权利和义务没有明确的规定。瑞二小学的新课程实施将课程开发上的权利和义务都重新赋予教师,教师不仅是课程的实施者,也是课程的开发者。校本课程的开发和课程资源的开发,不仅将会给学校灌注新的活力,最重要的是,它将最终让过去那种基于书本的教学真正走向基于资源的教与学。

瑞二小学"磁性课程"的开发,是学校按照自己的教育理念对学校的部分或全部课程进行不同程度或层次的开发。它的优势,表现在它能够与时俱进地反映上海的社会变化和学生需求,比国家课程更贴近实践,具有更强的适应性,更能反映课程多元化的趋势,并且,校本课程开发是一个连续的动态过程,是一个师生互动的生成性过程。在校本课程开发和实施过程中,教师的个性发展和学生的差异发展能够更好地结合在一起。

瑞二小学的"磁性课程"从整体开始布局,使教师明晰学校开发校本课程的背景和条件,校本课程设计思想和理论依据(如对各种需求的分析、教育方针的理解、开发和设计学校课程的主流理念、相关教育课程理论、相关的学习和教学理论、要解决的现实问题等),校本课程开发的总体目标,校本课程设计的整体方案、体系结构(如课程设计的原则和方向、各课程领域及其组成关系、课时与学分的分配和获取、课程实施和评价体系等)。

课程资源的开发和利用,也是教师课程开发专业素养和能力发展中的重要任务,"磁性课程"是学科、儿童、生活、社会的有机整合。学生的生活及其个人知识、直接经验都成为课程开发的基础和依据。课程资源由课堂延伸到课外,由学校延伸到社区和所在的地区,学生所处的社会环境和自然环境都逐渐成为学习探究的对象,成为学习的"课堂"。教师是学生利用课程资源的引导者、开发者,教师本身需要具有开发与选择课程资源的能力,能够充分挖掘各种资源的潜力和深层次价值。课程资源的开发给教师的工作提出更多更高的要求,同时也使教师选择的余地加大,选择的机会增多。

这对教师自身素质的提高是一个挑战。

二、家长：进入课堂的感觉

磁性课程改革不但要面对传统教育方式的转变，也是思想方式的一次大转变。师生和家长乃至全社会都要形成一种正确的教育观和人才观。在新形势下，家长要清醒认识自己在课程建设中扮演的角色，进入校园，进入课堂，成为一名和课程融会贯通的新家长。

以前很多家长认为课程的建设、开发、实施是学校、教师的事，但实际上，家长是课程改革的一分子，是学校课程的决策人之一，享有对学校课程的知情权、评价权和建议权，家长有权了解自己的孩子在学校学了些什么，为什么要学这些内容。

事实上，家长与家庭的参与有助于学校"磁性课程"的完善。在我校"磁性课程"建设中，很多家长主动加强与学校的沟通和交流，增强了主动参与的意识，搜集儿童发展和课程方面的资料，及时走访教师，与教师"互通情报"，并与教师默契配合，来弥补教师开发的课程资源上的不足。家长可以通过观察或了解自己孩子的学习需要，对学校或学习的态度来评价学校课程的质量，对学校课程建设提出建议，审议校本课程开发方案等。

"磁性课程"非常重视学生的直接经验和生活体验，"磁性课程"资源的积极开发和合理利用，取决于社会尤其是学生家长的理解和支持。家长的职业、阅历与专长对学校来说是一笔丰富的教育资源，家长的不同职业、不同背景可以为学校提供丰富的教育内容。"磁性课程"为家长发挥自己的才能提供了广阔的天地，如学校鼓励家长积极参加学校建立的家长值日校长、探究课"家长导师"、参与各类校园开放活动等。有时候，专业性较强的基础课程课堂教学让家长只是看到"热闹"，而"磁性课程"中的很多新颖开放的课堂成为家长与教师、学生合作互动的重要环境。"磁性课程"不单单局限在学校里、教室里，更多地是走向社会，走进社区，这种务实的接触学习设计给家长提供了改进课堂环境、直接影响课堂的目标和活动，以及与教师、学生分享他们知识经验的机会。

从这些方面来看，"磁性课程"的实施，需要包括家庭在内各方面的通力合作，让这些"新家长"，走进课堂，感悟课程，提供指导，共同打造更具生命力的"磁性课程"体系。

三、学生：体验课程的魅趣

以往，学生是课程实施及其研究中的一个弱势群体。为改善"磁性课程"实施的成效,丰富我们对"磁性课程"实施的认识,我们把学生纳入课程实施及其研究之中。学生具有参与课程实施的能力;学生参与课程实施有利于促进课程变革走向成功;学生参与课程实施研究也具有方法论上的优势,可以充分发挥学生作为数据来源、积极反应者、研究者和共同研究者的四种不同身份的相互作用。

"磁性课程"扎根于激活学生生活体验,培养学生综合能力。每个小学生都有不同的先天素质和生活环境,都有自己的爱好和长处,都有自己不同的经历和体验。在"磁性课程"的学习过程中,学生可以依据自身能力,在四种不同身份的学习者之间进行有效学习。

"磁性课程"的大部分资源来自于学生的日常生活中,日常生活中蕴藏着丰富的教育因素,可以说生活是教学的源泉。"磁性课程"力主创设一种情景氛围,让学生不知不觉地进入这种合作学习的境界,置身于一定的学习环境中去感受,去体验。以学生熟知的事物和日常经验作为原型,在教师的引导下加以改造,从而促使学生达到理解相关知识,进而形成相对应学科知识与能力的最终目的。

学生的综合能力来源于实践,将知识与社会生产实际、生活实际、环境实际、发展实际、生存实际相结合,解决实际问题,这就是能力。开展丰富多彩的"磁性课程"研究学习活动,可以丰富学生的经历,让学生获得成功体验。俗话说,学以致用,只有真正有用的知识,才能吸引学生的注意力,才能引发学生的创新。"磁性课程"使学生学会运用学科知识和技能去观察问题、分析问题、解决问题,将所学知识迁移到日常生活中去,尤其是和当地实际情况相联系,和周围所见所闻的事物相联系。以"绍兴路"等在地文化资源课程为例,这些课程都由学生设计并实施"现场调查表格",在实地调查活动中小学生们热心与访问者沟通交流。学生亲自参与、亲眼所见、亲耳所闻、亲身体验,真正感受到了自己是学习的主人,学生从内心发出感慨,从学习活动中感受到成功的喜悦,在轻松氛围中获得知识。在研究活动中学生学会了学习,学会了做人,学会了主动发展。虽然学生的研究还很肤浅,甚至没有成功,但可以看到这样的活动将会使学生终生受益。可见,磁性课程调动了学生学习的积极性,提升了不同层次学生学习的兴趣,培养学生获得学科整合知识技能。改变了学生的学习方式,从而真正让学生一起参与课程,体验课程。

以上表明,学生的课程学习应该是一种积极的主动性过程,应该是一种内在需要得到满足的过程,在这样的体验中,学生将逐渐地学会用调查等实践研究的视角来观察身边的一切,用探究的头脑去思考和分析周围的一切,他们将从体验中渐渐地走进课程。

就学校的课程谱系而言，学校多年来走过了一条"路漫漫其修远兮，吾将上下而求索"的探索之路。这是一条并没有多少借鉴经验可循的发展之路，一所普通学校在日益激烈的教育竞争中敢于发出属于自己的"吼声"。这几年来，学校生源逐年下降是无法回避的窘境，但也正是这几年，通过学校"磁性课程"架构的布局和实施，学生的学习成绩并没有明显的下滑，学校科技等传统项目的优势继续保持，并且在心理辅导、职业教育等方面也闯出了一番新天地。这其中固然有学校领导的深思远虑，有全校师生的团结协作，更重要的原因是契合学校自身发展轨迹的"磁性课程"在逐渐地释放它的磁性和魅力。我们相信，随着岁月流逝，学校磁性课程将来的发展蓝图必将更加成熟、高效。

第四章 "磁性课程"的独特气质

磁性智慧——

　　"磁性课程"是一道独特亮丽的风景线,孩子们在沿途嬉戏着,成长着。

　　孩子们常常流连于田子坊的街巷,捕捉着上海地域文化的魅影,感受着中西交融的文化魅力;孩子们时常逗留于浓荫蔽路的绍兴路,品味着处处散发的书香情怀,享受着一段静谧的文化时光;孩子们经常漫步于幽静的思南路,追随着革命历史的足迹,领略着名人卓越的风采;孩子们间或穿梭于绚丽的舞台,体验着不同职业人的酸甜苦辣,演绎着形色各异的百味人生……

　　我校"磁性课程"的核心理念是为了每一个儿童快乐地发展。让每一个儿童都能根据自己的特点选择感兴趣的课程,参与应有的课程决策,让自己的个性得到充分的发展,这也是"磁性课程"的追求。

　　我校根据"磁性课程"的上述三点特征,充分挖掘校内外各种教育资源,尤其是学校周边丰富的社区资源,还原教师课程实施者与开发者的地位,开发出一些满足我校儿童成长需要的校本课程。其中,"寻访田子坊"、"品味绍兴路"、"漫步思南路"是我校盘活周边在地文化资源的校本课程,也是我校"磁性课程"开发的一大亮点。我校的"磁性课程"不仅是基于在地文化的活化课程,同时也是面向儿童未来的实用课程。"职业启蒙教育"就是我校"磁性课程"面向儿童未来课程的典范。

第一节　田子坊的人文气息

　　我校地处上海老城厢,周边地域资源丰富,富有浓厚的历史人文气息。地处泰康路的田子坊是我校在地文化资源的显著特色。为了使我校教师能够开发和利用周边的在地文化资源，使孩子们更加了解田子坊，让师生重新审视身边的美丽风景，"寻访田子坊"这门校本课程应运而生。

一、捕捉田子坊的魅影

在开发"寻访田子坊"这门校本课程之前，我校教师先对田子坊实地考察了一番，从而捕捉田子坊的魅影。

"田子坊"其名其实是享誉中国知识界、文艺界的"一代鬼才"黄永玉给弄堂起的雅号。黄永玉给这个本无名气的小弄堂命名为"田子坊"是因为据史载，"田子方"是中国历史上有文可查最早的画家，若在"田子方"的"方"字上加一个"土"字，寓意"田子坊"是文人、画家、设计师的聚集地，从此，田子坊名正言顺，闻名遐迩。田子坊取其谐音，其用意不言而喻。这个富有艺术气息的名字使得曾经的街道小厂，巷子废弃的仓库，石库门里弄的平常人家，多了份艺术气息的熏染。

田子坊最大的特色就是，依然有很多居民在这里生活，他们的住宅仍然保持着上海传统特色的居民住宅——石库门。石库门从外形上看，多为砖木结构的二层楼房，坡型屋顶常带有老虎窗，红砖外墙，弄口有中国传统式牌楼。大门采用两扇实心黑漆木门，以木轴开转，常配有门环，门楣做成传统砖雕青瓦顶门头，外墙细部采用西洋建筑的雕花刻图。一般进门就是一小天井，天井后为客厅，之后又是一天井，后天井是灶台和后门，天井和客厅两侧是左右厢房，一楼灶台间上面为"亭子间"，再往上就是晒台。石库门在总体上采用的是联排式布局，其来源于欧洲，外墙细部有西洋建筑的雕花图案，门上的三角形或圆弧形门头装饰也多为西式图案。作为时代建筑的典范，田子坊的石库门建筑群更多地体现了上海的混血文化。

田子坊除了保存传统石库门建筑文化外，还处处散发着艺术的气息。近年来，田子坊入驻的艺术品、工艺品商店已有40余家，入驻的工作室、设计室有20余家。田子坊曾经是画家和音乐家的天堂。著名画家陈逸飞曾在田子坊创办工作室。陈逸飞先生设计的"艺术之门"跨街雕塑已屹立在泰康路的东端，它是泰康路艺术街的街标，雕塑上方的飘带将五大洲四大洋的艺术家们联结在一起。1984年，陈逸飞在工作室以水乡周庄为素材创作了油画《故乡的回忆》。同年10月，陈逸飞把《故乡的回忆》连同其他37幅作品在美国纽约西方石油公司董事长阿曼德哈默所属的哈默画廊展出引起轰动。11月，阿曼德哈默访问中国时，将《故乡的回忆》买下，作为礼物送给邓小平，被传为佳话。1985

年,这幅画成为了当年世界联合国协会的首日封。从此,双桥走向了世界,周庄的名气也越来越大。如今,双桥已成为周庄的象征,大凡美术、摄影作品,皆以双桥为背景,突出双桥的神奇和美妙。

田子坊不仅聚集了大量著名的画家,这里也曾经留下了著名音乐家的足迹。抗战时期,梅兰芳到泰康路上为卖画的艺术家们慷慨解囊。为创作《风云儿女》,田汉常约聂耳、赵丹到泰康路上的住所讨论剧本和推敲音乐素材。此外,田子坊的陶艺艺术也在国内外享有一定的声誉。美国的陶艺家杰米开设的陶艺工作室引来无数"老外"在这里学习陶艺技术。香港的著名陶艺家郑祎也在泰康路220弄二楼开设了"乐天陶艺馆",吸引了国际陶艺家前来参展交流。

步入田子坊,我们不难发现田子坊富有里弄民居味道,弄堂里小资情调十足,酒吧、咖啡馆、老茶馆、手工艺店铺、个性餐厅处处可见。弄堂里路狭长窄小,却吸引了来自世界各地的游客,他们不约而同地来到了田子坊,欣赏着田子坊与众不同的文化氛围。游客可以在闲散的下午,迎接着明媚的阳光,吹着弄堂里的习习凉风,品尝着香浓的咖啡香味,真有"偷得浮生半日闲"的意境。

二、寻访魅力的田子坊

田子坊离我校只有百米,我们几乎每天都途径田子坊,而我们却很少停下脚步逗留,感受田子坊浓浓的人文气息。因而,"寻访田子坊"这门校本课程让我们静下心来,重新审视身边的风景,品味田子坊浓浓的人文气息。通过"寻访田子坊"这门在地文化课程的教学,我们希望孩子们认识上海的传统特色建筑——石库门,了解田子坊的由来以及人文艺术气息,让我校大多数外地生源的学生以"新上海人"的姿态感受田子坊浓浓的上海本土气息,近距离体验原卢湾地域文化,感受中西交融的文化魅力。

"寻访田子坊"这门课程主要以旅行的方式展开,教师带领孩子们踏上田子坊文化之旅,具体包括"穿梭在记忆走廊"、"发现探究之旅"、"感受田子坊魅力"三大板块的学习。每个主题都包括旅行小知识、旅行链接和旅行小贴士三个部分内容。具体探究路线如下:

1. 穿梭在记忆走廊

同学们,你们去参观过我们学校门口的田子坊吗?这里原先是一处石库门老建筑,现在却被称为是"上海的苏荷",这里现在是艺术家们的天堂。我们一起出发,从认识田子坊的历史开始吧!

（1）认识石库门

旅行知识：

红色的砖墙，两层的小楼，楼上还有些许小小的天窗。我们身边是不是有很多这样的建筑？想知道它们的名字吗？对，它们就是大名鼎鼎的石库门。我们要去探访的田子坊，也就是石库门里的弄堂风情。

石库门是最具上海特色的居民住宅，建筑始于 19 世纪六七十年代。石库门里弄住宅最典型的特征是中西合璧，它多为砖木结构的二层楼房，坡型屋顶常带有老虎窗，红砖外墙，细部采用西洋建筑的雕花刻图。大门采用两扇实心黑漆木门，常配有门环。其总体布局采用欧洲联排式风格。

旅行链接：

石库门的建筑特点

旅行小贴士：

体育学科：记忆中的弄堂游戏

A. 分组做一做弄堂游戏。

B. 让你的爸爸妈妈带你一起去找一找附近还有哪些地方有石库门住宅并把它们在地图上标注出来。

（2）"田子坊"的由来

旅行知识：

现在你一定迫不及待想去参观田子坊了吧？别急，我问你一个问题：你知道这里为什么叫田子坊？来看看这段介绍吧：

著名画家黄永玉将这个本无名气的小弄堂命名为"田子坊"。为什么呢？那是因为传说中"田子方"是历史上有文可查最早的画家的名字，在"田子方"的"方"上加上一个"土"字，寓意"田子坊"是文人、画家、设计师集聚地，从此，田子坊名正言顺，闻名遐迩。

黄永玉爷爷被称为是享誉中国知识界、文艺界的"一代鬼才"，因为他的国画、油画、版画、漫画、木刻、雕塑、散文、小说、诗歌、杂文，十八般武艺，无所不能，无所不精。他初中二年级就被迫辍学，可是这个"半文盲"后来却成了中国美术学院最年轻的教授。这和他勤奋好学、自学成才可分不开哦！

旅行链接：

黄永玉的生平简介

旅行小贴士:

A. 去田子坊找找画国画所必备的工具。

B. 你还知道哪些画家小故事、神话,和你的同学交流一下,挑选你最喜欢的故事写下来。

(3)田子坊的画家们

旅行知识:

除了黄永玉,田子坊还曾经留下过哪些艺术家的足迹呢? 让我们随着时光倒流到1930年——

1930年隆冬,汪亚尘夫妇从欧洲回国,在闹中取静的泰康路租了套石库门房子安顿下来,亚尘先生为寓所起名"隐云楼"。后来汪亚尘名声渐起,画虾的齐白石、画马的徐悲鸿听说汪亚尘画的金鱼很是漂亮,也慕名拜访,《枇杷与鸡图》记录了齐白石与汪亚尘的友情。

许多年后,画家黄永玉、陈逸飞和摄影家尔东强在旧区改造之时来到这里,他们不约而同地被这条弯弯曲曲的弄堂所吸引,于是先后在这里建立了油画创作室及会所。

旅行链接:

油画的特点

旅行小贴士:

A. 欣赏田子坊的国画,并尝试练习一下国画,找一些基本的练习国画的技法。

B. 带上你的相机去参观田子坊里的画室吧,把你喜欢的画拍下来,和你的同学一起分享。

(4)田子坊的音乐家

旅行知识:

田子坊不仅聚集了大量的画家,这里也曾经留下过著名音乐家的足迹。抗战时期,梅兰芳到泰康路上为卖画的艺术家们慷慨解囊。

因为创作《风云儿女》,田汉常约聂耳、赵丹到泰康路上的住所讨论剧本和推敲音乐素材,三个人一谈就是半宿,饿了,就去泰康路口的清真面馆敲敲老板的门,让他帮忙煮几碗热腾腾的白切牛肉面。

旅行链接:

聂耳的主要音乐作品

旅行小贴士:

A. 学习梅兰芳练功的故事、聂耳的故事，并想一想：他们为什么能成为赫赫有名的艺术家。

B. 欣赏田子坊里诞生的著名电影《风云儿女》（片段），并学唱一首聂耳创作的歌曲。

2. 探究发现之旅

了解了田子坊的历史，我们是不是应该开始田子坊的发现之旅了？这里可有很多引人入胜的小故事呢！一起来探索吧！

（1）田子坊里的"楚河汉界"

旅行知识：

最初"田子坊"的地盘是弄堂口那 6 家曾经很典型的弄堂小长，现在的"田子坊"又增加了与厂房相连的"二井巷"与"天成里"这两排石库门民居。虽然如今要是走进"田子坊"，你可能觉得根本分不清哪里是入口，哪里是出口，但是由民居改造而来的田子坊与由工厂改造而来的田子坊还是有一条并不明显的"楚河汉界"。你如果仔细寻找的话，会发现由民居组成的田子坊地面是由小方格子青褐石块铺成，而由厂房改造的田子坊地面则是由长条形的青石板铺成。

旅行链接：

"楚河汉界"的历史典故

旅行小贴士：

找一块"楚河汉界"，利用正方形和长方形的面积计算公式，算算每块地砖的面积。

（2）田子坊的天窗

旅行知识：

老弄堂的屋子总是带着这么点挤挤挨挨，所以也总是不如独门独户的小院来得明亮。所以很多的弄堂里的小屋就装上了这么一扇小小的明亮的窗户。茅盾的《天窗》部分赏析：

你会从那小玻璃上面的一粒星，一朵云，想象到无数闪闪烁烁可爱的星，无数象山似的，马似的，巨人似的，奇幻的云彩；你会从那小玻璃上面掠过的一条黑影想象到这也许是灰色的蝙蝠，也许是会唱歌的夜莺，也许是恶霸似的猫头鹰，——总之，美丽的神奇的夜的世界的一切，立刻会在你的想象中展开。

啊唷唷！这小小一方的空白是神奇的！它会使你看见了若不是有了它你就想不起来的宇宙的秘密；它会使你想到了若不是有了它你就永远不会联想到的种种事件！

旅行链接:

茅盾的生平简介及主要文学作品

旅行小贴士:

A. 找一间有天窗的小屋子躺下来,并将你想到、看到的内容与大家一起分享。

B. 石库门建筑有什么与众不同的地方?把它们拍摄下来和同学一起交流。

(3) 田子坊的朋友们

旅行知识:

踏进田子坊,几乎每栋石库门民宅的后屋或者底层,都已经摇身变成情调十足的酒吧、咖啡馆、老茶馆、画廊、手工艺店铺、个性餐厅,每走一步就会有一个惊喜。这里的弄堂小路狭长而稍窄,所以这里的咖啡馆的香味会沿着小路蔓延开来,飘逸在空气中,仿佛呼吸一下,全是咖啡浓郁的香气。这里行走的人群步履轻松,他们来自世界各地,一同来感受田子坊与众不同的文化氛围。这里,可是认识朋友的好地方。怎么样? 让我们坐下来,一边喝着香浓的咖啡,一边向你的外国朋友介绍一下你知道的田子坊吧!

旅行链接:

田子坊的生活气息

旅行小贴士:

A. 用英语与外国朋友交流,并简单介绍一下田子坊。

B. 合理安排自己在田子坊的开销。

3. 感受田子坊魅力

田子坊的探索永无止境,这些小小的店铺间也隐藏着东西方文化的碰撞和融合,来这里的人们,也更多的是愿意来感受海派文化的魅力!

(1) 心灵对话:陈逸飞

今天我们要参观的是大名鼎鼎的陈逸飞工作室,这里是这位画家工作过的地方。陈逸飞是当代著名的油画家,1965 年毕业于上海美术专科学校。20 世纪六七十年代创作了《黄河颂》、《占领总统府》等知名的优秀油画作品。1980 年赴美国留学,专注于中国题材油画的研究和创作。经过多年的不懈努力,取得了卓越的成就,成为闻名海内外的华人画家。1984 年,陈逸飞以水乡周庄为素材创作的油画《故乡的回忆》,连同他的其他 37 幅作品,在纽约哈默画廊展出,画廊主人——美国西方石油公司董事长阿曼德·哈默当年 11 月访华时,将这幅作品作为礼物送给了中国领导人邓小平,被各界传为佳话。

旅行链接：

陈逸飞的生平简介及主要作品

旅行小贴士：

A. 网上搜索资料，收集一些小小的资料卡。以小组为单位，做一张关于陈逸飞的简报，并和同学们一起来交流。

B. 拿起你的画笔，试着模仿画一画陈逸飞的作品。

（2）时光穿梭：老房子老故事

旅行知识：

田子坊的魅力在于这条不足五百米的泰康路，两旁是中西合璧的老氏弄堂，既有清朝时期的乡村民居，也有传统的石库门、新式里弄和英国式城堡建筑。还有与石库门犬牙交错的里弄工厂，单凭这一特色，似乎这里已经成为上海的一个看点了。来找找隐藏于其间的昔日工厂吧！

旅行链接：

上海弄堂的特点

旅行小贴士：

A. 每人采访一到两个田子坊内的居民，请他们说说他们和田子坊的故事，挖掘田子坊的儿时记忆。

B. 设计一张田子坊的明信片，在背面写上你最想说的话，把它寄给你的朋友、家人吧！（要注意收信人和寄信人的格式哦！）

（3）中西交融：文化魅力

旅行知识：

"田子坊"内的一座五层厂房已改建成都市工业楼宇。在 5000 平方米内引进了 10 个国家与地区的艺术人群，他们在这里设立了设计室、工作室。厂门前有 10 根旗杆上飘着 10 面不同国家的旗子，像在开一个小型的国际艺术博览会。中西方的文化在这里交融、碰撞，闪烁着光和热。泰康路正逐渐走向世界。

今天我们寻访一下东南亚的文化：

旅行链接：

其他国家的文化习俗

旅行小贴士：

A. 在印度风格的店铺里一边品尝美味的东南亚美食，一边来学习印度大诗人泰戈尔的一首诗歌吧!

　　B. 在老师的指导下编排一段印度的歌舞。

　　旅行小知识主要帮助孩子们打开田子坊的知识视角,使孩子们认识上海的石库门,知道田子坊的由来,认识田子坊的画家和音乐家、田子坊的"楚河汉界"、田子坊的天窗、田子坊的朋友们,了解画家陈逸飞,聆听田子坊老房子老故事,感受中西文化的魅力等。这些旅行知识为孩子们近距离体验田子坊之前打好坚实的知识基础。旅行链接主要引导孩子们充分挖掘田子坊深层次的故事,使他们更加了解田子坊的历史,认识田子坊中的名人和典型特点。

　　旅行小贴士则是围绕同一主题内容,设计一些与基础学科相关的教学活动,采用同一主题内容多学科设计的统整模式。旅行小贴士可以使孩子们能够更加深刻地了解与探究田子坊,从而丰富与完整孩子们的学习经历。例如教师在教授孩子们认识石库门时,主要帮助他们了解石库门典型的建筑风格。此外,在体育课上教师还可以给孩子们做一做弄堂游戏,加深他们对居民在石库门生活的认识。在了解田子坊的音乐家时,音乐课上教师可以让孩子们学唱一首聂耳创作的歌曲,感受田子坊浓浓的音乐气息。在探究田子坊的"楚河汉界"时,在数学课上教师可以结合数学面积计算公式,让孩子们算一算每块地砖的面积。众所周知,田子坊是"老外"的最爱,因此,孩子们还可以在英语课上模拟一段与老外打招呼并且用英语介绍田子坊的情景……从中可以看出,我校非常重视在地文化资源与基础型课程的有机整合。下图充分地诠释了"寻访田子坊"与学校基础型学科课程统整的内容与方式。

　　此外,教师在教学过程中常常采用画一画、查一查、谈一谈等众多孩子们喜爱的学习方式使他们深入了解田子坊,探寻田子坊的奥秘。孩子们在寻访田子坊的过程中不仅感受田子坊深厚的文化内涵,同时也锻炼了自身的探究能力以及提升自身生活的情趣。

三、体验着学习的快乐

　　"寻访田子坊"这门课程非常重视孩子们的体验学习,使孩子们在游戏中享受学习的乐趣,因而它可以给孩子们带来巨大的收获。

　　一位小朋友上完"寻访田子坊"这门探究课后,感言:"田子坊对我来说,既熟悉又陌生。熟悉的是我几乎每天都经过它,特别是放学后,我每天都能看到很多外国游客走访田子坊。陌生的是当我寻访田子坊后,我发觉田子坊的魅力真是无穷啊!我特别喜欢田子坊的手工艺品和画展,我每次都会在手工艺品店和画室逗留很久,欣赏里面

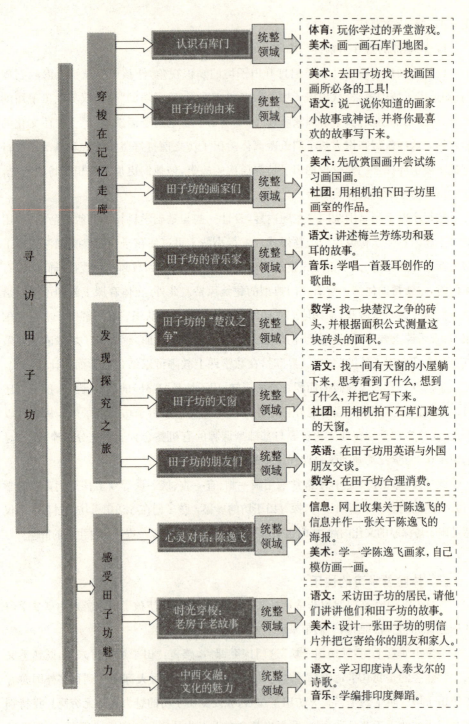

"寻访田子坊"课程统整与设计图

很多出色的作品。

　　另外一位小朋友说道："我非常喜欢画画。田子坊里面有很多著名画家的画。我今后应该多来田子坊,欣赏著名画家的画,提高自己的画画水平。"

　　平时比较嘴馋的小晶告诉我们,田子坊里面还有很多不同国家的美食,她还在田子坊里面品尝过泰国佳肴呢!

　　"在田子坊,还随处可见咖啡店与酒吧,而且这些店各个装修得非常有品位,我非常喜欢,不过就是里面的东西价格太贵了,对于家庭经济条件不是很好的我来说,我消费不起。"这是走访田子坊后小亮流露的心声。

　　喜欢小玩意的小涛说："田子坊里面有很多非常特别的小玩意,我很喜欢光顾田子坊里的小店,因为这些小店具有浓浓的中国元素。"

　　……

　　孩子们的这些感言发自肺腑,但着实让我们感受到田子坊浓浓的人文气息以及田子坊无尽的魅力。

第二节　绍兴路的书香情怀

　　距离瑞二小学仅两个街口,步行十分钟即可到达绍兴路,它是一条著名的文化出版街。不足300米的绍兴路,掩映在两旁浓密的法国梧桐树下,满街飘散着浓浓的书香。一家挨着一家的书店,鳞次栉比的出版社,让这条从前是法租界的住宅街变成了名副其实的文化街。而我校的《品味绍兴路》校本课程主要聚焦于绍兴路文化街的研究,从而提升孩子们对绍兴路文化街的认识。

一、初识绍兴路

　　从我校出发,穿过熙熙攘攘的大街,在一个街头转角,便能闻到飘散在蒙蒙细雨中的一股书香,新鲜而耐人寻味……这便是绍兴路独具的魅力。绍兴路在上海很不起眼,从东头走到西头,不过两三百米。从前,这里是法租界的一条住宅街,它曾经有一个外国名字,爱麦虞限路。近年来,上海的每条路都在变,老屋拆除,高楼崛起,临街的门面三日一变,使人眼花缭乱。而绍兴路的变化却不大,依然保持当年的那些建筑风格。

　　与周围繁华的淮海路、衡山路相比,绍兴路显得落寞很多。马路两侧的法国梧桐,经过岁月洗刷的房屋，加上夜晚昏暗的路灯，这条路一直保持着某种神秘，配合着百年历史老建筑上斑驳的颜色，仿佛她向每一个经过这里的人述说着这座城市的历史。若我们把绍兴路比作书生，大概也不能算作牵强，因为，这是一条有名的出版街。上海新闻出版局、上海版权局、上海人民出版社、上海商报社、上海人民美术出版社、上海古籍出版社都处在绍兴路上。除了众多出版社外，书店也到处可见。这样的布局，也许是一种巧合，这样的巧合，使这条短短的小路成了名副其实的出版街。的确，这条曾占据上海出版业半壁江山的绍兴路，几百年的文化沉淀熏陶，始终让她在喧闹中固守着特有的宁静。

可以说，绍兴路处处弥漫着书香。因此，在上海人的心目中，这条路名，早已将书与文化连在一起。在一个普通慵懒的午后，我们闲逛于绍兴路，便会发现上海居然会在闹市之中保有这样一个别有洞天的地方。难怪人说，"大隐隐于朝、中隐隐于市、小隐隐于野"了。而不管隐于何处，内心的祥和与安宁，才真正能让人远离喧嚣。

二、品味书香的绍兴路

"品味绍兴路"是一门以探究绍兴路文化街为目的的在地文化课程。它与"寻访田子坊"课程一样，也是以主题旅行的方式展开，带领孩子们走近绍兴路文化街，品味绍兴路历史文化的魅力，了解不同建筑风格的特色，让孩子们善于在生活中发现美，提升孩子们的审美能力。课程主要采用教师引领，孩子们分组开展实地走访、调研的方式，培养他们的探究能力，真正达到"做学合一"。同时使孩子们在课程学习过程中，获得情感的体验，获得对周边生活地域的价值认同感。

绍兴路文化街的旅行过程具体包括初识绍兴路、探究路线设计规划、开展实践调查研究以及总结汇报四个阶段。其中探究路线设计规划和开展实践调查研究是本课程实施的重点内容。

尽管绍兴路短小，却藏住了文化的静谧，隐含着随处可见的丰硕的文化资源。教师按照绍兴路的资源特色分成了四条探究路线。它们分别是"书香文韵——出版社一条街"路线、"感受人文情怀——艺术人文之旅"路线、"阿拉屋里厢——石库门建筑"路线以及"拾趣——绍兴路特色场所"路线。根据这四条探究路线，我们分别开展了上海新闻出版局、上海版权局、上海人民出版社、上海商报社、上海人民美术出版社服务部、上海古籍出版社、卢湾区图书馆、上海昆剧院、汉源书屋、角度抽象画廊、金谷村、文元坊、绍兴公园、老洋房花园饭店等十处场所的实践调查研究活动。每一条探究路线都包括旅行知识、旅行链接以及旅行小贴士，具体如下：

1. 书香文韵——出版社一条街

(1) 上海新闻出版局、上海版权局(绍兴路 5 号)

旅行知识:上海新闻出版局、上海版权局坐落在绍兴路 5 号。这是一幢淡黄色的,略带弧形的建筑。整幢建筑立面朴实无华,仅在檐口入设西班牙建筑常用的花纹进行装饰。解放以前房子的主人是南市电力公司老板朱季琳。解放后,这幢房子便由国家接管。

旅行链接:

A. 版权的涵义

B. 上海新闻出版局的工作职责

旅行小贴士:

你可以做做小记者,采访一下这些单位的接待人员。

(2) 上海人民出版社、上海商报社(绍兴路 54 号)

旅行知识:绍兴路 54 号是人民出版社和上海商报社的所在地。那是一幢混合式的三层建筑,水泥外墙面,木质门窗,屋顶还设置了一座玻璃天棚,类似于当今的阳光屋。整幢建筑既有佛教大殿的气势,也有居家的亲切感,据说是有人为报恩于杜月笙的母亲,建造了这幢中西混合式的花园住宅,让老太太在此吃斋念佛,颐养天年。

旅行链接:

上海商报社的历史资料和上海人民出版社的历史资料

旅行小贴士:

搜集一份上海商报或上海人民出版社的出版物。

(3) 上海人民美术出版社服务部(上海市绍兴路 17 弄 1 号)

旅行知识:上海人民美术出版社是中国大型专业美术出版社,建社已经有五十多年了。它始终恪守"传播知识、积累文化"的宗旨,凭借自身雄厚的实力已出版各类图书 1.8 万余种,总印数达 60 亿册(张)。很多我们喜爱的动漫书、连环画说不定就是这里印刷出来的呢!

旅行链接:

上海美术出版社的历史资料和上海音像出版社的历史资料

旅行小贴士:

搜集一份上海美术出版社或上海音像出版社的出版物。

(4) 上海古籍出版社(瑞金二路 272 号)

旅行知识:上海古籍出版社在瑞金二路上,虽然不在绍兴路上,但非常挨近绍兴路,也算是绍兴路出版文化圈的一部分。上海古籍出版社是一家专业性出版社,以古籍的整理和学术研究著作为主。它以弘扬中国优秀传统文化为己任,充分发挥专业优势,提高文化品位适应读者的需求,走上可持续发展的道路,建设与上海一流国际大都市相应的一流专业出版社。

旅行链接：

A. 古籍的涵义

B. 上海古籍出版社的历史资料

旅行小贴士：

搜集一份上海古籍出版社的出版物。

2. 感受人文情怀——艺术人文之旅

(1) 卢湾区图书馆(陕西南路 235 号)

旅行知识：卢湾区图书馆成立于 1959 年,位于陕西南路绍兴路口。远远看去,主楼是一幢乳白色的三层楼房,那是 1931 年中国科学社建造的明复图书馆旧址。副楼是由美籍华人关康才捐赠的乐乐图书楼。整个图书馆以书画资料、家居装饰资料和连环画资料为藏书特色。

旅行链接：

A. 卢湾区图书馆历史资料

B. 中国民主促进会历史资料

旅行小贴士：

实地考察,当一天小读者。

(2) 上海昆剧院(绍兴路 9 号)

旅行知识：在文艺出版总社的隔壁是上海昆剧院,剧团排练演出的日子,常有悠扬的曲调传来,不但没有破坏文化街的宁静,反而有了"鸟鸣山更幽"的意境。昆剧是古朴而雅致的剧种,并且早就有兰花之誉,昆院里面的舞台就叫兰馨舞台,兰花幽雅的气息把绍兴路的文化气息熏得更为浓郁了。

旅行链接：

昆剧的历史资料

旅行小贴士：

A. 搜集上海昆剧团的演员名人。

B. 听一首昆曲,写一篇体会。

（3）汉源书屋（绍兴路 27 号）

旅行知识：绍兴路靠近陕西南路有家名气盛大的汉源书屋。汉源书屋是上海摄影艺术家尔冬强先生受了欧洲书店咖啡馆的启发，于 1996 年秋天创建的，如今它已成为上海文化名流聚谈的首选沙龙。汉源书屋的外表装帧古朴，墨绿的繁体字书写的“汉源书屋”四个大字，古意中却又夹杂着现代的气息。听说汉源书屋里的很多装饰都是店主亲自设计的，不得不佩服他的艺术匠心。

旅行链接：

A. 汉源书屋的历史资料

B. 上海摄影艺术家尔冬强先生生平介绍

旅行小贴士：

你可以到汉源书屋实地考察，当一天小读者。

（4）角度抽象画廊（绍兴路 40—42 号）

旅行知识：角度抽象画廊的特色就是整个画廊清一色抽象艺术，如此经营特色，不仅在上海是第一家，在全国也是首家。画廊是一栋西式旧房改造成的，这里是抽象画家的集聚地，很多中国抽象画家的作品同聚一堂。也许有些小朋友看不明白的抽象画，随着人们物质生活水平的不断提高，对多元文化的认识不断加强，其艺术审美观念终将有所改变。

旅行链接：

抽象画的涵义

旅行小贴士：

搜集世界著名抽象画的资料。

3. 阿拉屋里厢——石库门建筑

（1）金谷村（绍兴路 18 号）

旅行知识：绍兴路 18 号的金谷村建于 1930 年，里面有 6 排砖木结构的三层楼住宅。其折腰式的大坡顶设计颇具异国风情。金谷村是旧上海市长吴铁化名为吴子祥而建造的新式里弄房子，共有 99 幢。以前这里曾是旧时俄国人和犹太人的聚居地，据说现在这里住了不少演员、导演文化名流，著名编导桑弧就住在里面。

旅行链接：

上海石库门的建筑特点

旅行小贴士：

走一走老弄堂，画一画石库门。

(2) 文元坊(绍兴路 96 弄)

旅行知识:绍兴路 96 弄是目前上海保存最完整的石库门之一,许多表现老上海题材的电影电视剧都喜欢到这里来取外景。这里的居民都是见过大世面的,看到有人扛着摄像机或摄影机在弄堂里穿来穿去,也都见怪不怪,一副气定神闲的模样,似乎绍兴路上的文化气已浸润到了他们的骨髓里。

旅行链接:

文元坊的历史资料

旅行小贴士:

A. 实地考察,感受一下石库门社区的氛围。

B. 绍兴路其他一些老式里弄:

安甫村(绍兴路 47 弄)

惠安坊(绍兴路 88 弄)

爱麦新村(绍兴路 102 弄)

4. 拾趣——绍兴路特色场所

(1) 绍兴公园(绍兴路 62 号)

旅行知识:在绍兴路的中段有一个小小的公园——绍兴公园。这里原来是街头绿地,后来改造成了公园,公园里绿树葱茏,八只小花坛形成一条蜿蜒曲折的花道,花坛上错落有致地种植着四时花卉,姹紫嫣红,花香满园。面积不过百来平方的绍兴公园安排得独具匠心,园中小桥流水山石土坡一应俱全,园中还有一个盆景院,上海市盆景协会就驻扎在此,每逢节假日这里都要举办盆景展,古老的盆景艺术具有独特的文化品位,展示在书香氤氲的绍兴路上显得分外和谐。

旅行链接:

绍兴公园的历史变迁资料

旅行小贴士:

绍兴公园实地考察,感受公园环境氛围。

(2) 老洋房花园饭店(绍兴路 27 号)

旅行知识:就在绍兴路 27 号,我们发现了"老洋房",这幢两层楼的花园洋房,曾经是"海上闻人"杜月笙四姨太的私人住所。洋房虽经历风雨洗礼,那般恢宏气势、万千风情却丝毫没有削弱,这不免让人对那个年代在这栋老洋房里发生的故事产生了兴趣。老洋房做的是独一无二的公馆菜,没有宫廷御宴的排场,也没有西洋菜肴的浮华,充满了家庭菜肴的温馨实在。

旅行链接：

上海老洋房花园饭店历史资料

旅行小贴士：

搜集上海本帮美食的资料。

（以上四条探究路线由陶怡老师提供）

"品味绍兴路"这门课程主要以绍兴路社区教育资源的开发与利用为依托，重点培养孩子们的情感态度、学习策略、文化意识、社交能力、综合知识，这五大类学习目标具体可以细化为培养孩子们的情感责任、意志毅力、合作精神、认识策略、调控策略、资源策略、文化知识、文化感悟、文化交际、意识与能力、语言技巧、应变能力、社区知识、学科知识、科研方法等方面，并在相关学科内容中加以渗透，从而促进他们综合素质的发展，让他们对当前所生活的地域文化持有认同感。下图为《品味绍兴路》课程统整设计图：

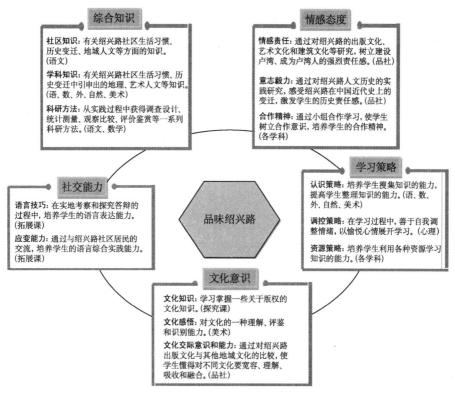

"品味绍兴路"课程统整与设计图

三、飘溢着浓浓的书香

孩子们在探究绍兴路这四条路线后，仿佛受到了文化上的洗礼与熏陶。他们不仅简单地完成了探究路线，还需填写"文化酷旅"学生旅行手册以及记录探究所见、所闻、所想。以下是《品味绍兴路》探究小组中的一位学生的感言：

在上海，绍兴路是一条很不起眼的马路，从东到西，不过两三百米。与周围繁华的淮海路、衡山路相比，显得落寞很多。如果不是因为参加了学校"品味绍兴路"的探究课学习，说不定我们还真错过了掀开绍兴路"面纱"的机会了呢。

绍兴路虽然很短小，但是可供我们探究学习的文化资源可真不少。陶老师带领我们按照建筑特色分成了四条探究路线。

它们分别是"书香文韵——出版社一条街"路线，"感受人文情怀——艺术人文之旅"路线，"阿拉屋里厢——石库门建筑"路线以及"识趣——绍兴路特色场所"路线。

我们分成若干个小组分别对绍兴路进行了探究学习。我们以"画一画、拍一拍、写一写"等自己喜欢的学习方式进行探究。比如三（1）中队的田浪，是一个喜欢摄影的小男孩，每次去绍兴路，他都是相机不离身的，在他的相机里面，记载了很多绍兴路的"风花雪月"和同学们在探究过程中的"奇闻异事"。住在绍兴路的沈裕丰，从探究课的第一节课开始，就自诩为"小导游"，他老是嚷嚷着绍兴路上没有他不知道的，特别是在绍兴公园学习的时候，他更是兴奋地带着大家"游山玩水"，沈裕丰很喜欢画画，所以他准备用自己的画笔记录下绍兴路的美丽一角。四（1）班的郭沁怡是大队委员，也是我们探究小组里干部级别最高的一员，大家商议下来，就让她担任绍兴路探究组发言人。她还是语言学习小能手，在小组里由她负责很多资料的整理。三（2）中队的张星辰是一个电脑小能手，他找来的很多关于绍兴路的网络资料，成为我们学习的资源。其实，我们小组的每一个组员都有自己的一手本领，都有自己对绍兴路的领悟和体会。

经过了一个学期的探究学习，我们对绍兴路有了丰富的了解和感知，我们觉得：能够离开校园，到社会上，到实地去看一看，学一学，让我们有了更浓厚的学习兴趣，让我们获得更多第一手的学习资料，我们非常喜欢这种学习方式。

（学生感言由陶怡老师提供）

逛过绍兴路的人不难看出，她清丽的外表下蕴含着无限的魅力，就像在这条路上安营扎寨的昆曲，悄悄地散发着唯它独有的馨香。所以众人都喜欢这条被梧桐树的绿色浓荫笼罩的路。这条路犹如一个悠闲的书生，他毫不理会周围世界天翻地覆的变化,却执着地沉浸在对书的迷恋中。

<h1 style="text-align:center">第三节 思南路的名人风韵</h1>

我校附近有一条幽静、富有情调的小马路——思南路。思南路的两侧全都是法国梧桐和古式花园式洋房,这是一片保存完好的旧法租界街区,聚集了众多名人故居,是上海历史风貌保护区之一。为了使孩子们更加了解思南路,"漫步思南路"这门校本课程将带领他们走进思南路,细细品读思南路发生的耐人寻味的故事。

一、思南路的历史风情

思南路原名马斯南路(Rue Massenet),始筑于 1912 年。就在该年 8 月 13 日,法国一位著名音乐家 Massener 在巴黎去世。为了纪念他,法租界公董局就将此路命名为 Rue Massenet——马斯南路。

思南路相比于不远处热闹繁华的淮海路来说,这里就像是淮海路的后花园,静谧、幽深、整洁。马路两侧满是阴翳的法国梧桐和精美的洋房。思南路除了拥有当年法租界上小马路的共同特征外,还具有着不同于其他马路的独特吸引力:二十几幢花园式洋房,集中了老上海近乎全部的民居样式,是城市历史的活话本。作为上海 11 个历史风貌保护区之一,思南路记录着当年花园洋房的"原生态"。

此外,思南路还具有浓浓的革命情怀,许多名人如孙中山、周恩来、袁世凯以及梅兰芳等人都曾经在思南路留下过深刻的足迹。孙中山故居、周公馆、梅兰芳故居、上海文史研究馆、老上海巡捕房等处所将成为我们追逐历史的记忆。因此,我们漫步在思南路上,仿佛又回到了那个蹉跎岁月。

二、漫步幽静的思南路

与"寻访田子坊"、"品味绍兴路"一样,"漫步思南路"也是以旅行的方式展开,带领孩子们踏上思南路文化之旅。这门课程主要包括认识思南路、思南路的历史风情、思南路的文化名人和思南路的特色景观四大板块内容。每一个版块还具体包括两至四个小主题。每个主题都分为旅行小知识、旅行链接和旅行小贴士三部分内容。具体探究路线如下:

1. 认识思南路

同学们,你们去参观过我们学校附近的一条小马路吗? 思南路,光听名字就是特有情调的那种,虽是小小窄窄,不起眼的一条路,其情调却是上海的众多马路所不能比的,当年与余庆路、衡山路一起被《申报》评为情侣路。我们一起出发走进思南路!

(1)思南路的前身

旅行知识:

思南路北起淮海中路,迄于泰康路。悠悠思南路,绰约风姿生。因当年立于法国租界境内,受到法兰西的浪漫情怀的熏陶。

思南路与淮海路相交,历史镜头倒回去的"弥漫的硝烟"赋予它以浓重的历史层次感,厚重而又丰富多彩,是一条著名的人文历史观光带。

你们知道思南路的前身吗? 对,它原名叫做"马斯南路",原是法租界的一条小马路。

旅行链接:

上海法租界的历史资料

旅行小贴士:

A. 上网查询有关老上海租界的故事,并分组交流。

B. 让你的爸爸妈妈带你一起去找一找思南路周边还有哪些著名的马路呢? 请你动手画一张思南路地图。

(2)"思南路"的著名地标

旅行知识:

现在你一定迫不及待想去参观思南路了吧? 别急,我问你一个问题:你知道思南路上有些什么著名的地标? 来看看这段介绍吧:

第一次世界大战结束后的十年间,上海法租界在霞飞路、辣斐德路、金神父路、吕班路(Avenue Dubail,重庆南路)围成的区域设计了上海第一片经过精心规划的住宅区,规定只允许建造西式房屋,必须有卫生和暖气等设备,不准设立甲类营业。该区域以马斯南路为中心,包括法国公园,南有天主教圣伯多禄堂、震旦大学和广慈医院,东有法国学堂。

旅行链接:

法国公园(今复兴公园)、天主教圣伯多禄堂、震旦大学(今上海市第二医科大学)、广慈医院(今瑞金医院)和法国学堂(今科学会堂)的历史资料。

旅行小贴士：

A. 在你第一次画的思南路地图上，标上法国公园、天主教圣伯多禄堂、震旦大学、广慈医院和法国学堂。

B. 用你手中的相机拍下这些建筑物。

2. 思南路的历史风情

了解了思南路的前身，让我们开始走进它，思南路不仅幽静，它还是一条著名的人文历史观光带。著名的周公馆，上海市文史馆都在其中。快快和我一起出发吧!

（1）上海文史研究所

旅行知识：

在卢湾区思南路近复兴中路口处，那是一座很精致的西班牙庄园式洋房，最早的业主是袁世凯的次子袁允文。

思南路41号原是三四十年代金融界头面人物之一袁佐良的寓所。袁佐良是金城银行行长，金城银行居私营银行的首位。中国近代知名的盐业、金城、中南、大陆四家北方私营银行通称为“北四行”。上海文史研究馆1953年成立，原址永嘉路623号，1980年12月迁至此处。张元济清光绪进士，为第一任馆长。1953年在陈毅市长亲自主持下建立。

旅行链接：

上海文史馆馆员相关资料

旅行小贴士：

请你计算“上海文史研究所”成立距今有多少年?

（2）老上海的巡捕房

旅行知识：

现在的思南路46号是原法国巡捕房，解放后为部队警备区房产。现为普通住宅，部队家属居住。

最初，法租界巡捕房的人员一律由以法国人为主的外国人组成，后来才准许雇佣中国人当巡捕。到1933年的时候，巡捕房警务人员已有近2000人，其中还有为数不多的华人高级警官。当年黄金荣的结拜兄弟程子卿就曾任督察长一职。

旅行链接：

法租界巡捕房的职责

旅行小贴士：

请你画一画老上海巡捕们的穿着。

（3）中国共产党代表团驻沪办事处

旅行知识：

中国共产党代表团驻沪办事处纪念馆（周公馆），位于上海市卢湾区思南路73号，是一座始建于20世纪20年代初期，分楼宇及庭院两部分的西式花园洋楼。1979年2月，周公馆经中共中央宣传部批准重修，恢复原貌。1986年9月，正式对外开放。

办事处是一幢三层楼房，底层有警卫室，一楼是会客室，二、三楼是办公室和工作人员宿舍。周恩来的办公室兼卧室在一楼，后迁到三楼。国民党在周公馆附近布置了大量的特务，工作环境十分险恶。

旅行链接：

周恩来生平介绍

旅行小贴士：

A. 参观周公馆写一篇观后感。

B. 设计一张图文并茂的门票。

3. 思南路的特色景观

思南路的探索永无止境，这条小小的马路也隐藏着东西方文化的碰撞和融合，来这里的人们，也更多的是愿意来感受海派文化的魅力。

（1）美丽的法国梧桐

旅行知识：

悠悠思南路，绰约风姿生。因当年立于法国租界境内，受到法兰西的浪漫情怀的熏陶，苍翠的法国梧桐铺满了整条街道，一到夏天，这便是绿色的走廊，密密的树叶、清凉的风，走在小路上的碎步也轻盈起来，细碎的阳光斑斑点点地落下来，恍若隔世的感觉。

旅行链接：

法国梧桐的习性及特点

旅行小贴士：

自然、美术学科：

A. 观察梧桐树的叶片，并画一画。

B. 阅读一篇描写梧桐树的文学作品。

（2）义品村的故事

旅行知识：

思南路的魅力在于一条法国乡村别墅弄堂很出名，它周围不是狭窄的那种石库门房子。而是一座座非常齐整宽大的老式洋房。熟悉的人都管它叫"义品村"。"义品村"房子都这么整齐,每一家都带着一个模样差不多的小花园,而且它们的风格好像只有在法国南部乡村才能看到,是那种属于法国中产阶层的度假别墅。

旅游链接:

"义品村"的来源

旅行小贴士:

A. 画一画思南路上的老洋房。

B. 拍摄思南路上美丽的建筑,并做成漂亮的 PPT,组织思南路新闻发布会。

(3) 思南公馆

旅行知识:

思南公馆北里特色名店汇集了诸多上海独一无二的、体现生活品质的生活艺术类店铺。有著名艺术家施养德夫妇的龙门雅集画廊,拥有多年花卉设计及展览经验的蒲蒂花廊。还有结合了东西方千年技术手法及现代高科技的 O. SPA 来给身体做一个360 度的放松。这里还是世界美食的天堂,不仅能品尝到慧公馆、晶浦会等传统的中式经典佳肴,还有来自五湖四海的特色佳肴,比如高档日本料理鱼藏、秘鲁的 Chicha。沪上早已闻名的 MUSE,在思南公馆另辟蹊径,带来了筹备已久的日本料理及海鲜餐厅。

旅游链接:

思南公馆的特色

旅行小贴士:

A. 逛逛思南公馆,设计绘画一张平面导游图。

B. 走进一家你喜欢的购物店,和店员用英语聊一聊。

(4) 复兴公园

旅行知识:

复兴公园是上海开辟最早的公园之一。八十多年前这里原是一片肥沃的良田,居住着勤劳、贫穷的农民。当时有个姓顾的人家拥有十多亩土地,便在此建造了一个私人小花园,人们称之为"顾家宅花园",这便是复兴公园最初的雏形。

复兴公园占地面积 8.89 万平方米,1909 年 6 月建成,同年 7 月开放,定名顾家宅公园,当时仅限法国侨民出入,故俗称"法国公园",1944 年改名为大兴公园,1946 年改名为复兴公园。公园位于老城区,是上海最老的公园之一,也是目前我国唯一保存较完整的法式园林。初建时南北东西基本呈对称，后几经变迁，主要景点有：沉床花坛、玫瑰园、茶花、杜鹃花坛、马恩雕像广场等。

旅游链接：

复兴公园的介绍

旅行小贴士：

A. 尝试在复兴公园编排健身的歌舞。

B. 在草地上放放风筝，愉快一下心情。

4. 思南路的文化名人

了解了思南路的历史风情，我们是不是应该开始思南路的发现之旅了？这里可有很多引人入胜的小故事呢！一起来探索吧！

(1) 孙中山故居

旅行知识：

孙中山故居建于 20 世纪初，为两层欧式楼房，坐北朝南，占地面积 1013 平方米，建筑面积 452 平方米。外墙饰以灰色卵石，屋顶铺盖洋红色鸡心瓦。楼前正方形草坪，三面绕以冬青、香樟和玉兰等树木花圃。民国 7 年，4 名加拿大华侨购赠孙中山。为筹集革命经费曾抵押予银行，后由几名华侨赎回。

旅游链接：

孙中山的生平简介

旅行小贴士：

A. 以导游的身份，向大家介绍孙中山其人其事。

B. 上网查询孙中山的故事。

(2) 茅丽瑛塑像

旅行知识：

原启秀中学，原址为霞飞路 634 号，1956 年与正行合并，改名十二女中。为茅丽瑛烈士的母校。现为第十二中学，地处思南路与香山路交界的地方，闹中取静之所在；内有烈士茅丽瑛塑像。

旅游链接：

茅丽瑛的生平简介

旅行小贴士：

A. 仿照课文《一座铜像》写一写《一座塑像》。

B. 做一张宣传海报。

（3）梅兰芳的故居

旅行知识：

小朋友，你们了解京剧吗？思南路曾居住有这样一位京剧大师——梅兰芳。

梅兰芳（1894—1961）名澜，字畹华，别署缀玉轩主人，艺名兰芳，江苏泰州人，著名京剧表演艺术家。曾寓居于此，斋名梅华书屋。思南路 87 号是当年梅兰芳先生的寓所。梅兰芳第一次演压大轴的新排戏《穆柯寨》就在上海，当年轰动上海滩。1914 年，他再赴上海，45 天以 22 万多张票被选为"伶界大王"。1932 年冬，"九一八"事变爆发后，梅兰芳偕全家告别了北平故居"缀玉轩"，在上海马斯南路 121 号（今思南路 87 号）定居下来。梅宅是一幢坐北朝南的西班牙式花园洋房，共四层。楼房前栽有不少花卉树木，中间是绿莹莹的草地，环境十分优雅。抗战时梅兰芳就是在这儿蓄须息影。

旅行链接：

梅兰芳的生平简介

旅行小贴士：

A. 三年级语文课本中讲述了梅兰芳练功的故事，请你好好阅读体验梅兰芳刻苦练功的故事。

B. 欣赏一段梅兰芳演唱的京剧。

"漫步思南路"的旅行知识主要要求孩子们收集一些与思南路相关的信息，初步认识和了解思南路的前身、思南路的著名地标、思南路存在哪些历史场馆、思南路的历史名人以及特色景观等内容。初步认识思南路后，孩子们便可近距离体验与考察思南路的历史风情，进一步了解思南路所隐藏的故事。此外，"漫步思南路"的旅行小贴士还将各主题内容与基础型课程内容相统整。通过一系列活动让孩子们对于自己生活学习的周边环境——思南路有所了解，孩子们通过探寻思南路的人文历史，获得难以体会到的人生感悟。该门课程不仅让孩子们学习一些科学知识，同时还能让孩子们感受到大自然的奥秘，人类智慧的伟大，更能激发他们对原卢湾地域文化的认同以及对生活的热爱之情。

"漫步思南路"这门课程要求教师引领孩子们漫步于思南路，一起领略和品读这条具有革命情怀的红色之旅，一同踏寻孙中山、周恩来、茅丽瑛、梅兰芳等一个个历史名人的足迹，共同探究上海文史研究馆、老上海巡捕房、中国共产党驻沪办事处等一幢幢深庭大院之中所深藏的一个个动人的故事。孩子们通过各种探究实践活动领略思南路的历史风情，知晓思南路的文化名人故事以及游览思南路特色景观，同时在学习过程中还将掌握学会观察、学会思考、学会审美等诸多方法，并可以获得情感上的体验，产生热爱所居住的城市、热爱祖国、热爱生活的思想感情。

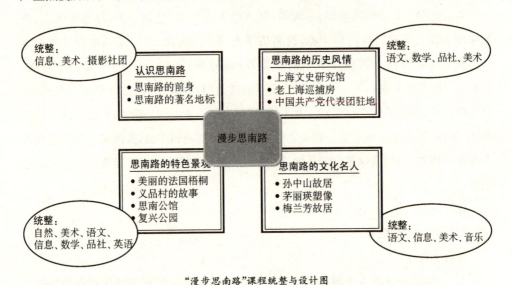

"漫步思南路"课程统整与设计图

三、领略名人的风采

孩子们在"漫步思南路"这门探究课中收获着，成长着。以下是参与这门探究课的一位小朋友的探究感言：

"我们的"漫步思南路"小组一共由十位组员组成，我们来自于三个不同的班级，通过探究课，我们相遇相识、共同学习，开始我们的发现之旅。在老师的指导下，我们的探究过程分为三大部分：思南路的历史风情、思南路的文化名人和思南路的特色景观，在第一部分的探究中，我们准备了思南路地图，上网查找资料，还来到位于思南路的上海文史研究所，寻找思南路的由来。说到思南路的政客，当然首推的就是孙中山，我们感受到了他的刻苦勤奋，更惊叹于他的才华横溢。

"我们还通过自己设计旅游游览图、写好最想问外国宾客的问题等方式来了解思南路。短短的一个学期，我们惊喜地发现，原来身边这条小小的马路藏龙卧虎，他就像一个饱经沧桑的老人，一点点为我们讲述着城市的变迁。"

另一位小朋友说："老师带领我们参观思南路的周公馆，我知道了周公馆原来就是我最敬佩的周恩来总理办公的地方。里面比较简陋,周总理却能如此投入地忙于国事,我真应该像他学习啊!"

居住在复兴中路上的小亮说道:"原来这条小小的马路居然有这么多的乐趣,这里是我每天路过的地方,原来却从来没有注意过呢!平时我爸爸很喜欢看京剧,我从爸爸那里知道了我国京剧大师梅兰芳。通过这门探究课,我知道了原来梅兰芳故居就是思南路的一幢西班牙式花园洋房。老师告诉我他在故居创作了很多家喻户晓的作品。"

经常往返于思南路上的启秀中学的小杰坦言:"以前我不知道启秀中学里面为什么有茅丽瑛烈士雕像,现在知道茅丽瑛是位'为义卖而生,为义卖而死'的伟大英雄,尽管我没有她那么伟大,但我可以在今后的学习生活中发扬无私奉献的精神。"

通过《漫步思南路》探究课的学习,孩子们认识到了思南路原来还隐藏着这么多的历史故事,同时也领略到名人们卓越的风采。

第四节 职业启蒙教育的"真"体验

教育的目的不仅在于使孩子们获得知识,更在于培养他们成为一个完整的人。因此,我们认为学校教育不仅在于让孩子们获取知识,更重要的是让他们保持一种积极的学习态度以及对知识的不懈追求。2011 年,上海市学生德育发展中心公布了本市首份中小学生职业启蒙与规划教育调研报告,结果显示:中小学生职业意识影响主要来源于父母。尽管家长是影响学生未来职业选择的重要因素,但是目前在上海中小学生家庭中,家长有意识地对孩子进行职业启蒙与职业规划教育还不多,仅 34.6% 的小学生经常与父母讨论自己的职业理想。基于以上的认识,我们认为在小学阶段对小学生进行职业启蒙与规划教育是非常有必要的。2011 年,我校在区德育研究室的引领下,尝试着设计与开发小学生职业启蒙教育活动课程。

一、最有教育力量的课程

孩子的职业规划虽然潜移默化地受家长的影响,但这种影响并不全面与完整,需要在学校接受正规的系统教育。我们认为,职业规划教育是一个系统化、分阶段实施的过程,它应在小学、初中、高中等不同阶段渗透着不同的内容,做好与高等阶段职业规划教育的衔接工作。职业规划教育要关注学生整个职业规划的发展,使他们在不断体验自我潜能的开发过程中领悟职业发展的积极意义，树立积极向上的生活观和正确的自我发展观。小学阶段是整个职业规划中的基础教育阶段，它是一种"播种"，是职业规划教育的"启蒙"。它重在通过活动使小学生对社会职业有初步的认知和体验，帮助学生树立正确的社会职业道德观与职业价值取向。

学校和家庭是小学生活动的主要范围。对于小学生来说，尤其是低年级的学生来说，他们对职业的认识只局限于自己家庭成员的职业，可以说，他们对职业的了解比较少，而小学高年级的学生虽然具有一定的社会交往经历，但是对职业的了解也并不非常深入。基于这一现状的认识，我们做出以下决定：以孩子们自己父母的职业作为活动的切入点，选择与孩子们最为贴近的群体的职业作为他们了解职业的起点。

职业启蒙教育看似离孩子们的经历比较遥远。但我们认为，职业启蒙教育活动课程的内容，只有和孩子们的生活息息相关，才是最具有教育力量的课程。为此我们将职业启蒙教育课程引入不同的年段，使不同年级的学生接受不同的职业启蒙教育活动课程，同时在班级中创建不同的职业岗位，为班级的每个学生提供不同的岗位体验。

职业启蒙教育重在孩子们的亲身体验。因而，我校在开展职业启蒙教育活动时，注重与班级的"一班一品"建设、学校的探究课程、社团活动以及相关的学科教学相融合，逐步汇编成具有我校特色的小学职业启蒙教育校本课程。

二、孩子们的"未来经验"

我校职业启蒙教育课程是基于孩子们的个体已有经验与未来经验相统整的课程。我们充分考虑到孩子们个体身心发展水平与心理接受能力、教学内容难易度、信息量适度等因素，使孩子们学习的知识和能力恰好处于"最近发展区"之内。尽管有时可能会超出孩子们的个体已有经验，但我们的教育环境中的其他因素会给他们适当的支架，从而使他们掌握不同职业的相关知识与技能。我们通过日常化的职业情境创设、仿真社会活动的创建、职业风采展示节等深受孩子们喜爱的活动，使他们认识自我、认识职业、认识教育与职业的关系，体验职业环境，激发自我学习、决策意识，培养他们的人际关系的形成能力、信息活用能力、对将来的设计规划能力。孩子们通过职业生涯启蒙教育课程，从小就对自己有一定的了解，对自己今后的发展有相对较准的定位，为其将来大学阶段的职业生涯教育奠定坚实的基础。孩子们的"未来经验"，才是合理的教育目标，也是我校"磁性课程"实用性的重要体现。

社会职业启蒙教育应遵循人的发展规律，把教育过程看成是动态的发展过程。我校根据每个年级孩子们的身心特点,设计和开发了不同年龄阶段的职业启蒙教育课程,这些课程层层深入,以阶梯式形状呈现,形成一种体系框架。现将我校不同年级的职业启蒙教育和规划活动设计如下图:

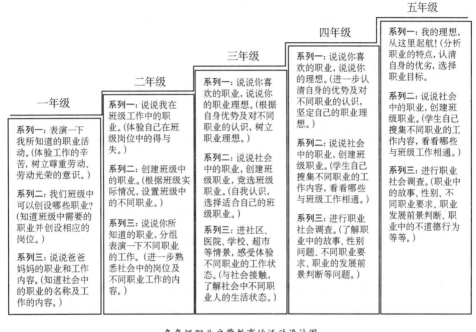

各年级职业启蒙教育的活动设计图

我们在职业启蒙教育实施过程中,充分调动多方资源,如采用了社会教育资源、家长人力资源,采取与社会考察相结合的方式,尝试在小学阶段开展职业启蒙教育。职业启蒙教育结合社会实践,注重孩子们认知体验的过程,让孩子们走进社会,了解职业的多样性、平等性和职业道德及品质,引导他们积极面向社会、面向生活、面向自然,帮助他们了解社会,了解职业。

在体验不同职业实践活动中,我们获得了社区及家长们的积极参与与配合。孩子们在街头报亭附近大声吆喝卖报,体验卖报工作人员的艰辛;孩子们在交警的指导下在十字路口装扮成帅气的交通协管员,学习交通法规,保证交通安全;孩子们在信息老师的带领下欣赏中国传统动画片,了解中国动画历史,尝试创作简单的动漫人物;在嵩山消防中队,孩子们了解上海消防事业发展的过程,参与虚拟逃生;在中华职校职业模拟实践基地,学生观摩多个职业模拟岗位……这些已成为我校开展职业体验活动的特色项目。

职业启蒙教育课程的设计与开发，改变了传统教育的狭隘空间，通过开放性综合实践活动体现了教育"始于课堂，走出课堂，融入社会"的思路与策略。学校携手家长、社会等各方面的有利因素最大可能地整合有益的教育力量，拓宽教育教学渠道，为孩子们的健康成长，创造了良好的育人环境。

三、职业风采"我型我秀"

传统的课程评价更多采用的是单一量化的评价方式，而我校的"磁性课程"评价打破传统课程评价方式，采用质性多元的评价方式，更加关注学生的学习过程与终身发展。我校"职业启蒙教育"课程采用深受学生喜爱的活动形式——"职业风采我来秀"来凸显"磁性课程"的理念。

2011年12月31日下午，整个学校热闹非凡，原来是我校在开展别开生面的"职业风采我来秀"——瑞二小学职业启蒙教育T台秀主题活动。每个班级派代表演绎不同的职业角色。在绚丽的T台上，孩子们活灵活现地扮演着不同的职业人，如农民伯伯、美容美发师、电工、人民教师、空姐、化学家、警察、舞蹈家、音乐家等。T台上的孩子们通过一些服装道具以及精彩的身势语言绝妙地演绎着不同的社会角色，仿佛自己踏入社会，成为自己演艺的职业人。他们在这个"模拟的环境"中体验了不同职业的工作特点与职业品质，为将来踏入社会奠定了坚实的基础。我校的家长代表、全体师生一起目睹这场精彩的T台秀。台下的孩子们对台上的表演者发出啧啧的赞许声，尽管自己没有参与T台秀表演，却可以非常直观形象地感受到不同职业人的工作特质。而参与表演的孩子们都谈论到，这次T台秀，我收获颇多，知道了社会中各行各业的名字，也体验到不同职业人的风采与艰辛，今后我会更加尊重不同职业人的劳动。家长们也认为学校举行职业启蒙教育T台秀，可以使孩子们了解更多的职业，体谅父母工作的艰辛，这是一项非常棒的举措，今后应该坚持下去。

孩子们都期待学校今后多举办类似的活动，这样便可以增长更多的见识，获得更多的职业体验。社会职业启蒙教育为孩子们打开了一扇通往社会的窗户，使巨大的社会信息如新鲜的空气一样，注入孩子们的心中，使他们耳目一新。

第五章 "磁性课堂"的人文情怀

磁性智慧——

　　"磁性课堂"是充满磁力的文化场。它让孩子们感受到情思意境的"美"和性灵情趣的"赏"，它为孩子们开启了幸福快乐的课堂之旅。

　　这段旅程，凝聚着集体的智慧，"细化设计"让孩子们的旅途愈加轻松；这段旅程，蕴含着美丽的图景，"差异探索"引人入胜而又让孩子们收获颇丰；这段旅程，充满着意外的惊喜，"激趣菜单"鼓励孩子们不断挑战自我；这段旅程，洋溢着快乐与自信，流淌着心灵中那温馨的故事……

第一节 "磁性课堂"之魅力

　　物理学上，我们把能够吸引铁、钴、镍等物质的性质称为磁性；"磁性"——特别的吸引力。那么"磁性课堂"，顾名思义就是指具有吸引力的课堂。显然"磁性课堂"要吸引的就是我们的学生。"磁性课堂"是一种教学形态，是课堂教学追求的目标和理想。我们的教师要把自己融造成"磁极"，让自己的课堂真正富蕴"磁性"，塑造具有"快乐、情感、童趣、创生"的课堂磁场。

一、课堂即磁力场

　　"磁性课堂"是学校实施"磁性教育"的重要载体。我们将秉承"磁性课堂"——"课堂即磁力场"的理念。"磁性课堂"着眼于学生的成长需要，通过营造快乐、富有童趣、富有吸引力的课堂，让学生的个性得到充分的发展，从而使学生喜欢课堂、喜欢学习。我校着力打造学生喜欢的、对他们有吸引力的，并且可以促进学生成长的课堂。

（一）发散着"快乐"的磁力线

"快乐"是什么？这个问题，至今没有一个人可以给出让所有人肯定的确切答案。但是，在磁性课堂里，可以这样定义：快乐就是对学生宽容。面对成长中不中规中矩的孩子们，课堂教学中尤其需要宽容，允许学生"犯错"，让学生"在错误中"学习。宽容的课堂教学，能为班级营造"宽松、快乐"的课堂学习氛围，让孩子们畅所欲言，点燃智慧的火花。在"磁性课堂"中，"错误"已然成为一个重要的课程情境，它丰富了课堂内容，生成了全新的意义和价值。

（二）拨动着"情感"的磁力线

"磁性课堂"要激发学生兴趣、激活思维，让学生在真善美的陶冶中不断提高能力，形成健全的人格，其核心是情感性的。

教育家第斯多惠说过："教学的艺术不在于传授的本领，而在于激励、唤醒、鼓舞。"心理学理论认为，情感是对客观事物的态度的体验，它发自内心，能引起和维持行动，排除前进障碍，对整个行动起动力调节作用。实施"磁性课堂"要充分认识到情感是课堂教学的灵魂，是学生智力的催化剂和学习的原动力。在课堂教学中我们结合情思意境"美"和性灵情趣"赏"，引导学生去感受和体验，通过充分调动学生的感觉、知觉、表象、联想、情感去触摸内容的整体存在，从而达到一种境界，"仔细品味，学习原本的有滋有味"。

（三）布满着"童趣"的磁力线

课堂引入时增加童趣。课堂导入是教师讲授每节课时给予学生的第一感知，其重要的艺术特征，是能引起学生的认知冲突，引发学生的学习兴趣，引出紧紧抓住学生心弦的情境。因此，我们十分注意调动学生兴趣特别是注意讲究课堂导入艺术，为课堂创造出一种和谐的课堂气氛。

课堂教学中增加童趣。课堂进行时是学生学习知识的主要时间，是老师的教和学生的学产生交流的时间。如果这时候学生的注意不在老师所讲述的知识上，那么再好的引入也是没有效果的。所以不仅要在课堂引入这一特殊环节，而且在整个课堂进行的时刻，我们都要让快乐和趣味的氛围萦绕在课堂中。

兴趣是使人前进的有效手段。由此,让课堂充满童趣的重要性也就不言而喻了。愉快而又富有童趣的课堂氛围,不仅让学生乐于学习,积极参与学习,也可以带动老师的热情,在工作中激发更多的灵感,发展自己的教学艺术。

(四)涌动着"创生"的磁力线

在"磁性课堂"实施中,我们的教师通过分析教材,预期学生的智慧和问题,根据自己的教学特点和本班学生实际情况来制定符合学生特点的教案,这样的课堂教学效果才是最佳的。因此,"磁性课堂"的蓬勃生命力扎根于教师对驾驭整个教学进程的创生。

我们的课堂旨在培养学生的创造性思维,而不是知识点的灌输。生成性的课堂是在师生的动态互动中自然而然发生的,它尊重学生的主体地位,善于捕捉学生思维的闪光点,而且根据学生的学习情况及时调整课堂教案。

我们的课堂能给予学生足够的自由空间,鼓励学生主动发问,积极参与讨论,最大程度地满足学生的多元需求。我们的课堂关注点在于激活学生的思维,培养学生丰富的想象力和创造力。

二、课堂即文化场

课改深处是课堂,课堂深处是文化。我校以学生素养目标为导向,以获得全面的、全体的、主动的和个性的发展为目标,以"因材施教"为准则,以"乐学、善思、创新"为特色,努力建构"以生为本、关注参与、重视体验、强调实效"的高效、和谐的"磁性课堂"文化,逐步形成"创设情境、多元导入→自主学习、激趣教学→解难释疑、拓展提升→快乐作业、归纳总结"的"磁性课堂"教学模式。学生在自主学习、合作探究过程中,发现问题,生成知识,获得自信,收获成功。"磁性课堂"教学模式把课堂变成兴趣的课堂、思维的课堂、生动的课堂,赋予课堂以生活意义和生命价值,使师生的生命在富有磁性的文化场中得到共同的成长。

(一)乐学、善思、创新

美国心理学家布鲁纳说过:"学习的最好刺激乃是对学习材料的兴趣。"兴趣是学习的先导,它是推动学生去掌握知识和获得能力的一种强烈的欲望。激发兴趣,使学生乐学,只是解决了其学习的动力问题。加强学法指导,让学生学会思考,学生只有在

"动"起来，"活"起来的过程中，才能迸发出思维的火花，才能有所创新。

回放　二年级语文第一学期　《坐井观天》教学案例

《坐井观天》是一个非常有趣的寓言故事。文章通过生动有趣的对话，对孩子们讲述了一个寓意深刻的故事。有名人曾说，学寓言应该让课堂充满童趣，还孩子一份童真，不能让唯一标准的寓意来框定学生的思想。

师：同学们，小青蛙听到大家把井外的世界说得这么精彩，它真想跳出井口来看一看。（出示课件：青蛙跳出了井口。）说说青蛙跳出井口后，将会怎么样呢？

生：它看到绿绿的小草，还有五颜六色的花儿。

生：它看到校园里开满了桂花，闻到了阵阵花香。

生：它看到了果园里挂满了黄澄澄的梨子，红彤彤的苹果，一派丰收的景象！

生：它会到处逛逛，看看美丽的风景，看看拔地而起的高楼大厦。

生：老师，我觉得青蛙有可能没有看到这么美的景色。

师：（师一愣，然后充满好奇疑惑）说说你是怎么想的？

生：它看到路边垃圾成堆，蝇蚊成群，闻到一阵阵很刺鼻的臭味。

（一石激起千层浪，学生众说纷纭。）

生：它看到人们往小河里倒垃圾，河面上还漂浮着鱼的尸体，心里很害怕。

生：它看到有人大量砍伐树木，鸟儿没有了家。

生：它看到捕蛙人在大量捕捉它的同伴，残忍地将它的同胞卖给酒店酒楼做下酒菜。

生：它看到汽车在路上疯狂地飞跑，根本就不注意行人，汽车排出的污气让它窒息。

生：它感觉外面的世界并不像我们说得那么美，它想回到安全的井中去。

师：那么我们能不能用什么好办法来挽留小青蛙呢？让它安心快乐地和我们生活在一起。（学生思考片刻，跃跃欲试。）

生：我们做个广告牌，上面写上"保护动物，人人有责"来告诉人们应该与动物成为好朋友。

生：发现那些乱砍树，捕杀动物的人要报警，让警察来抓这些坏人。

生：我们要保护好环境，不能把动物的家弄脏。

生：我们不仅自己要知道环保知识，还要向同学、家人、朋友宣传爱护动物，保护环境的知识。

师:同学们说得棒极了! 只要大家共同来保护环境,爱护家园,小青蛙就会被我们挽留下来,动物们才会快快乐乐地生活在我们身边!

【反思】

语文源于生活,让学生从语文中去寻找生活、感悟生活、创造生活,这是实施语文教学的一个出发点。

案例中教师没有按照我们"想当然"的观点去框定学生的思维,而是给学生思维的空间,想象的余地。老师充分肯定了学生的见解,珍视学生的发现,使学生在愉悦的状态中受到鼓舞。正是学生有了对生活的感悟,才会有了"我觉得青蛙有可能没有看到这么美的景色"的灵感。案例中,学生在说话的过程中也迸发出了让我们意想不到的创造性思维的火花,涌现出意想不到的新问题和新答案,始终使课堂充满着疑点,闪烁出亮点,呈现出精彩。

(语文教研组提供)

回放 三年级牛津英语第二学期 《M3U1》教学案例

在教授"Shapes"一课后,教师让学生开展"形状组合图"创造活动。学生绘出了许多充满童趣的图形,如学生用 oval 画小鸡的身体,用 circle 画脑袋和眼睛,用 triangle 和 star 画嘴、尾巴和爪,用 heart 画心,用 square 和 rectangle 画腿,最后用自己的语言向大家介绍,例如:This is my picture. It is a nice chicken. It has many shapes. It has two circles, four triangles, an oval, two rectangles, two squares and a heart. It is very lovely. I like it very much.

【反思】

这种真实的开放性活动既提高了学生的英语记忆效果和语言表达的创造力,又满足了师生共同感受美、体验美、欣赏美和创造美的需求,更重要的是培养了学生的观察、记忆、思维和想象能力以及创新精神,充分体现"以学生为中心"的教学思想,最大限度地发挥学生的主体性,让学生乐于学、善于学,真正成为学习的小主人。学生在完成任务的过程中体验学习成功的愉悦,在绘画的过程中用图形组合创新,这种人性化的教学环境,充分地调动了孩子学习的积极性,提高了教学效果。

(英语教研组提供)

一个明智的教师应该明白,学生才是课堂的主人,让学生由一个被动的接受者变为一个主动探索者,从而唤起他们对学习知识的浓厚兴趣。学生们的每一次质疑,都闪烁着思维的光芒,他们在知识的海洋里乘风破浪,勇于创新。

(二) 参与、体验、高效

新课标明确提出:"提倡转变学生的学习方式,培养学生主动参与、乐于探究、交流体验的学习态度。"孩子只能成长一次,而这种成长谁也替代不了。体验是每一个学生成长过程中所必需的,学生只有在参与中才会体验成功的快乐,体验合作的愉悦,体验克服困难的艰辛,体验有所创新的趣味。这样的课堂才是一个高效的磁性课堂。

回放 **三年级语文第一学期 《西沙群岛》教学案例**

品读《西沙群岛》第二段:"西沙群岛一带海水五光十色,瑰丽无比:有深蓝的,淡青的,浅绿的,杏黄的。一块块,一条条,相互交错着。因为海底高低不平,有山崖,有峡谷,海水有深有浅,从海面看,色彩就不同了。"

师:同学们,有感情地朗读第二段,作者描写西沙群岛海水的美丽,用哪个词来描述的?

生:老师,我找到了,书中用"五光十色"来描述。

生:老师,我认为也可以用"五颜六色"来描述。

生:老师,西沙群岛的海水为什么是五光十色的,而不是五颜六色的?

师:(亲切的语气)问得好。同学们想一想,"五光十色"是不是五种光、十种色呢?(学生略有所思)

生:不是,"五"和"十"表示很多。

师:都有什么颜色呢?

生:深蓝的,淡青的,浅绿的,杏黄的。(课件展现出这些颜色)

师:这是"五光十色"吗?(学生陷入思考,有的同桌讨论)

生:(充满信心)不是,因为这些颜色太少了。

师:课件演示多种颜色,出示文字,是"五光十色"吗?

生:还不是,因为这里只有颜色,没有光。

师:对。这只是许多种颜色,这叫什么? 用一个词来说。

生:(兴奋)这叫"五颜六色"。

师:同学们,再读课文,把文中的"五光十色"换成"五颜六色",体会一下,是否可行?

生:"五颜六色"一词用在这里,我只能体会到海水的色,但感受不到海水在阳光照射下,色彩的美。

师:现在同学们再按照原文品读第二段。

生:(踊跃举手)听了乙同学的朗读,我觉得她读的感情很到位,"五光十色"一词用在这里,我的眼前立刻亮了起来,水也动起来了,海水更美了。

生:(全班学生齐声说)还是用"五光十色"好。

师:(笑眯眯、鼓掌)"精妙"。那"五光十色"肯定更好看。你们想不想看?

生:(迫不及待)想看。

师:好,先把眼睛闭上。想象一下,现在我们坐飞机来到西沙群岛的上空,在你的下面是辽阔的大海,由于海底高低不平,海水有深有浅,海面就呈现出各种色彩:深蓝的,淡青的,浅绿的,还有杏黄的等。这些颜色有大块的,也有小块的,互相交叉在一起,组成美丽的图案。这时太阳出来了,灿烂的阳光往海面上一照,海面上就出现了各种色彩,真是"五光十色"啊!

【反思】

课文不是简单枯燥的学习工具,而是富有生命感染力的生动材料。如何让教材具有鲜活的内容和深远的影响力,办法之一是进入到文章所创设的情境之中,与作者融为一体。

在本案例中,教师主动创设质疑情境,激发学生敢于质疑的意识,诱发学生思维的积极性,当学生提出了写西沙群岛的海水为什么用"五光十色",而不用"五颜六色"时,教师根据课文内容,引导学生进行积极的情感体验,闭目想象,"五光十色"的情景,让学生享受到生成新知的乐趣。

(语文教研组提供)

回放 五年级音乐第二学期 《我是少年阿凡提》教学案例

师:在阿凡提的带领下,阿凡提家乡的人们都行动起来,有的种树,有的为动物们疗伤,人们的行动把家乡建设得这样美丽,小动物们开始重建他们的家园了。我们把新疆人的这种美好的行为写进歌词,用歌声表扬他们好不好?谁(来)……谁(来)……谁(来)……我们就要表扬他。

师：有哪些行为是值得我们赞扬、表扬的？

生：爱护动物，植树、造林，不乱扔垃圾……（各个小组创编歌词）

师：保护环境、保护地球、珍惜地球上的资源，让我们拥有美好的家园，倡议环保行动可以少开车、多骑自行车。好，今天的课就上到这里，来，我们像聪明、智慧的阿凡提一样做一个环保小卫士，骑着毛驴出场。

【反思】

《我是少年阿凡提》这堂课内容丰富、形式活泼、手段新颖，教学设计非常适合学生的年龄特点和心理特点。本节课体现了老师对新课改教学理念的深入思考和充分理解，教学具有实践性、探索性和实效性。

在这一课中，老师始终将"兴趣"两字放在首位，由此展开课堂教学。老师运用了教学视唱和新疆地区的特色音乐，同时也运用了亲身体验法、讲唱法、表演创作法等，使整个课堂的教学让学生充满新鲜感和保持高度的兴奋状态。

（瑞二小学综合教研组提供）

苏霍姆林斯基曾指出，应该让我们的学生在每一节课上，"享受到热烈的、沸腾的、多彩多姿的精神生活"。课堂学习活动，是学生主动获取知识的过程，是体验成功、体验挫折、体验探索、体验欢乐、体验生命的过程。因此，要使课堂高效，必须引导学生成为学习的主人。学生参与到教学活动之中，获得更多体验，通过体验促进发展。

（三）自主、合作、探究

学生的学习活动是一个自主的、生动活泼的、富有个性的过程。其中动手实践、自主探索与合作交流是学生学习知识的有效方式。在我们的"磁性课堂"中，激发学生的学习兴趣，引导学生经历获取知识的过程，主动参与探究性学习。在学生有效参与学习活动的过程中，培养学生的自主探索意识、合作交流意识，创新意识和创新能力，提高学生的素质。

 二年级数学第二学期 《流程图》教学案例

合作探究，寻找规律：

（一）探究最大数

出示流程图：

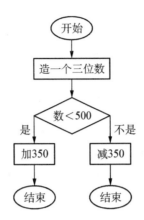

1. 学生互说游戏规则,个别学生说明。

2. 小组游戏:每组按从小到大顺序排列所造的数,按照流程图的规则计算出结果数。

3. 交流

4. 按照这个流程图,我们要得到最大数,所造的数有什么特点?(小组讨论)

(二)探究最小数

1. 师:要得到最小的结果,必须掷出什么数?(生直接报)

2. 讨论

3. (学生验证)举例说明。

(三)归纳方法

1. 观察算线,根据刚才列举的这些三位数,你发现结果数有什么变化?

2. 要得到最大结果数,所造的数必须符合什么条件?要得到最小结果数,所造的数又必须符合什么条件?(小组讨论一下)

3. 小结:在大家的共同探究下,我们发现按照这个流程图的规则,以500为界限,要得到最大结果数,造的数必须小于500且最接近500;要得到最小结果数,造的数一定是500。

【反思】

教学中,组织学生进行小组合作,自主探究。引导学生借助算线和枚举数据,通过观察、比较、分析、猜测、验证、总结等方法,运用直观形象感知去感悟要得到最大结果数和最小结果数,所造数的各自特点以及发生这种变化的分界点。学生主动地应用已有的知识和经验研究、探索新问题的过程,使学生从数学角度发现并解决问题,完成认知建构、发展探索与创新意识的过程。

(瑞二小学数学教研组提供)

回放 三年级自然第二学期 《植物的根》教学案例

师:接下来,我们来做一个分类游戏,根据植物根的形态特征进行分类,完成活动记录单2。

生:活动。交流。(活动记录单2答案ppt)活动:设计实验。证明:植物用根来吸收水分。

师:我们大致了解了植物根的形态特征,老师有一个问题(ppt)植物的生长离不开水分,可人们并不把水和肥料直接浇在植物上,而是把水浇在地里,为什么呢? 根有什么作用呢?

生:从土壤中吸收水分和养料。

师:根的这些作用是否与它的特殊构造有关呢? 请看植物根的放大图(ppt)你看到了什么?

我们把它叫做根毛。它在植物的生长过程中起非常重要的作用。

师:我们同学已经预测了植物的根有吸收水分和养料的作用,那你能不能设计一个实验,来验证植物的根是有吸收水分和养料的作用? (ppt)

生:设计实验,交流。播放ppt中植物根的作用的视频。

师:植物的根还有什么作用?

生:把植物固定在土壤中(抓住泥土)。

师:课后,我们也来设计一个实验,验证我们的推测……

【反思】

在教学中,教师通过一系列的游戏和实验设计活动,让学生在快乐中探究,通过画大蒜的根和芹菜的根,使学生学会仔细观察的方法,对根的形态特征有初步的了解。通过植物根的分类游戏,使学生对植物根的形态特征进一步了解。在教学中,注重学生体验学习过程,让合作探究成为学习的主要形式。让学生以小组为单位,共同合作设计实验方案,为学生创造一个有浓厚探究氛围的学习环境。

(综合教研组提供)

我们坚信,只要我们努力用新的教育理念来指导教育实践,积极倡导自主、合作、探究的学习方式,使学生真正成为学习的主人,学生就会在自主合作探索的学习中享受到浓浓的乐趣,就会尽情地释放蕴藏着的无限创造潜能。

综上所述:首先,"磁性课堂"的构建进一步推动了我校的课程改革,也促进了学生的终身发展。新课程改革的核心理念是一切为了学生的发展,我们的磁性课堂重在改变教师教的方式和学生学的方式,这既是基础教育改革的重要内容和要求,也是基础教育改革的核心目标。学校所有的教育教学策略的制订,方式方法的使用,都要建立在以人为本,以学生发展为本,促进学生健康成长的基础之上。学校的教育教学及一切课外活动,都要把目标锁定在能够有利于学生终身发展之上。开展磁性课堂的实践活动,就是要真正使学生在学校获得今后走向社会所需要的基本的生存能力、自主学习的能力、与人合作交流的能力、探究与创新的能力,以满足学生终身发展的需求。

其次,构建磁性课堂促进了我校教师的专业发展。课堂教学改革的关键在教师,教师在课堂上永远处于主导地位。磁性课堂需要全体老师转变教育观念,不断改进教学方法,尊重学生,关爱学生,转变角色,教学相长,不断提升教育教学水平和专业素养。

第二节 "磁性课堂"之建构

课堂教学是教学工作的基本形式,要使它能充分发挥教师的主导作用,赢得教学的高效率和传授知识的高密度,要使它能让学生在较短的时间内获得较多系统的文化知识,必须改革传统的课堂教学结构,重视对课堂教学结构的设计。

一、细化:解读课标,明确导向

教学目标是"磁性课堂"教学的核心,是教学的主攻方向,是教师教学智慧的体现。强化目标意识,落实课标的规定和要求,是提高课堂教学效率的基本前提。为此我校提出要"扎实作好细化课标工作,全面提高教师学科能力"。将细化解读课程标准,科学设置教学目标,作为学科课程建设的一项基础性工作来抓。我们要求教师在日常备课和教学中,关注目标、研究目标、践行目标、落实目标。

(一) 关注目标,研究目标,找准目标

各学科的课程标准都明确提出了课程总目标和阶段目标,但这些目标一般是从理论层面而言,较为抽象宽泛。课程目标明确了教学活动的方向,而教学目标就是课程目标的具体化、精细化。如何将从理论层面的、较为抽象宽泛的课程目标转化为具体的、可操作的课堂教学目标呢? 这就需要我们对课程标准的三维目标进行细化、系列化、学科化。

　　"细化"是指具体的、情境化的、可操作的教学目标，是对某一门学科的具体内容进行教学所要达成的目标的描述，是对"课程纲要"进行具体的分解和层层落实，一般称之为"课堂教学目标"，具体体现在教师的课堂教学设计中。

　　"系列化"是指理清三维目标在学科中的逻辑层次和相互关系，是对三维目标的各个目标在学科中纵向展开的深度和横向拓展的联系性，以及它们之间的相互影响和互动关联作出描述，只有这样，才能指导学科教学对三维目标追求的次第提升或螺旋上升。

　　"学科化"是指描述三维目标在学科中因学科特点而体现出自己个性和方法，对三维目标的学科特性和相关特性作出区别与界定，为理论通向实践搭建桥梁。

（二）细化目标，践行目标，落实目标

　　在细化的过程中我们首先将总目标先细化为学期教学目标，再细化为单元目标，最后细化为课时目标，这样细化的目的是为了以目标实施的阶段性和层次性，保障目标达成的有效性。

　　1. 各学科对照学科课程标准，学习学科总目标，搞清总目标是从哪些方面对教师的教和学生学提出要求，这些要求是从三维中的哪一个维度提出的，目的是什么？

　　2. 学习所教学段的课程目标，看课程目标是如何将总目标落实在每个学段的，针对本学段学生的认知规律和年龄特点，又提出了哪些具体的要求。

　　3. 根据教材特点和学生实际，认真研讨，如何将学科总目标和学段目标落实在本学期学科教学中，在研讨的基础上，从知识能力、过程方法、情感态度价值观三个维度确定本学期学科教学目标。

　　4. 在日常的集体备课、教研或日常的个人备课中，再将学期目标从知识能力、过程方法、情感态度价值观三个维度细化为单元目标，接着细化为课时目标，填写单元目标细化表和课时目标细化表。

回放　五年级语文第二学期　第一单元目标细化文本

第一单元		
知识积累		
字词	句子	段章
1. 在课文的语言环境中，通过联系上下文理解下列词语：	1. 通过抓关键词，了解华罗庚是如何勤奋自学的句子。	1. 了解文章的结构和取材特点，感受鲁迅珍惜

续　表

知识积累		
字词	句子	段章
全然不顾、挥汗如雨、繁忙、勤勉、懒散、游手好闲、羞愧、馋涎欲滴、废寝忘食、百折不挠、层出不穷、为非作歹、横行不法、一筹莫展 2. 理解"奇才"的含义 3. 能正确补充特定构词方式的成语。正确填写关联词语；能正确理解多义词，联系上下文写出多义词在不同句子中的不同解释。	2. 理解句子"他的巨大贡献是从'时间老人'那儿争取来的"的含义。 3. 积累第二课中的两句名言，并能够收集几句有关"珍惜时间"的名言和诗句。 4. 通过补语的形式把句子补充完整；能用"惟一"和"一边……一边……"造句。 5. 综合练习1中读短文明确句子前后关系。 6. 能熟记三句名言。	时间和善于利用时间。 2. 在阅读理解的基础上，了解围绕一个关键词语展开内容的表达方法。 3. 指导学生在默读过程中，养成边动笔墨边思考的习惯，理清文章结构。

学法构建	
联系运用	理解体会
1. 读清文中的数据，能够抓住这些数据简要介绍鲁迅的生平成就。 2. 根据所给的"层出不穷"、"为非作歹"、"横行不法"、"一筹莫展"等词语概括课文的相关内容。 3. 联系课文内容及课外相关资料，将"华罗庚琢磨起数学题来不免得呆头呆脑"这句话写具体。 4. 用上一两句"劝人惜时"诗句、名言，写一写读第三课的感受。	1. 能有感情地朗读第一课，体会1—8节内容与表达文章中心的关系。 2. 巩固边读边思的习惯，理解"失去的一天"的内涵。 3. 理解"奇才"的含义，并能结合文章内容准确表达自己的阅读感受。 4. 说自己童年的故事，了解自己和别人的童年故事，积累相关素材。 5. 展开想象，说说在研究碰到困难时，欧立希鼓舞助手们的情景。

情感体验	
1. 了解华罗庚是如何勤奋自学的，知道他在数学上取得的巨大成就就是勤奋自学的结果。 ＊M2. 感受鲁迅珍惜时间和善于利用时间，树立对大师的崇敬和学习的愿望。 ＊S3. 通过比较"佩佳的一天"与"人们的一天"，感受把握今天、珍惜时间的重要性，树立"珍惜时间为荣，虚度光阴可耻"的观念。 ＊S4. 了解欧立希，学习他解救人民疾苦的信念和探究科学、百折不挠的勇气。 ＊S5. 了解霍金是一位非凡的科学家，也是一位生活的强者，学习他不断探索的科学精神和勇敢顽强的伟大人格。	备注： 标注有"＊M"记号的课文落实民族精神教育。 标注有"＊S"记号的课文落实生命教育。

（语文教研组提供）

　　学生阅读课文的目的是获得"如何传播信息"的言语智慧。但目前教材对学习"如何传播信息的言语智慧"的要求策略不明显，对单元目标的叙述过于笼统。教材中每一阶段、每一单元的学习要求几乎没有具体叙述，更没有在相应课文的课后习题中体现。这样，导致教师在教学过程中层次目标不明确，无法把学生在本单元中应达到的目标训练到位。由此，我们根据课程大纲要求和学生学习知识的规律将教学目标细化成"知识积累"、"学法构建"、"情感体验"三大部分。由于细化了目标，教师在教学中就能更好地把握教材，切实提高教学效率。

 二年级数学第二学期　第一单元目标细化文本

第一单元		
知识技能		
本单元的知识点	本单元的要求	主要题型举例
1. 小复习	1. 掌握表内乘除法及相应的两步计算题，能够正确解答乘除法的应用题，培养学生解决问题的能力。	例：$81 \div 9 + 15, 37 + 18 - 0$
	2. 探究乘法不等式中形如"$\Box \times 5 < 40$"，找到合适的解和最大的解。	例：$\Box \times 3 < 20$， 适合的数：_____ 最大的数：_____
2. 分拆成几个几加几个几	3. 能利用乘法分配律，将一些简单的表外乘法题转化成两个表内乘法题进行计算。	例：14×6 $= 10 \times 6 + 4 \times 6$ $= 60 + 24$ $= 84$ 或 14×6 $= 7 \times 6 + 7 \times 6$ $= 42 + 42$ $= 84$
3. 相差多少	4. 在算线上做加、减法，通过"补充"和"减去"求差。	例：45 和 72 相差多少？ 方法1：$72 - 45 = 27$ $\begin{array}{r} 72 \\ -45 \\ \hline 27 \end{array}$ 方法2：$45 + (\quad) = 72$ （算线图：45　50　70　72，5　20　2）

续　表

学法构建		
合作探究	实践操作	其他
1. 在自主探究活动中找到 "14×6"这类表外乘法 的计算方法,通过将14 个6分拆成几个6加几 个6,体会到使用乘法 分配律来解决表外乘法 的计算方法。 2. 在自主探究活动中尝试 各种解决"相差多少"、 "比多"、"比少"的简单应 用问题,理解和掌握这一 类问题的解决方法。		
情感体验		
民族精神教育	生命教育	其他
1. 培养勇于前进,不畏艰 难的意志力。 2. 了解植树节的来历和时 间,尊重劳动者,体验劳 动光荣。	在数学游戏中体验成功的真实意 义,满足心灵的需要。	1. 通过解决植树活动中的 问题,初步体会数学与 日常生活的紧密联系、 感知数学是有用的。 2. 通过将表外乘法题拆 成两个表内乘法题,体 会用已学的知识来解 决未知问题的乐趣,并 激发学习数学的兴趣 和探究的欲望。

（数学教研组提供）

　　教学目标是教学目的的系统化、具体化,是教学活动要达到的每一阶段、每一单元 要实现的教学结果或所要达到的质量标准,是教学活动实施的方向,是师生通过教学 活动预期达到的结果或标准。由此,我们数学组教师以课程标准要求为依据,以学生 能力培养为目标,将教学目标细化成"双基训练"、"学法构建"、"情感体验"三大部分。

　　在单元目标细化过程中,教师们根据各年级学生身心特点和学科标准要求制定每 一个知识点的教学目标,将所有的知识进行梳理和归纳。由于小学数学的知识体系呈 现一个螺旋上升的趋势,因此目标细化后,从纵向的角度可以看出同一个知识点在各 年级中应达成的要求是不同的,看出知识点前后有联系,起着承前启后的作用,并为以 后的相关知识点作好铺垫。从横向角度可以看出每一类知识点应达成的基本要求和掌握的基本技能。通过细化教学目标，教师在教学中能更好地把握教材，对教学过程及学生学习过程中所需培养的策略、方法和能力更为明确，并以此为导向，优化教学设计，达到提高教学效率的目的。

回放 二年级英语第二学期 第一单元中 Unit1 的目标细化文本

Module			1. Using my five senses
Unit			1. What can you see?
语言知识	词汇	核心词汇	white、purple、pink、orange、brown、black
		适当拓展（不做四会要求）	grey、colourful、see、hear the beautiful rainbow、over there、outside my window
	句型	主要句型	★ Wh-questions： — *What colour are they?* — *They are …* — *What colour is it?* — *It is …* — *What can you see?* — *I can see …* ★ modal verb can： *I can see …*
		Expressions	
	语音		
相关旧知	词汇		red, blue, yellow, green
	句型		— What can you hear? — I can hear … — What colour is it? — It's …
文本形式			1. 对话 2. 儿歌 3. 游戏
语言能力			1. 能听懂并会说"What colour …?"，能用 What colour … 句型询问物体的颜色。 2. 能区分 What colour are they? 和 What colour is it? 的使用场合。 3. 能用 white、purple、pink、orange、brown、black 描述自己所见和所喜欢的事物。 4. 初步感知以辅音＋y 结尾的可数名词单复数变化规则 Eg. butterfly→butterflies。 5. 能正确认读和书写字母 Aa—Zz。
情感态度			喜爱丰富的色彩，热爱生活。

（英语教研组提供）

随着新课程改革的不断深入，教师的教学理念和教学行为发生了显著的变化，但也存在着教师对课程标准理解不透，写在教案上，却落实不到行为上的问题；同时，课程标准概括性强，理论性强，弹性较大而不具体，没有很强的操作性。面对这样的问题,我们英语组全体教师根据课程提纲和学生学习知识的规律将教学目标进行细化。

为了细化目标,我们将所有的栏目进行梳理。将栏目的功能进行划分:

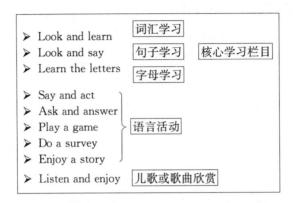

细化教学目标,可以帮助教师更好地把握教材,快捷地将知识点进行纵向与横向的联系,及时了解学生各个单元词汇与句型的掌握程度。同时在教授新知的过程中,将已授知识不断复现,循序渐进地提高了学生词汇、语篇、语段的输出能力,使学生的词汇和句型呈螺旋式上升的态势,切实提高了英语学习的效率。

总之,细"标"的目的是为了达"标"。各学科教研组认真研究和细化单元和课时目标,同时,各科教师在日常教学中用教学目标来引领教学过程,认真落实细化后的单元目标和课时目标,让教学目标在课堂教学中起飞、前行、落实。

二、设计:丰富内涵,凸显个性

教学设计,作为教学的首要环节,新课程赋予了它更加丰富的内涵,也对它提出了更高的要求。电脑网络的集体备课下,抓好个性化的教案修改很有必要。在共享的教案中,联系自己的教学实际,根据自己班级的情况,通过深入地推敲和斟酌,融入自己的教学思想和理念,进行个性化的加工。在教案重组中体现个性化,在同课异构中体现个性化,在二次教学设计中体现个性化,真正关注学生,让个性化备课"鲜活"起来,充分体现课堂教学的灵活性和发展性。

新课程改革引发了我校转变备课方式的研究,根据我校实情,确立了二次教学设计的总体要求,就是"集体备课、个人修改、加强反思"。也就是说通过校本教研集体备课的方式来确定备课的总体思路并形成教学设计,每一位执教教师在授课前要结合本班学生实际情况、个人教学习惯、风格对教学设计进行个体修改，课后再结合教学中出现的情况进行自我反思。

(一) 依据"学情"，完成二次设计

关注学生、满足学生的需要是教师教学的前提。所以，二次教学设计要因地制宜依本班学生的学情做有针对性地调整、修改和补充。这里的调整可以是针对教学重难点的，可以是针对教学环节的，可以是针对教学方法的，也可以针对课堂生成。在教学中，教师要随时观察学生学习状况、学习兴趣、接受能力等学习动态，以便根据"学情"进行二次教学设计。

(二) 依据"预设"，完成二次设计

二次教学设计的理论依据是以学定教，体现了新课程标准的理念。教师的教学活动一定要针对学生的学法设计，因为我们教师的预案有时是一厢情愿，但课堂中最活跃的因素是学生，难以预料的情况随时都可能发生，很多时候"发生的事情"是教师难以设计和强求的，但也往往是教育教学、学生发展的最佳时机，这就需要教师在集体备课的基础上结合每个班级可能出现的"生成"进行预设，完成二次教学设计。

(三) 依据"教情"，完成二次设计

新课程要求教学以"学生"为中心，应注重个性化和多样化，以促进学生个性的发展。因此新课程改革下的备课，其思维指向应该是从求同转向求异，这样既能发挥集体的优势，又不会压抑和束缚教师个体作用的发挥，从而形成真正满足学生需要的个性化、多样化的教学方式。

回放　　二年级数学　"时间的认识"——二次教学设计文本

教材题目		时间的练习	课时	1
教材分析	教学目标	【知识与技能】 1. 进一步理解时间各单位的含义概念。 2. 进一步熟练掌握时间单位的换算。 3. 进一步熟练辨析时间以及时刻的区别。 【过程与方法】 1. 通过世博会海宝的情景串联，引用生活上相应的时间问题。		

教材分析	教学目标	2. 通过小组同质、异质合作探究,探索交流,形成解决问题的经验。 【情感、态度与价值观】 1. 在现实生活中,体验数学与生活的联系,会活学活用。
	重点	1. 能熟练地用时间和时刻的概念转换,并能解决实际问题。
	难点	1. 在具体的情境中分析时间和时刻的不同量,能解决实际问题。
	教学技术运用	课件、投影、练习纸(入场券等)
	教学资源	教参书

第一次备课	第二次调整
一、知识复习梳理 1. 开场引入: 师:今天我们上一节时间的练习课(板书:时间) 师:请看这是什么? 生:钟 师:看看钟面,你想说些什么? 生回答(板书 1 小时＝60 分钟　1 分钟＝60 秒) 2. 小结:你们说得真好,这些是我们已经学过的关于时间的一些知识。 **二、练习活动** (一)判断合适的时间单位 师:今天有一位新伙伴加入我们的队伍(出示海宝),海宝给我们带来了世博会入场券,也带来了一些小问题,你们想赢得入场券就一定要开动脑筋,你们有信心吗? (二)时刻和时间 分组情况:按学生选择题型分组,三大组 1. 出示:海宝、三组题目的星级。 师:海宝有新任务要给你们了,拿出学习单,上面有 1 星 2 星 3 星三组题,请同学们自己选择一组题,然后选 1 星的同学在这里,2 星的同学在这里,3 星的同学在那里交流。 2. 不同星级题小组交流完成(教师巡视指导)。 3. 小组汇报。 PPT 分别显示: ★ 1. 2 小时等于(　　)。 A. 100 分钟　　　B. 140 分钟　　　C. 120 分钟 2. 从上午 9 时到中午 12 时,经过了(　　)小时。 A. 3　　　　　B. 4　　　　　C. 5	增加一组关于世博会倒计时 400 天活动的相关练习题。 (出示 400 天的照片) 师:看,这是我们迎世博倒计时 400 天活动。 PPT 出示: 1. 舞蹈组的舞蹈用了大约 5(　　)。 A. 秒　B. 分钟　C. 小时 2. 世博倒计时牌揭幕大约用了 1(　　)30(　　)。 A. 秒　B. 分钟　C. 小时 3. 400 天的活动持续了 3(　　)。 A. 秒　B. 分钟　C. 小时 生 1,生 2,生 3 分别回答。

第一次备课	第二次调整
★★ 1. 坐火车到南京需要 3 小时,与此单位表示意思相同的是( )。 　A. 360 分钟　　　B. 300 分钟　　　C. 180 分钟 2. 小巧带领同学去加拿大馆的时间为 13:10,参观了 30 分钟,出馆时间为( )。 　A. 13:30　　　　B. 13:40　　　　C. 13:50 **★★★** 1. 从上午 11 时到下午 2 时,经过了( )小时。 　A. 2　　　　B. 3　　　　C. 4 2. 现在是,小丁丁他们 20 分钟前刚从韩国馆出来,小丁丁参观完韩国馆是( )。 　A. 2 时 40 分　　B. 14 时 20 分　　C. 14 时 40 分 生:说明理由。 (谢谢同学们的合作。请回原座位。) 小结:时刻是一个时间点,时间是经过的一段时间,需要加以区别。如果出现实际情况中,计算下午的时间,那就换算至 24 小时制,才能计算准确。 (三) 钟面上的问题 分组情况:5 人 2 小组,6 人 2 小组 师:海宝夸奖你们真棒,你们还愿不愿意接受他新的挑战? 1. PPT 出示 　师:小组讨论,解决问题,组长负责记录在任务单上。 2. 学生小组合作完成第一题(教师巡视指导)。 3. 解答第一题。	只解答特殊题,其余题目快速口答。 现在是,小丁丁他们 20 分钟前刚从韩国馆出来,小丁丁参观完韩国馆是(C)。 　A. 2 时 40 分　B. 14 时 20 分　C. 14 时 40 分 师:这题该怎么做? 方法: 1. 看清钟面时针指向 3,因为是白天参观,所以此时钟面表示时间应该是下午 15 时而不是凌晨 3 时。 2. 20 分钟前也就是 15 时不到 14 时,1 小时 60 分钟减去 20 分钟,所以正确时间是 14 时 40 分。

续 表

第一次备课	第二次调整
4. 小组合作完成第二题。 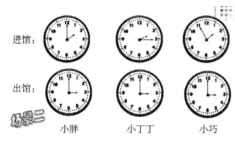 5. 小组合作完成第三题。 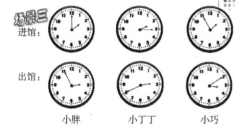 小结:我们要选择不同的合理快捷的方法来寻找解决问题的答案。 **三、情景拓展题** 师:海宝表扬大家小组合作解决问题的能力,奖励每个小组一张世博入场券,我们小组一起去参观世博会吧! 1. 出示情景 PPT,展示游览过程。(1 道综合应用题) 13:00 进入中国馆后,参观活动主要为: ① 专为中国馆拍摄的电影。(50 分钟) ② 古代名画《清明上河图》。(15 分钟) ③ 乘坐轨道游览车参观第二层。(30 分钟) ④ 介绍未来中国低碳城市。(40 分钟) 每层所用时间不同,小组在中国馆出口处集合时间为 15:00,小组合理安排参观项目。 师:打开入场券,海宝要带大家去中国馆参观,参观的活动主要有这四项,给同学们 2 个小时的参观时间,请小组合作合理安排参观项目。 2. 小组合作设计参观方案。(教师巡视指导) 3. 汇报,请不同小组同学解答。 4. 每个小组汇报活动方案,教师板书四组方案。 5. 小组讨论四组方案哪组可行。(交流讨论)	(改变题目要求,增加题目的思考性。) 师:打开入场券,海宝要带大家去中国馆参观,参观的活动主要有这四项,进馆时间为 13:00,出馆集合时间为 15:00,请小组合作合理安排参观项目。

续　表

第一次备课	第二次调整
四、总结 师：今天我们上了一节时间的练习课，在这节课上我们对时间的概念、时刻、经过的时间等知识进行练习。你们都完成得很好，同时也学会了在活动中合理安排时间，懂得了时间的宝贵，希望同学们以后都要珍惜时间！	

（数学教研组提供）

二次教学设计说明：

在教学设计的调整磨课过程中，整节课主要创设了一个海宝带领小朋友参观世博会的情景，让学生体会生活中的数学问题。在一开始的教案设计过程中，主要是练习的层次梳理以及知识点的再现总结等。随着调整的过程，基本将备课的重点放在了小组合作练习上，并且凸显一个世博会的情景，也比较符合实际生活，让学生们感受到数学就在我们身边。从练习的层次上看，通过调整后，整堂课的练习基本做到了以下几点：

1. 基本练习主要以我校迎世博倒计时 400 天的活动为背景，通过实际生活中知识的再现，理解时分秒单位的实际应用，让学生体会时、分、秒不同的时间单位不同的意义。

2. 分层巩固练习主要是将相同层次的学生组合到一起进行交流，解决相同难度的问题，以此达到同质的小组合作学习，并在此过程中提高他们的自信心。练习中主要让学生巩固对于时刻以及时间的区别，并让学生了解实际情况中要考虑 24 小时制的计算。

3. 最后一个综合应用环节也是在异质小组合作的基础上，通过贴近生活的设计中国馆的参观方案，提高学生对知识的综合应用能力，并且在正好满足 120 分钟参观时间的基础上，让学生贴近生活实际去考虑。参观时间上还需要加上从一个参观项目到另一个参观项目的时间，所以设计成正好 120 分钟也是不合理的，充分的让学生将学到的知识进行综合运用。

综上所述：教学是一门艺术，教学设计也是一门艺术。面对千姿百态的学生，个性迥异的教师，在加强集体备课的同时，也不能片面地理解集体备课。集体备课不是仅仅集体形成一份教案，它只是其中的一个部分，但具体的"战斗"在课堂，教师要能准确地运用"团队的智慧"进行"单兵独立作战"。这就需要我们的教师进行个性化的"二次教学设计"。即根据学生的"学情"及自己的"教情"精耕细作,对集体备课的教案进行创造性地再修改、加工、完善、提升,才能有的放矢地组织有效教学,实现课堂教学的高效,才能真正使我们的课堂富有吸引力。

三、差异:把握动态,发展潜能

《课程标准》指出:"教育要面向全体学生,尊重个性差异,因材施教,实现不同的人在学习上得到不同的发展。"在同一个班级的学生,个体与个体之间在知识能力、兴趣爱好、学习态度、学习方法等方面都存在着较大的差异。即学生个体之间的差异是客观存在的,没有差异的课堂也是不现实的。在教学中正视差异、尊重差异、因材施教是每位教师都应遵循的教学原则,也是课程标准赋予我们每一位教师的责任。为了落实课程标准这一要求,在课堂教学尽量满足不同学生的学习需要的同时,让不同的学生都能在各自的"最近发展区"得到充分的发展,从而全面提高课堂教学实效性。

(一)利用差异,彰显个性特长

叶澜教授指出:"差异是一笔宝贵的财富,而直面差异是教育智慧的核心。"在每个新知识学习之前,不同的学生有不同的经验起点。有的学生已经掌握了不少相关知识,有的学生只知道它的某一方面,或者是完全陌生的,这就在无形中给学生进行了分层。

回放 **三年级数学 两位数乘两位数**

例:教学"$14×12=$"时,在算法交流中出现"竖式计算",学优生基本上已经掌握了方法,可中等生和学困生却是"云里雾里"。那怎么教呢?

潘老师是这样设计的:她通过用提问的方式让学优生进行讲解。问:"你觉得在竖式计算时,应该提醒同学们注意什么问题呢?"

(潘月琴老师提供)

实践证明,合理利用学优生已有的经验,引导其他学生在交流活动中学习,效果优于传统的教师传授方式。

回放　五年级数学　梯形的面积计算

例：教学　推导梯形面积公式

潘老师是这样设计的：在教学推导梯形面积公式时，潘老师根据学生的知识储备及学习能力同质分组，各个层次的学生坐在不同位置，教师提出不同教学要求，施以不同的学习方法。

学优生组在没有任何辅助材料下，以独立自学、小组讨论为主，通过质疑、讨论顺利地完成层次目标，自主探究能力得到提升。

中等生组利用辅助材料，小组合作中折一折、剪一剪、拼一拼等方法，从中理解了梯形面积公式推导过程和算法，享受到合作探索的乐趣，发展了思维能力。

学困生组在老师的直接指导下，先折再剪后拼，在数形结合中化抽象为直观，化难为易，使他们在完成力所能及的学习任务中体验到成功的快乐。

（潘月琴老师提供）

我们所研究的差异教学是根据学生对知识的掌握程度灵活进行分层，差异的对象是随着知识的掌握程度随时变动的，这样的差异教学是不为学生察觉的，这就是我们所提倡的动态分层、隐性分层。

（二）遵循差异，凸显扶放原则

为实施个性教学，课堂教学过程必须适应学生的个体差异，围绕细化的教学目标分层因材施教，以满足不同学生对知识的汲取需求。在探索新知时，根据不同学习小组的特点设计不同的导学问题，让各类学生对问题展开学习活动。这样可以起到事半功倍之效，即所设计的问题对于学困生应该以"扶"为主，中等生半"扶"半"放"，学优生则以"放"为主。

回放　四年级数学　商不变的性质

例：教学"商不变的性质"时，

通过创设情境引出三个算式：① $6 \div 3 = 2$

② $60 \div 30 = 2$

③ $600 \div 300 = 2$

任务单1：★★★学优生组：观察算式，被除数、除数、商有什么变化？你有什么发现？

★★中等生组：(1)从上往下观察算式，被除数、除数和商有什么变化？

你有什么发现？（2）由下而上观察算式，你又有什么发现？（3）请与组内同伴交流自己的看法。

★学困生组：（1）从上往下观察算式，第①式—第②式、第①式—第③式，被除数、除数和商有什么变化？你有什么发现？（2）由下而上观察算式，被除数、除数和商有什么变化？你有什么发现？（3）综合以上两个发现，你知道了什么？

任务单2：★★★学优生组：（1）想一想被除数和除数同时乘或除以相同的数时，这个"相同的数"可以是任何数吗？（2）请举例验证。

★★中等生组：（1）想一想被除数和除数同时乘或除以相同的数时，这个"相同的数"一定要是整十、整百、……的数吗？其他数可以吗？0呢？（2）请与组内同伴交流自己的看法，再举例验证。

★学困生组：（1）请先把例题填写完整。

① $12 \div 4 = 3$

②（　）$\div$（　）$= 3$

③（　）$\div$（　）$= 3$

（2）你能再举出被除数和除数同时乘或除以相同的数（这个数不是整十、整百、……的数），商不变的例子来吗？

（施文娟老师提供）

通过提供不同的学习任务对学优生组只提出探索内容，让学生自主探索；对中等生组还需指明探索的方向，让该组同学在独立思考的基础上与他人交流得出结论；对学困生组的同学则提供更为具体的探索步骤，以帮助他们发现规律。这样，针对学生差异实施分层教学，既充分发挥了学优生的潜能，又使学困生改变了他们以往在课堂上的"陪读"角色，经历了探索过程，获得了成功的喜悦。

这样的教学设计充分体现了学生学习的独立性、过程的辅助性、要求的层次性、方式的选择性和自主性，使我们的磁性课堂尽可能地吸引每一个学生。

（三）兼顾差异，凸显差异固化

在练习巩固和运用中，由于不同的学生对知识点的掌握程度不同，同样存在着差异，有些学生只能利用新知识解决一些基本问题；有些学生能将新知识与旧知识相联系,解决一些实际问题;还有些学生却能将所学的知识拓展延伸到课外,解决更深层次的问题。因此,教师要精心设计课堂练习,让不同的学生在练习中得到不同的满足,这也是实现照顾差异的最好策略。

1. 同题异求

 五年级数学 "组合图形的面积"

例:求组合图形的面积

任务单:★★★要求能用多种方法求组合图形的面积外,还要求找到最简单、最方便的方法。

　　　　★★要求他们能够用多种方法求组合图形的面积,并通过与同学交流得出哪些方法简便些。

　　　　★要求他们能把组合图形任意转化成已学过的基本图形即可。

(潘月琴老师提供)

 四年级英语 *Four Seasons*

例:写作"My Favourite Season"

任务单:★★★要求学生能紧扣主题,灵活应用以往所学句型,结合自身的日常生活对最喜欢的季节做详细地描述,结构紧凑、逻辑清晰、书写规范、词汇丰富而生动,没有语法错误。

　　　　★★要求学生能结合主题和以往所学句型对生活中最喜欢的季节做比较详细地描述,结构合理、逻辑正确、书写规范、词汇运用切合主题,允许有个别语法错误。

　　　　★要求学生能基本运用所学句型对喜欢的季节做描述,结构比较完整、逻辑正确、书写合格、词汇运用和语法无重大错误即可。

(袁伶老师提供)

 四年级语文 《我做成了不倒翁》

例:完成一篇作文《我做成了不倒翁》

任务单:★★★要求:请你把制作不倒翁的过程一步步写下来,写一写在制作的过程中遇到的困难,还要写写你是怎样逗弄不倒翁的,把过程写具体。字数350字。

★★要求:请你把制作不倒翁的过程一步步写下来,写一写在制作的过程中遇到的困难,把过程写具体。字数300字。

★要求:请你把制作不倒翁的过程一步步写下来,把过程写清楚。字数250字。

(季霞芳老师提供)

2. 同题

回放 **三年级数学 "长方形的周长"**

例:学校要举办庆国庆文艺演出,要用彩带来装饰学校的多功能教室的门框,请大家想一想需要多长的彩带?

任务单:★★★只提供多功能教室的门长和宽的数据。

　　　　★★除了提供多功能教室的门长和宽的数据,还允许他们在有困难的情况下,打开求助信封(信封内装着友情提示:想一想,多功能教室的门框的四周是否都要扎上彩带?)

　　　　★除了提供以上相同的帮助外,还提供了另一个求助信封(信封里有学校多功能教室的门框示意图。)

(许靖老师提供)

回放 **四年级语文 《苏武牧羊》**

例:同学们请你们自由读读课文,试着概括课文《苏武牧羊》的主要内容。

任务单:★★★只提示用我们学过的课题补充法来概括课文主要内容。

　　　　★★除了提示用我们学过的课题补充法来概括课文主要内容外,还提供"西汉、汉武帝、忍受折磨、感动"等词语,帮助学生概括完整。

　　　　★根据填空来完成主要内容的概括。

　　　　　　课文主要记叙( )时期,苏武奉( )之命出使( ),他历经( ),19年后最终回国的故事。

(王佳莉老师提供)

3. 同题同件异求

 二年级数学 "平均分"

例:把 12 张卡片进行平均分。

任务单:★★★要求学生会用多种方法平均分以外,还要涉及有剩余的分法。

　　　　★★要求会用尽量多的方法来平均分。

　　　　★只要求会进行平均分即可。

(秦笑老师提供)

4. 异件同求

 三年级数学 "长方形和正方形面积公式的运用"

例:请运用长方形的面积公式进行计算。

任务单:★★★一块长方形菜地的周长是 150 米,长是 45 米,菜地的面积是多少平方米?

　　　　★★一块长方形菜地长是 45 米,宽比长少 15 米,菜地的面积是多少平方米?

　　　　★一块长方形菜地长是 45 米,宽是 30 米,菜地的面积是多少平方米?

(潘月琴老师提供)

 三年级语文 "承接词语的运用"

例:要求用"先……再……接着……然后……最后……"表达一件事的过程。

任务单:★★★请用"先……再……接着……然后……最后……"连接词写写"洗手帕"的过程。

　　　　★★请用"先……再……接着……然后……最后……"连接词写写"泡面"的过程。

　　　　★请用"先……再……接着……然后……最后……"等连接词完整地说说"泡面"的过程。

(王洁老师提供)

三年级英语 *Animals I like*

例：写作"My Favourite Animal"

任务单：★★★Write something about your favourite animal with more than 6 sentences.

★★Write something about your favourite animal with more than 6 sentences. You can use the given words：lovely, beautiful, can, like, eat.

★Write something about your favourite animal with more than 6 sentences. You can use the given words：lovely, beautiful, can, like, eat. You can use the sentence structure：Look! It's a … It's my favourite animal. It is … It likes … It can … I like it very much.

（叶季红老师提供）

立足于学生的个体差异，分层设计课堂练习，对不同学生提出不同的练习要求，引导他们在各自的"最近发展区"前进，让不同的学生在原有基础上都得到进一步的发展。

实践证明，尊重差异，因材施教，能激发每个学生学习的积极性，最大限度地满足每一位学生的学习需求，最大限度地开启每一个学生的智慧潜能，促进每个学生都得到充分的发展。

四、探索：启发智慧，快乐游戏

新课程鲜明地提出了"知识与技能、过程与方法、情感态度与价值观"三维目标，实现了由知识本位、学科本位向以学生发展为本的转变，课堂是师生生命历程中的一段光阴，这是一个以智慧启发智慧，以情感激发情感，以成功刺激成功的"磁力场"。

学校一直秉持"接纳平民、善待百姓"的办学传统。由于最近几年的生源变化，如今，主动关怀平民，理解学生的发展需求并利用学校的教育资源来呼应这种需求，成为学校一脉相承的办学风格。

基于以上原因，我们在学习借鉴外校先进经验的基础上，经过实践总结出了适合我校实际情况的磁性课堂教学模式。形成磁性课堂教学的四个基本环节"创设情境、引情激趣→自主学习、激趣促思→解难释疑、拓展提升→快乐作业、归纳总结"，并进行深入研究，对其目的、作用进行深入的研究，通过仔细分析，将教学四个环节有机衔接，并形成一个有机整体。

教师的作用：设景激趣→答疑解惑→点拨示范→精讲深化→迁移检测

学生的任务：自主学习→讨论质疑→操作练习→归纳总结→迁移创新

（一）创设情境，引情激趣

我们常说，课堂教学从导入新课开始，要千方百计激发学生学习兴趣。围绕课题，将学生的注意力全部集中在本节课上。一般通过创设情景、背景简介、讲述故事、巧设疑问等方式来激发学生的学习兴趣。

这一环节的运用有其重要作用和意义，概而言之，主要表现在以下几个方面：

第一，情境导入有助于激发学生的学习兴趣和求知欲望。学生的学习兴趣是一切知识学习的原动力，求知欲望是他们聪明才智的激发器。教师在开始上课时，可通过图片、故事、多媒体以及教师本人富有热情，富有哲理且有鼓励性的"开场白"即导入语，有效地切入本堂课的教学内容，激发学生的学习兴趣与动力，激活学生的学习思维，最大限度地调动了学生学习的积极性，这样整堂课上起来双方都会觉得十分愉快，教得容易，学得也快，易懂不费劲。

第二，创设情景有助于新旧知识间的联系。创设情景所设置的内容由"旧"到"新"，由已知到未知。旧知是新知的基础，新知又是旧知的发展和延伸。根据认知心理学的同化理论，教师情景导入时经常简述或分析与本堂课传授新知识有密切联系的旧知识，要求学生比较新旧知识间的联系与异同。在这样的情景中，新知识便会迅速而牢固地与旧知识联系融会在一起。

第三，情景导入有助于设置悬念，激发学生的探究欲望。抓住学生的好奇心和注意力。一般来说，小学生好奇心都比较强，老师更应该抓住学生好奇心强这一大特点，提出有潜在意义的挑战性的问题，启其心扉，促其思维。这样学生在探究悬念"谜底"的同时，该完成的学习任务自然就完成了。

（二）自主学习，激趣促思

学生学习要有目标，教师要善于创设目标情境，激发学生自主学习的欲望，进而明确目标，培养学生自主学习的能力。教师要尽量帮助学生把学习中的重点难点部分转化为自己努力一下就能实现的小目标。通过学生不断地思考，动手实践，再思考，再实践来实现自己的最终目标，从而完成学习任务。让学生真正动起来，思维活起来，学生就会学得主动，学得轻松，感受到学习的快乐。

这一环节的运用有其重要作用和意义,概而言之,主要表现在以下几个方面:

第一,自主学习能激活、诱导学生学习的积极性,促进学生良好的学习态度与学习心态的形成。影响学生学习积极性的根源在于学生的内部动机,只有学生把自己置于学习主人的地位,学习才会成为自觉自愿的事,学生才会积极主动地去学。

第二,学生通过对教学内容的自主探究,可以对课题的学习达到更自觉、更深刻、更持续的掌握,可以提高自主学习的能力。自主学习能促进学生的智力发展和思维发展,尤其促进学生良好思维品质的形成。通过自主、独立的思维活动,学生思维的广阔性、深刻性、独立性、敏捷性、灵活性和逻辑性获得发展的机会,在实践中逐步提高。

第三,自主学习能让学生潜在的个性特长得到充分的发展。人有不同的天赋,个性特长的发展需要充分的条件,尤其在课堂学习中如何为学生个性特长的发展创造良好的条件显得尤为重要。

(三) 解难释疑,拓展提升

爱因斯坦曾经说过:"提出一个问题比解决一个问题更重要。"世界上许多发明创造都源于"疑问","质疑"是开启创新之门的钥匙。由此可见,"质疑"应成为教学过程中必不可少的环节。

二期课改的精神之一就是要求教师通过对教学内容的"质疑",将教学内容转化为符合学生心里特点的疑难问题,从而激发学生的学习兴趣,促进学生的自主探究与合作交流。由此可见,我们磁性课堂模式中的第三个环节的目的就是要激励我们的学生去"疑"、去"问",并把它贯穿于整个教学过程之中。

这一环节的运用有其重要作用和意义,概而言之,主要表现在以下几个方面:

第一,古人说:"学源于思,思源于疑",有疑才能激发学生强烈的求知欲望,点燃思疑的火花。让学生带着疑问进入教学活动中,既激发起学生的学习兴趣,又可启迪学生思维,因而要真正学懂知识,深层次地理解教学内容,发展学生的思维,教师就必须在教学过程中有意识、有目的地设疑、质疑、解疑,从而使学生的主体作用得到充分发挥。

第二,一节课最重要的任务就是让学生把握重点,化解重点,只有充分调动学生学习的积极性,使其思想的焦点集中在解决重难点上,才真正是好钢都用在刀刃上,才能收到事半功倍的效果。巧妙设疑是帮助学生抓住重、难点,理解重、难点的有效方法之一。使学生在无疑中有疑,在有疑中释疑,在释疑中达到了掌握知识,提高能力的目的。

第三,解难释疑可提升学生发现问题,分析问题和解决问题的能力。同时,也能有效地培养学生独立思考的习惯，培养他们的概括总结能力。因材设疑、因生设疑，这样可以更好地调动主体学生的思维活动和学习的积极性。

（四）快乐作业、归纳总结

快乐作业，本质是一种教学评价模式，强调对学生课堂教学的掌握水平与目标达成度进行多元的检测，为学生更好的发展提供多元的体验。这种快乐作业主要体现在评价主体的多元化、作业形式的多元化和评价标准的多元化。

同时，在本环节中引导学生根据课堂学习的内容和活动情况以灵活多样的方式对所学知识进行全面地回顾、归纳、总结、整理和反思，从而达到知识系统化的目的，同时更进一步强化学习目标。

这一环节的运用有其重要作用和意义。概而言之，主要表现在以下几个方面：

第一，巩固和消化所学的知识。在课堂上学到的知识只是"一面之交"，在大脑中还没有多少印象，需要复习巩固和进一步消化。而快乐作业就是将新学的知识与已有的知识联系起来加以运用，这样不但能够加深理解，加深印象，还有助于知识的系统化和知识的巩固与吸收。

第二，把知识转化为能力。学习的主要目的不在于掌握大量的知识，而在于形成能力。能力的形成靠练、靠实践。快乐作业既是运用知识又是训练能力的过程，是将知识转化为能力的重要途径。

第三，快乐作业有助于不同层次的学生得到发展。我们的快乐作业形式多样，充分体现学生的个性特长。如有菜单式作业、分层作业，这些作业具有选择性，学生可以依据自己的能力进行挑选；有的是"长作业"，需要学生对一个阶段的学习内容进行整理和总结；有的是实践性作业，需要通过各种途径进行查询和归纳。

总之，快乐作业的设计与实施既能调控好学生的作业量也能调控好学生的作业难度，给学生一定的作业自主权，这样学生们就会摆脱传统应试式作业的桎梏，走上快乐作业之旅程，就会在作业中找到自我、挑战自我、超越自我。

五、贯通：环环相扣，完美融合

"贯通"一词，在现代汉语词典中是这样解释的："事物相互之间发生牵连和影响。"每一次的课堂教学都有一个核心目标，也可以看作一个整体，那么作为构成整个课堂教学的各个教学环节,其实都是为完成课堂教学目标服务的,其间必然存在某种关联性。

教学环节是课堂教学链条的最基本组成单位。就我们"磁性课堂"的基本教学环节——"创设情境、引情激趣→自主学习、激趣促思→解难释疑、拓展提升→快乐作业、归纳总结"的内容来看,各有侧重,多不一样。但仔细琢磨,却发现其中暗藏玄机,那就是在教学内容丰富多彩的表象背后,有一种看不见却能强烈感受到的,并具有一定指引作用的思想在发挥着作用。所有教学环节的内容教学都最终统一到为实现这一思想而服务。而教学各环节内容的教学所要实现和服务的,其实就是教学目标。教学目标是课堂教学环节浑然一体的内在依据、统一着落点。如果把一堂课比喻成一首曲子,那曲子的各音符便是教学的各环节,曲子的主旋律就是教学目标。教学目标是课堂教学的纲,纲举则目张。

一堂课就是一件完美的艺术品。它是由若干个教学环节按照一定的逻辑、条理、秩序组合而成的,有整体和谐美。每一个环节与一堂课的关系是局部与整体之间的关系,教学环节是教师进行教学的独特思路与学生学情的有机统一。只有教学环节与课堂教学完美融合贯通,才能创造完美且富于艺术的课堂。

磁性课堂的教学基本环节——"创设情境、引情激趣→自主学习、激趣促思→解难释疑、拓展提升→快乐作业、归纳总结"是密不可分的,它们彼此独立而又相互联系。对磁性课堂的研究必须扎根于每一个基本环节,将其统合成一个完整的系统,这就是我们的磁性课堂——学生快乐学习的园地,学生激活思维的殿堂。

创设情境、引情激趣是自主学习、激趣促思、解难释疑、拓展提升的开展基础,同样自主学习、激趣促思、解难释疑、拓展提升是创设情境、引情激趣的基本归宿。如何做到引情激趣,关键在于把握学生成长的发展点、研究课堂教学的切入点以及理清教学目标的生长点,从而摸清学生的最近发展区,为学生顺利融入课堂角色铺设拾级而上的阶梯,为后面环节的学习打好基础。归宿那就是指创设情境、引情激趣这一环节为后面的学习环节铺设了知识基础、能力基础、兴趣基础以及情感基础,从而形成前后联系、上下互动,最终将课堂带进一个充满童趣而富有吸引力的快乐殿堂。

快乐作业、归纳总结是前面几个环节教学的反馈机制,快乐作业、归纳总结这一环节正是检验课堂教学是否按照预定的课堂教学目标进行了有效生成,是否真正激发了学生的学习兴趣与创新思维,因此,快乐作业、归纳总结是前面几个环节教学的反馈机制。

所以,磁性课堂的基本教学环节之间既彼此独立,又相互联系。正是这几个环节的共同作用，从而构成了磁性课堂的完整教学体系，为平凡的课堂注入了激情和磁力。

第三节　"磁性课堂"之策略

"磁性课堂"教学是新课改背景下催生的一种新的教学理念，其内涵就是在正确的教育教学思想的指导下，通过教师的有效行为，取得最佳的教学效果，促进学生的有效发展；它的外延涵盖有效的课前准备（解读课标、细化课程目标、资源整合，二次教学设计等）、有效的教学实施（即有效的课堂教学—实施差异教学）和有效的教学评价。

"磁性课堂"教学是指通过课堂教学活动，使学生在学习上有收获、有提高、有进步。具体表现在：学生在认知上，从不懂到懂，从少知到多知，从不会到会；在情感上，从不喜欢到喜欢，从不热爱到热爱，从不感兴趣到感兴趣。在学习态度上，从"要我学"到"我要学"。

"磁性课堂"的基本教学环节已形成一个整体系统。在这个体系中，不同的实施策略又构成了其特有的教学策略体系。现就对"磁性课堂"的基本教学环节中常用的实施策略作一介绍。

一、情景：感染每一个学生

在课堂教学过程中，教师有目的地引入或创设具有一定情绪色彩的、以形象为主体的生动具体的场景，以引起学生一定的态度体验，从而帮助学生理解知识，并使学生的心理机能得到发展。

情境教学它以鲜明的形象，强化学生感知教学内容的亲切感。情境教学所展现的广远意境激起学生的想象，而学生的想象又丰富了内容。情境教学的"理寓其中"就是从教材中心出发，由教材内容决定情境教学的形式。

【策略1】　猜谜激趣法

〖定义〗　猜谜激趣法是在课上教师用生动有趣的谜语作引语，紧紧地吸引学生的注意力，使他们多思多想，用心于课堂的学习。这对营造欢乐、舒畅、轻松的学习氛围具有重要的作用。

〖具体做法〗　1. 教师将课本中的内容编成谜语，在课的开始让学生猜一猜。

2. 引导学生多想多思，用心于课堂的学习。

3. 营造欢乐、舒畅、轻松的学习氛围。

〖课堂片段〗 选自一年级第二学期语文学科《谁的本领大》

师:出示几个谜语:请你们猜一猜这是什么?

(一)上边毛下边毛,中间有颗黑葡萄。(眼睛)

(二)东一片,西一片,隔座山头不见面。(耳朵)

(三)红门楼,白门坎,里面坐个嘻嘻孩。(嘴巴)

(四)小白孩,住高楼,看不见,摸不着,他要出来不得了。(脑子)

学生积极动脑,踊跃回答。

根据学生的回答,教师把谜底依次板书在黑板上

师:你们猜对了。这是每个人身上都有的四件宝贝。你们真聪明!

师:板书"聪明"一词:"一只耳朵竖起来,两只眼睛瞪起来,一张小嘴张起来,一颗心合起来。"大家说说是什么字?

生:聪

师:真棒!"人的四件宝贝要日日用,月月用,就更聪明了。"

生:明。

……

(李伟敏老师提供)

识字教学的关键是激发学生的识字兴趣。兴趣能调动学生的学习积极性,能提高学生的识字能力和识字效率。兴趣是最好的老师。教师要采用多种不同方法,激发学生的识字兴趣,让识字过程充满乐趣。

猜谜语是学生喜闻乐见的一种形式。说谜语、编谜语、猜谜语,学生会乐此不疲。本次教学中教师就是利用儿童的这种心理,进行识字教学,如教"聪明"、"眼睛"、"耳朵"、"嘴巴"、"脑子"几个词时以谜语激发学生的识字兴趣,这几个词语对于低年级的孩子来说比较难识记。猜谜语识字可以师生互动,也可以生生互动。让学生根据自己的识记方法编一些谜语,互编互猜。这样不仅能激发学生的识字兴趣,提高识字效率,同时发展了学生的创造性思维和语言能力。

【策略2】 故事激趣法

〖定义〗 故事激趣法是根据小学生爱听故事的年龄特征,利用妙趣横生的典故,传说及创造发明的小故事等作为开场白,先将课文中主要故事情节介绍给学生。在故事关键处设置悬念,激发学生的求知欲,促进学生自主参与学习。

〖**具体做法**〗 1. 教师将课文中的主要内容改编成故事,在开始上课时就告诉学生。

2. 教师在讲述到故事的关键处设置悬念,抛出问题,激发学生学习新课的愿望。

3. 引导学生读下文。

〖**课堂片段**〗 选自二年级第一学期语文学科《皮球掉进池塘》

师:今天,老师给你们讲一个故事。有一天中午,一群小猴子在池塘旁边的草地上玩皮球,一不小心,皮球掉进池塘里了。怎样办呢? 猴子们有的抓耳挠腮,有的爬到了树上,有的还在商量办法,突然,有个小猴子"咿呀"着,好像在说:"我有办法把皮球取出来。"便转身跑开了。

同学们,这个小猴子究竟用什么办法把皮球取出来,这节课我便和大家一起开展一次口语交际活动——《皮球掉进池塘了》。(板书课题)

……

（蔡岚老师提供）

为了激起学生的阅读兴趣,教师采用了故事激趣法。故事人人爱听,尤其是从小就伴着奶奶的童谣、妈妈的童话长大的孩子,一听到老师说要讲故事,个个精神抖擞,双耳立竖,喜悦之情溢于言表。随着老师声情并茂地讲述,被激化,被渲染了的故事情节早已把孩子们带入了一个或有趣、或惊险、或令人激动、悬念百出的故事世界里。正当孩子们听得津津有味,期待大结局之际,教师就戛然而止:"欲知后面的精彩故事,请读课文。"

学生一下子就被吸引住,激发学生迫不及待地想学下去的动机,课堂效率一下子提高了。

【**策略3**】 演读激趣法

〖**定义**〗 演读激趣法是让学生根据文本中的角色体验,边读边做动作,以达到进入情景的目的。

〖**具体做法**〗 1. 读读相关的课文内容,根据提示语有感情地朗读。

2. 老师边读边做动作或学生根据语句自己边读边做动作,激起学生兴趣。

3. 全班学生一起边读边做动作,调动学生积极的情感体验,有利于更好地读懂文本。

〖课堂片段〗 选自一年级第一学期语文学科《荷叶圆圆》

生:小水珠说:"荷叶是我的摇篮",小水珠躺在荷叶上眨着亮晶晶的眼睛。

师:读得真是好极了! 小水珠是怎么躺在荷叶上的啊。

生:很舒服地躺在荷叶上。

师:好! 你能用手和脚比划一下是怎么舒服地躺在荷叶上的?

(一个学生在原位上身体舒展开来,做了个躺在座位上的动作。)

师:看来你躺得真舒服。(板书:躺(tǎng)) 谁还能比她躺得更舒服……

生:用手枕着后脑勺躺着。

师:那你们就用手枕着后脑勺躺下,随着风的摇摆,左一摇,右一摇。(同学们全部躺在位置上,跟着老师的手势左右摇摆)(众笑)

师:你们觉得舒服吗? 还觉得是躺在荷叶上吗?

生:很舒服,我感觉躺在摇篮里,很舒服。

师:真温暖,躺在摇篮里,你们再读一遍。

生:(读)小水珠说:"荷叶是我的摇篮",小水珠躺在荷叶上眨着亮晶晶的眼睛。

师:多美的画面啊! 看到这一幕谁迫不及待地飞过来了。

生:小蜻蜓迫不及待地飞到了绿油油的荷叶上。小蜻蜓说:"荷叶是我的停机坪。"小蜻蜓立在荷叶上,展开透明的翅膀。

师:读得真好! 请你做一个小蜻蜓飞翔的动作。

(这位同学张开双臂很舒展地摆动着,真像小蜻蜓在空中飞翔。(生笑)老师也边说边做飞翔的动作。)(生笑)

师:小蜻蜓觉得荷叶是他的"停机坪"。(板书:坪(ping)停机坪)同学把这个字读一读。

生:(齐声)坪(ping)(连续读了两遍)

师:你们读的时候要看见前面一大块平地,再请小蜻蜓给我们读一读。

生:小蜻蜓说:"荷叶是我的停机坪。"小蜻蜓立在荷叶上,展开透明的翅膀。

师:多美的翅膀啊! 我们来看看小蜻蜓是怎样立在荷叶上的——(屏幕显示一只美丽的小蜻蜓。美丽的小蜻蜓立在荷叶上,轻盈的翅膀飞啊飞啊! 可爱至极。)

师:看到这么美丽的画面让我们情不自禁地想起大诗人杨万里写的诗句。小荷才露——

生:(齐声)尖尖角,早有蜻蜓立上头。

师:瞧! 大诗人也是用的这个"立"字,(板书:立)就是因为大家都喜欢轻盈的小蜻蜓。大家起立,我们一起来做"小蜻蜓"。

(同学们迅速地站了起来,张开了双臂,做着飞翔的动作。)(生笑)

师:同学们做得非常好,那你们再读一遍好吗?

生:小蜻蜓说:"荷叶是我的停机坪。"小蜻蜓立在荷叶上,展开透明的翅膀。(同学们一边做着动作一边读着这句话。)

(李伟敏老师提供)

《荷叶圆圆》是一篇讲读课文,语句优美,也是一篇轻快活泼的散文诗。学习这篇课文会让我们感受到充满童趣的夏天,感受到小水珠、小蜻蜓、小青蛙和小鱼儿快乐的心情。在教学中,当学生已经进入到"玩"的状态后,老师不失时机地提出了玩的条件:要想表演好,就必须把课文读懂、读好。教师会把读得好的学生请上台表演。通过提出"演好"的条件来激发学生读的欲望,让学生有目的地去读,在读中领悟课文的主要内容。接着老师就引导学生边演边读,读演结合,使学生充满感情地读出了小水珠的顽皮、小蜻蜓的轻柔、小青蛙的活泼和小鱼的快乐。这种教学富有创意,以表演的形式激发了朗读的兴趣,重视朗读的过程,并在读后给予鼓励性评价。在指导朗读的时候,老师抓住"停、躺、立、游"等重点词来巩固理解,逐步引导学生由读通到读懂,再到读出感悟,使阅读真正成为学生的个性化行为。在朗朗的读书声中,学生获得了情感体验,激起对荷花的喜爱和对大自然的向往之情。

【策略4】 角色扮演激趣法

〖定义〗 角色扮演激趣法是通过分角色的形式寓教学于表演过程中,把知识性与趣味性巧妙结合,使教学过程生活化、艺术化,激发学习语文的兴趣。

〖具体做法〗 1. 朗读课文的内容,让学生沉浸于语言中。

2. 分角色扮演课文中的人物,用不同角色的语言来感受人物,感知文本。

〖课堂片段〗 选自三年级第二学期语文学科《起死回生》

师:了解扁鹊的诊治过程后,老师请大家再读读这几句屏幕上的话,边读边思考扁鹊如何为太子医治的,并且根据提示做做动作。学生边读边动作演示扁鹊如何为太子医治。

师:刚才我看了一下,个别同学在给病人扎针时,嘻嘻哈哈的,要知道扎针非同儿戏,不同的病所扎的穴位也不同。一旦扎错,病人性命难保。那应该怎么做呢?请你再来根据提示做做动作,读读屏幕上的句子。

学生自行边做动作边读银幕上的句子。

师：我们一起来读读句子，老师看这次谁最像小中医。

生：齐读句子边读边做动作。

师：了解了扁鹊诊断的全过程，你能根据提示了解扁鹊是如何给太子医治的，小声准备一下。开始！

媒体出示：按、切、贴、听、取、扎、捡

扁鹊走到太子的病榻前，（　　　　　　　　　　　　　）。

生：小声自由准备。（教师巡视）

师：谁来说给大家听听。

生1：扁鹊走到太子的病榻前，按住太子的手脉，切了脉，又把耳朵贴在他的胸口凝神听了一会儿，接着取出针来在太子的头上扎了几针，又从随身携带的药囊里捡出几味草药来，叫人煎成汁，给太子喝。

师：你很了不起，用自己的话来描述扁鹊是如何医治的，不错。还有谁想试试。

生2：扁鹊走到太子的病榻前，按住太子的手脉，切了脉，又贴在他的胸口前……

师：（补充）把什么贴在胸口前？

生2：（接着说）用耳朵贴在他的胸前凝神听了一会儿，然后取出针来在太子的头上扎了几针。最后在自己随身携带的药囊里捡出几味草药来，叫人煎成汁给太子喝。

师：不错。你能根据事情的先后顺序说清楚。我知道还有很多同学想说，这样在小组里说给你的同伴听。（开始！）

学生在小组里说给同伴听。（师巡视参与小组的讨论中）

师：刚才我去听了一下，大部分同学都能正确地说出扁鹊是如何为太子诊治的。

板书：诊治

师：在扁鹊的医治下，不多一会儿……

生：（接着读）太子的鼻翼开始扇动，眼皮也慢慢睁开了。

师：太子喝了扁鹊让人煎治的药后，没多久……

生：（接着读）就恢复了健康。

师引读两段话。

（王洁老师提供）

在引导学生学习课文时，教师出示了"扁鹊走到太子的病榻前，……"这段幻灯片，为了达到目标，在复述过程中，教师降低复述的难度，尝试让学生进行角色扮演。让学生根据板书,结合动词"按、切、贴、听、取、扎、捡",做做小医生,学着扁鹊的样子,把扁鹊为病人诊治的过程说清楚,复述出这部分课文内容。

【策略5】 朗读入境激趣法

〖定义〗 朗读入境激趣法是对"读"的要求提高了一步,上升到读出某种特定氛围的高度。老师巧妙运用朗读把学生引入学习情境,吸引他们的注意力,调动他们积极的情感体验,提高学习兴趣,增强学习的实效性。

〖具体做法〗 1. 教师出示重点语段要求学生通读。

2. 教师在学生读通顺的基础上,提高学生读的要求,根据重点词汇理解后朗读。

3. 在教师的有效指导下,学生一步步进入到情境中。

〖课堂片段〗 选自二年级第一学期语文学科《小毛虫》

师:谁来读一读课文第二节?

生:小毛虫费了九牛二虎之力,才挪动了一点点。当它笨拙地从一片叶子爬到另一片叶子上时,觉得自己就像周游了整个世界。

师:小毛虫给你怎样的印象?

生:笨拙。(学习"拙"的写法)

师:你们从什么地方感受到了小毛虫的笨拙?

生1:"小毛虫费了九牛二虎之力,才挪动了一点点。"它费了九牛二虎之力。

师:"九牛二虎之力"是什么意思呀?

生1:就是吃奶的力气。

师:真好。是啊,小毛虫费了——

生(齐):九牛二虎之力

师:才——

生:挪动了一点点。

师:可见,小毛虫是多么地——

生(齐):笨拙。

师:还有哪里也可以看出小毛虫笨拙?

生2:"当它笨拙地从一片叶子爬到另一片叶子上时,觉得自己就像周游了整个世界。"

师:"整个世界",跟我读。

生(齐)：整个世界。

师：怎么看出小毛虫笨拙？

生2：一片叶子到另一片叶子没有多大距离，但小毛虫感觉距离很大。

师：感觉有多远？

生2：像"整个世界"那么大。

师：还不够大。"整个世界"，再读。

("整个世界"读了好几次，读出了"大"的感觉。)

师：我们现在就是那只小毛虫，我们来做做看。大家从凳子的左边挪到凳子的右边，跟着我的引导把动作做出来。"小毛虫费了九牛二虎之力，才挪动了一点点。"(同时做手势)感觉怎么样？

生：很费劲。

师：小毛虫是这样的"笨拙"，小毛虫费了……才……当它……觉得……(引读课文第二节。)

(蔡岚老师提供)

课文第二节是围绕"小毛虫笨拙"来写的，为了让学生能充分感受小毛虫的笨拙，就必须抓住"九牛二虎之力"、"整个世界"这两个关键词，但学生对此缺乏感性的认识，这时候若是采取对文字进行肢解分析的策略，告诉学生牛的力气有多大，虎的力气有多大，"九牛二虎之力"又有多大，"整个世界"是多少万平方公里，是很难让学生从内心去接受的。老师则根据学生的认知特点，避开学生不理解的东西，而是充分发挥朗读的作用。"整个世界"，一遍一遍地读，每读一遍，似乎世界真的就大了一点，读到最后，那种"很大"的感觉便出来了，用不着老师去分析。"九牛二虎之力"则是在理解的基础上，运用引读的办法，让学生对小毛虫费了很大的力有了切身的体验。所有的这些朗读都是围绕"笨拙"一词来的，这就像是风筝的线，老师牢牢地把它抓在自己手中，这样一些引导性或总结性的语言把朗读一步步带入高潮。

【策略6】 想象激趣法

〖定义〗 想象激趣法是把单调的文字符号变成形象生动的画面，引导学生通过想象走进课文，面对面与作者或文章的主人公对话，在空间和时间上缩短读者与作者及主人公之间的距离，使远古的画面走进学生脑海，使学生觉得新奇，激发学生探究的兴趣。

〖具体做法〗 1. 让学生通读课文内容，理解文本中作者的思想。

  2. 引导学生通过想象走进课文,面对面与主人公对话,激发学生探
   究的兴趣。

〖课堂片段〗　选自二年级第二学期语文学科《我要的是葫芦》

  师:种葫芦的人由于不听邻居的劝告,结果可爱的小葫芦都落了。请小朋友们思考这样一个问题:种葫芦的人看到自己种的葫芦都落了,他会想些什么呢?

  (学生纷纷举手,争先恐后,唯恐老师不点他回答。)

  生 1:他会这样想:早就应该听邻居的劝告,那样的话,我可爱的小葫芦就不会掉了。

  生 2:早听邻居的劝告,不就没事了吗?

  生 3:如果我听了邻居的话,我的小葫芦肯定会赛过大南瓜的。(边说边得意地用手比划着大南瓜。)

  生 4:(一脸的迷惑)我的小葫芦怎么会掉了呢?

  师:是呀,你的小葫芦怎么会掉了呢? 小朋友们能告诉他吗?

  生 1:到现在还不知道呀,你没有听邻居的劝告呗。

  生 2:叶子和葫芦的关系大得很! 可你不知道呀。

  师:(对刚才迷惑的同学说)你现在明白了吗? (学生点点头)(师接着说)发挥你的想象接着说种葫芦的人看到葫芦落了,他还会想些什么?

  生 1:(长叹一口气)唉! 我真后悔。原来蚜虫有那么厉害呀!

  生 2:我喷了药就好了。唉!

  生 3:还有下一次的话,我一定要听邻居的劝告。

  生 4:看来,邻居说的话一点也没错。

  生 5:我怎么这么笨呢,早问一问邻居怎么治蚜虫就得了。

  生 6:哦……原来叶子与葫芦之间有这么大的联系。

  师:好! 同学们真会动脑筋,想象真丰富呀! 在学习中,我们就应该多思考,多想象,多发表自己独特的看法。

(张林玲老师提供)

  想象力是孩子的活力,是孩子的生命。想象力在孩子的世界里,具有不可或缺的重要地位。在我们的语文教学实践中,充分利用这个主阵地,因势利导,努力挖掘教材中各种有利因素,让想象力激发学生学习语文的兴趣。

  《我要的是葫芦》该文内容浅显易懂,但隐含的寓意学生一时难以领悟。为了突破这一难点,教师调动学生生活积累,拓展学生思维想象空间,对课文最后部分作了探

讨:"种葫芦的人看到葫芦落了,他还会想些什么?"让学生进行想象说话训练。此环节目的在于让学生联系上文,发挥想象力,从中了解种葫芦的人错在哪个地方。同学们的想象不仅进一步理解了课文,而且又对课文有深一层的认识。那稚气的充满了想象的话语足以让老师感到欣喜若狂。通过这样的训练,提高了学生的想象力,发展了学生的语言能力、理解能力,培养学生形成正确的价值取向。

这样就使学生之间、师生之间在信息传递和情感交流中思维得到了碰撞,学生带着这种高涨的、激动情绪从事学习和思考,在学习中认识到自己的智慧力量,体验到创造的欢乐,发展了自己的创造性思维。从而让参与学习的群体获取了新的信息,进而发展了学生的语言和思维。

【策略7】 情景激趣法

〖定义〗 情景教学法是在课堂上设置一些真实性和准真实性的情景来学习和使用知识,在教学过程中,教师有目的引入和创设具有一定情感色彩的,以形象为主体具体的场景,以引起学生一定的态度体验,从而帮助学生理解知识和技能,并使学生心理机能得到发展,达到教学目的的一种教学方法。

〖具体做法〗 1. 导入情境

2. 提供情境——操练语言的基础

3. 开放情境——语篇输出、发展语言的有效手段

〖课堂片段〗 选自二年级第二学期英语学科"Animals I like"

片段一导入情境:

T:Let's go to the toy animal shop with Tom and Tom's mother, OK?

Ss:Ok!

T:What can you see in the toy shop?

Ss:I can see ...

T:How are they?

Ss:Nice, cute ...

片段二提供情境:(In the toy shop Say and Act)

S1:Look, Tom. Do you like bears?

S2:No, I don't.

S1:Do you like pigs?

S2:Yes, I do. May I have one?

S1：Ok.

S3：Can I help you?

S1：A pig, please.

S3：Here you are.

S2：Thank you. The pig is lovely and soft. I like it very much. Thank you, Mum.

片段三 开放情境(In the toy shop Try to say)

S1：Look, Tom. Look at the … Do you like …

S2：No, I don't.

S1：Do you like …

S2：Yes, I do. May I have one?

S1：Ok.

S3：Can I help you?

S1：… , please.

S3：Here you are.

S2：Thank you. The … is …

I like it very much. Thank you.

（张业晶老师提供）

在教学片段中,教师充分关注"情境"这个重要因素,再次设置了"Tom"、"Tom 的妈妈"、"玩具店营业员"三个生动的人物,让学生亲身体验,充当画面中的主人公。这种角色扮演使得"虚拟的交际环境"或"半真实情境"变为"真实情境"。在真实的情境中,学生对所学新知"lovely"、"one"以及相关句型"Do you like …", "Yes, I do. /No, I don't", "May I have one?"等语言操练显得真实、自然。既能使学生准确地理解、牢固地记忆所学新知,又能使他们掌握使用该语言的场合。

教师利用开放的情境要求学生围绕所学内容利用提示的句子创编对话。这个情境开放性"强",语用空间"大",学生自主性明显,使学生的语言运用有更多的交际背景、更广的交际空间。启发学生充分自由地在"真实情境"中运用语言,使课堂与学生生活紧密接触,从而深化话题,真正实现了语言"学以致用"的目的,同时培养了学生的综合语言运用能力。

【策略8】　儿歌激趣法

〖定义〗　儿歌激趣法是一种将朗朗上口的儿歌融汇新授单词和句型引入小学英语

教学中,从而提高学生的学习兴趣,提高教学效果,培养学生英语语感的英语教学方法。

〖**具体做法**〗 1. 通过合理的导入引入儿歌。

2. 结合儿歌进行字词句教学。

3. 鼓励学生有节奏地朗读儿歌,巩固已学字词句。

〖**课堂片段**〗 选自五年级第二学期英语学科"Western Holidays"

在教授完 go on an egg hunt 这个词组的读音之后,为了让学生更好地了解 egg hunt 的含义,教师在 PPT 上出示四幅图片,在这四幅图片中分别隐藏了四个复活节的彩蛋。

T:Do you want to go on an egg hunt with Dora?

S: Yes!

T: Let's go! Look at the pictures and try to find out the eggs. Then, tell me "where is the egg?"

第一幅图:T:Where is the egg?　　S:The egg is on the flower.

第二幅图:T:Where is the egg?　　S:The egg is on the lake.

第三幅图:T:Where is the egg?　　S:The egg is on the farm.

第四幅图:T:Where is the egg?　　S:The egg is in the tree.

然后根据学生的答案,在 PPT 上显示儿歌:

Egg hunt, egg hunt!

Let's go on an egg hunt!

Hunt for the egg on the flower.

Hunt for the egg on the lake.

Hunt for the egg on the farm.

Hunt for the egg in the tree.

Hunt for the egg everywhere.

Egg hunt, egg hunt.

Go on an egg hunt with me!

教师一边拍手打节奏一边读儿歌,鼓励学生跟着一起读。然后让学生们用小组合作的形式和旁边的同学一起读儿歌,最后,全班齐读儿歌。

(叶季红老师提供)

在 Western Holidays 一课中,主要涉及四个西方主要节日,包括复活节。学生由于地域文化差异的原因,对复活节这一概念本身就不是很了解,而对于复活节中进行寻蛋这一游戏就更是一无所知了。为了让学生在有限的课时安排中既能了解 egg hunt 这一西方文化,又能完成 go on an egg hunt 的语音教学,老师将 egg hunt 这一过程结合图片编成儿歌,让学生在儿歌中学习和操练新授词组。

在教学过程中,老师带着学生们在寻找完彩蛋后,又依据图片内容出示儿歌,从图片中的各个地点引申到 Hunt for the egg everywhere。用直观的画面结合儿歌诠释了复活节到处寻蛋的这一西方传统习俗,使学生们了解了到底如何进行 egg hunt。

同时,老师又精心编写儿歌,朗朗上口的儿歌使学生都较好了掌握了这一词组的发音,帮助学生在小学阶段形成良好的语音语调基础,为将来持续的英语学习打下坚实的基础。

【策略9】 表演激趣法

〖定义〗:表演激趣法指的是通过表演,学生体验用表情、动作、姿态与他人沟通的乐趣。在感受音乐的过程中,学生能做出较积极的外部反应,能从与他人合作的动作表演活动中获得交往合作的快乐。

〖具体做法〗:1. 启发学生创造性的表演。

2. 学生分组合作创编表演。

3. 学生能跟着音乐表演。

〖课堂片段〗:选自二年级第二学期音乐学科《民族舞曲联奏》

师:让我们再来仔细听一听这首藏族歌曲的情绪是怎样的?

生:欢快、活泼的。

师:我们一起来了解藏族歌曲的情绪特点和舞蹈动作。(看录像)

师:邀请一位学生领着同学们一起跳一跳。

生:全体跟跳。(也可小组表演)

师:再听听这首蒙古族的歌曲,有什么特别的声音吗?

生:马蹄声。

师:我们一起了解蒙古族歌曲的情绪特点和舞蹈动作,教师带领学生跳一跳蒙古舞的骑马动作、硬肩、硬腕动作。(表演)

师:徐老师提议在这里举行一个盛大的民族舞会,好不好? 各组讨论,准备自己参加 PARTY 的民族舞蹈!

(徐雪君老师提供)

歌唱联系着动作和活动,更符合儿童的天性,比单纯的歌唱可以获得更多的音乐体验,儿童天性好动,在歌唱中,边歌边舞,积极参与,和小朋友、老师一起分享愉快,培养了儿童对音乐的热爱。同时,在音乐中舞蹈,儿童通过身体的运动去感受、表现音乐,可以消除精神的紧张和不安的情绪,培养儿童的集体感,锻炼社交能力,增长自信心才干。

表演是学习音乐的基本动力,是学生与音乐保持密切联系,享受音乐,用音乐美化人生的前提。在音乐教学中通过民族舞蹈表演的教学,培养了孩子们对音乐的兴趣,同时也为孩子们创造了良好的音乐教学环境。

【策略 10】 欣赏激趣法

〖定义〗:欣赏激趣法是针对本节课的学习内容,通过观看、赏析、探讨教师精选的图片或照片,从而抓住学生的学习兴趣,进一步激发学生学习的动力。

〖具体做法〗:1. 出示教师精选的图片或照片。

2. 观看、赏析、探讨图片或照片。

〖课堂片段〗:选自三年级第一学期美术学科《素雅的青花瓷》

老师:请看一下这 6 件青花瓷盘,你最喜欢哪件？为什么？(做举手状)

学生 A:我最喜欢第二件瓷盘。

老师:为什么？

学生 A:我觉得瓷盘中间的花纹很好看。

老师:这一花纹的确很漂亮,我们称之为"二方连续纹样",以一个花纹为单位,作重复的连续的排列,称为二方连续纹样。

老师:还有喜欢其他瓷盘的吗？

学生 B:我喜欢第六件瓷盘。里面描绘的石榴是我喜欢的水果。

老师:石榴具有多子多孙的美好寓意。

学生 C:……

老师:看了这么多,大家想不想来画一画青花瓷盘呢？

学生:想!(跃跃欲试)

(朱佳璐老师提供)

在本节课中老师使用了"欣赏激趣法"。在新授阶段,老师通过这一教学手段出示6 件青花瓷盘,第一时间抓住学生的注意力,激发学生的学习兴趣,让学生交流各自对青花瓷盘的看法,说说喜欢哪件,为什么？用师生交流、探讨的方式来逐一介绍并教授青花瓷盘的纹样布局,两方连续花纹等使学生初步掌握青花瓷盘的造型特点、纹样布局,如何在圆盘中绘制适合纹样等。同时也使学生真切地感受了青花瓷素雅清美的艺术特点,激发了学生的民族自豪感。

二、质疑：启发每一个学生

从某种意义上说,教学的过程就是设疑、质疑的过程。因为疑问往往是人的思维的开端。所以,我们在教学过程中,须层层设疑,要用疑问去叩开学生思维的大门,让学生潜心思索,在解疑中获取知识,发展思维,培养能力。

【策略1】 课题质疑激趣法

〖定义〗 课题质疑激趣法是抓住学生求知探微的心理,解释题目中关键性的字词并由此而推演、生发,提问一个难度适中、新颖有趣的问题,激化学生的思维,引起学习兴趣,引导学生学习课文。

〖具体做法〗 1. 给学生质疑的时间。

2. 规范、有效的质疑,让学生注意必须围绕课题展开。

3. 归纳学生质疑的问题,以此帮助学生弄清如何针对课题提出高效的问题。

〖课堂片段〗 选自三年级第一学期语文学科《燕子专列》

谈话导入,学生质疑。

师：同学们,今天我们班迎来了许多客人,你们知道吗？今天来的可都是在教学方面很有研究的老师哦,对某方面很有研究的人,我们叫——专家。专门给专家准备的座位呢？

生：专座。

师：专门接送专家的车子呢—

生：专车。

师：那,专门送重要乘客、重要货物的列车又叫什么呢—

生：专列。

师：那什么是燕子专列呢？

生：专门运送燕子的列车叫燕子专列。（幻灯片出示课题）。

师：这节课我们就来学习第六课《燕子专列》。（师板书课题）读了课题,你有没有产生一些问题呢？

生1：什么是燕子专列？

生2：燕子是一种候鸟,自己能飞行,为什么还要人们用专列送呢？

生3:燕子的专列舒适吗?

……

（储颖老师提供）

培养学生边读边思,大胆质疑的阅读习惯,应该贯穿于语文学习的每一个教学阶段。根据学生的年龄特点、阅读思考能力的不同,教师应对不同年龄段的学生质疑的能力有所了解,并作出相应的帮助和引导。平时教学中,教师可以根据低年级学生的实际情况,大胆放手,让学生对课题质疑。教师适时点拨,结合课文的语言环境帮助学生理解课文的意思。

【策略2】 比较设疑激趣法

〖定义〗 比较设疑激趣法是教师根据文本的表达方式设立比较,引导学生产生疑问,并讨论寻求答案的教学法。

〖具体做法〗 1. 引导学生通读重点段。

2. 出示相关语段进行比较,引导学生质疑。

3. 带领学生从文本中寻求答案。

〖课堂片段〗 选自五年级第一学期语文学科《桂林山水》

多媒体出示句子:漓江的水真静啊,静得让你感觉不到它在流动;漓江的水真清啊,清得可以看见江底的沙石;漓江的水真绿啊,绿得仿佛是一块无瑕翡翠。

师:同学们,假如把这句话换个写法。(在原句下出示句子:漓江的水真静啊;漓江的水真清啊;漓江的水真绿啊。)请同学们读一读,比一比,哪句话写得好? 为什么?(学生自由读句子)

生1:第一句写得好,因为这句话写得很具体。绿得怎么样,给人一种身临其境的感觉。

生2:我也认为第一句写得好,因为这句话把漓江水静、清、绿的程度写清楚了,更令人体会到漓江水的美。

师:(去掉第二句)同学们说得真棒。的确,这句话具体地写出了漓江水的特点,让我们能够真切地体会到漓江水的美。

师:要是把这句话再换个写法。(在原句下出示句子:漓江的水静得让你感觉不到它在流动;漓江的水清得可以看见江底的沙石;漓江的水绿得仿佛是一块无瑕的翡翠。)现在哪句话写得好呢? 为什么?(请两位学生分别读句子)

生1:第一句好,因为这句话用了感叹句,语气比较强烈。

生2:我也觉得第一句写得好,因为这句话用一些感叹句,把作者赞美漓江水的强烈感情写出来了。

师:(去掉第二句)同学们真会读书,说得很好。不错,这句话运用了感叹句,抒发了作者对漓江水的赞美之情,让我们能够强烈地感受漓江水的美。

师:如果再把这句话换种写法。(在原句下出示句子:漓江的水真静啊,让你感觉不到它在流动。漓江的水很清,可以看见江底的沙石。漓江的水绿得很,仿佛是一块无瑕的翡翠。)现在,哪句话写得好呢?为什么?(同桌一人读一句)

生1:我还是认为第一句写得好。因为这句话用了"真静啊"、"真清啊"、"真绿啊",读起来朗朗上口,而第二句用"真静啊"、"很清"、"绿得很",感觉有点乱。

生2:我也觉得第一句好,因为这句话是个排比句,写得十分有节奏感,更令人体会到漓江水的美;而第二句没有运用排比句,显得有点零乱。

师:你的课外知识挺丰富的,居然还知道排比句,真了不起。(去掉第二句)是啊,这句话运用了一组句式相同的语句,也就是——(生齐:排比句)这样一来,语言优美,节奏明快,读起来——(生齐:朗朗上口)让我们能深切地体会到漓江水的美。

……

(杭丽老师提供)

俗话说:"没有比较就没有鉴别。"这个重点句子是描写漓江水的精华所在。在比较感知中,学生对句子差异看得特别清晰,帮助学生领悟语言内涵,获得语感。对于三组句子的比较,引导学生自读自悟,体会水美。通过第一组句子的比较,让学生体会语言的形象美;通过第二组句子的比较,让学生体会语言的情感美;通过第三组句子的比较,让学生体会语言的韵律美。这样,层层剖析,步步深入,由语言的变化带动情感的升华,体会赞叹之情,体会漓江水的独特美。最终使学生既体验到语言之美,又体会出情境之美,达到语言美和情境美的统一。然后指导学生写景的方法,并创设写话训练,给学生语言实践的机会。

【策略3】 辩论激趣法

〖定义〗 辩论激趣法是在教学中根据文本的矛盾之处,引导学生产生不同的观点,随即由学生根据文本的内容辨明自己观点的正确性。

〖具体做法〗 1. 教师在课前引导学生读文本,由课文内容学生产生正反两种不同的声音。

2. 教师将学生分为两组,根据文本内容边读边思,证实自己观点。

3. 教师适当引导寻求正确的答案。

【课堂片段】 选自四年级第二学期语文学科《金色的鱼钩》

教《金色的鱼钩》时,老师让学生用一定的速度读课文,完成一道填空题:这是一个_____的班长。小组合作讨论之后,学生代表发言。

生1:这是一个舍己为人的班长。

生2:这是一个诚实守信的班长。

生3:老师,我反对。老班长没有做到诚实守信。

生4:老师,这篇课文讲的是老班长牺牲自己,成全三个小战士的事情,与"诚实守信"没有什么关系……

师:我建议同学们先别急躁,你们都静下心来听听他的理由,好吗?

生:老班长答应过指导员,无论多么艰苦,也要把三个小战士带出草地。而在还有二十多里路就要走出草地的时候,老班长却死了。所以我说他没有实现自己的诺言。而且在老班长奄奄一息的时候,他自己也亲口说"我没有完成党交给我的任务"。

师:老师很喜欢听到你这样的观点,说明你认真看书,认真思考,这个方法值得所有的同学学习。生命诚可贵,难道老班长就不愿意让自己好好活下去吗?请同学们再读课文,一边读一边想,老班长为什么就不喝那救命的鱼汤呢?(学生读书思考。)

生1:我从"奄奄一息"这个词看出来老班长快要死了,他知道自己就算喝了鱼汤也活不下去,所以他就说别浪费东西了。他不喝是要省下来让给三个小战士喝。

生2:文章前面说,老班长四十岁还不到,就"背有点驼,高颧骨,脸上布满皱纹,两鬓都斑白了",我觉得老班长长时间营养不良,到这时,生命已走到尽头。

生3:老班长之所以会变成现在这样子,是因为他总把吃的东西让给三个小战士。书上说得很清楚"我从来没见他吃过一点儿鱼""他坐在那里捧着搪瓷碗,嚼着几根草根和我们吃剩的鱼骨头"。

生4:老班长为什么要这样做,他自己也解释得很清楚,他说:"眼看你们的身子一天比一天衰弱,只要哪一天吃不上东西,说不定就会起不来。真有个三长两短,我怎么去向党报告呢?难道我能说,'指导员,我把同志们留在草地上,我自己克服了困难出来啦'。"

生5:这让我想到了《马背上的小红军》这篇课文,小红军和老班长都是那种为别人想得多,为自己想得少的人。

师:现在我们再回到最初的那个话题,老班长是个讲诚信的人吗?

生1:我觉得是,他答应指导员要把三个小战士送出草地,事实上三个小战士是平安走出草地了,老班长说到做到了。

生2:老班长如果自私一点,每一次做好鱼汤先自己喝的话,死的人就不会是他了。他为了实现自己对指导员的承诺,付出了生命的代价。

生3:老班长和《军神》中的刘伯承一样,让人肃然起敬。

······

（季霞芳老师提供）

把握课堂内与众不同的声音,教师就能让自己的课堂焕发出不能预设的精彩,在这时候,教师的即时评价成了画龙点睛之笔,课堂的亮点在教师即时评价过后出现。当学生有辩论的时候,教师不必过早地表明自己的观点,毕竟教师的"权威"在某种程度上始终存在。

学生认真研读文本,悟出了字里行间所蕴涵的前因后果,难能可贵的是,这是学生自发自觉地主动参与,因而生成的教育意义与教师的生硬解释有着天壤之别。在这里,既要求教师对文本的熟知,又要求教师敏锐地发觉问题的价值,而且一旦问题铺展开来,教师对它的动向要把握得不偏不倚,处理得恰到好处。否则,随意把握生发点,目标不定,或指向不明,或方法不当,都有可能导致丧失语文教学的特点,造成无效的生成。在即时评价用得好,生成状况来得妙的课堂里,学生才能"敢于直言"、"畅所欲言",经过这样的锻炼,学生才有可能做到"言者善绘"、"闻者有味",或者"言者善辩"、"闻者善断"。

【策略4】 矛盾设疑激趣法

〖定义〗 矛盾设疑激趣法是在教学中教师善于寻找文本中上下文之间的矛盾、作者言行、情感等矛盾之处,让学生质疑后自己寻求答案的教学方法。

〖具体做法〗 1. 让学生通读课文的重点段落。

2. 教师在此基础上,将文本中前后矛盾之处出示,引导学生质疑。

3. 在教师的引导下,学生根据文本内容寻找答案。

〖课堂片段〗 选自四年级第一学期语文学科《小狮子爱尔莎》

师:同学们通过认真读书,已经体会到小狮子爱尔莎和作者之间情同母子,彼此不愿分离。爱尔莎不想走,作者也不想它走,但最后彼此还是分开了,读到这里,你心里有什么感觉呢？

师：你们看作者把小狮子留在身边不是很好吗？为什么非要让它走呢？

师：老师也曾经这样想，好多同学都是这样想的。如果是你，你会怎样办？

生1：我会把它留在身边，和它生活一辈子。

生2：我会把它送到动物园，经常去看望它。

生3：我不同意，到了动物园，爱尔莎就会被关进铁笼子里，它就失去了自由，很可怜的。（许多同学随声附和，有的摇头。）

师：看来，送进动物园行不通，你看，好多同学不同意呢！

生1：我听说狮子是森林之王，我觉得把它送回大森林，让它做百兽之王，它会过得开心一些。

生2：我反对，因为课文里说了，送回大森林爱尔莎会挨饿、会发烧，有时还会遇到危险，那样不是害了它吗？

生3：在大森林里，它是会遇到困难和危险，但是，它会经受锻炼，慢慢适应那里的生活，然后找到很多伙伴，快快乐乐地生活一辈子。

生4：爱尔莎和作者之间的感情非常深，他们生活在一起也很快乐啊。

生5：他们之间好像母亲和孩子一样，有一根线牵着，要一下子剪断这根线，是很不容易的。

生6：孩子总是要长大的，他会离开父母去上学，去工作。如果妈妈老把你留在身边，不让你出去，你幸福吗？（争论还在继续，少数同学仍持反对意见。）

师：同学们的发言很精彩，爱尔莎是去是留，大家都说出了充足的理由，有自己独到的见解，老师真为你们高兴。现在，老师想问你们两个简单的问题。

师：你们喜爱鲜花吗？

生：喜爱。

师：那就将美丽的鲜花采来插在瓶子里欣赏！

生：这样做不好，因为过几天它就会枯萎。

师：哦，爱鲜花，把它插瓶子里，反而害了它。

师：你们喜爱鸟儿吗？

生：喜爱。

师：那就把它抓来养在笼子里天天观赏。

生：不行，那样鸟儿就不自由了。（鸟儿就没伙伴了）（鸟儿就不能在天上飞了……）

师：哦，爱鸟儿，把它关在鸟笼里，那也不是真爱。是啊，爱花儿，就让它在田野里自由绽放，因为广阔的田野是花儿的家，爱鸟儿，就让它自由飞翔，因为辽阔的天空才是鸟儿的家！

师：作者爱狮子吗？

生（齐答）：爱

生1：我知道了，把爱尔莎留在身边，那也不是真的爱它。

生2：对，爱狮子，就让它回到大自然去，森林才是狮子真正的家。

师：所以作者把爱尔莎送回大自然，让他自由地生活，才是对小狮子最深切的爱！

（学生有的点头、有的微笑、有思考……）

（王佳莉老师提供）

《小狮子爱尔莎》这篇课文，用生动具体事例，讲述了小狮子从出生成为孤儿，在作者身边成长到送回大自然的过程。学生通过仔细阅读，他们的思维和情感被爱尔莎与作者之间浓浓的深情吸引着、感染着。当读到小狮子与作者依依惜别的场景时，学生很自然地产生了疑问："作者为什么非要让小狮子走呢？"从而进入了认知和情感的矛盾冲突之中，要想顺利解决这种冲突，对四年级学生来说，有很大的难度。此时，教师巧设疑问："假如你是作者，你会怎么办？"给学生搭建一个语言"平台"，让学生尽情发挥。当学生的情感进入两难的选择时，教师巧妙地提出"你爱鲜花吗？""你爱小鸟吗？"这两个看似与课文内容不相关的问题，让学生一步一步由困惑到豁然开朗，难点不攻自破，并且从中体会到真爱的无私。同时明白了人与动物的平等关系，知道了爱护动物，保护环境，是人类共同的责任。让学生在情感的矛盾冲突中体验学习过程，对学生来说，无疑是愉快的，有益的。

【策略5】 致谬导入激趣法

〖定义〗 致谬也叫归谬，是首先称美错误的内容或假设错误的观点是正确的，然后对着一内容和观点加以引申、推论，从而得出极其荒谬可笑的结论。这种导入的方法我们称之为致谬导入。

〖具体做法〗 1. 设置陷阱，引诱学生犯错。

2. 学生呈现错误答案。

3. 学生思考并讨论争辩。

4. 呈现正确答案。

〖课堂片段〗 选自四年级第二学期数学学科《小数的加减法》

师出示表格：

	前掷	后掷	总成绩
小胖	5.4 m	6.58 m	
小丁丁	5.38 m	6.62 m	
小亚		6.17 m	11.4 m
小巧	4.9 m		11 m

师：求小亚的前掷成绩。

生：在探究表上列式计算。

师：请同学来介绍一下你是怎么算的？

生：个别板演，纠错 $11.4-6.17=$

师：他算得对吗？你们有意见吗？

生：我觉得他算得不对。

师：哪里不对了？你能说一说理由吗？

生：我是这样计算的：被减数的百分位要添上一个零。

讨论：被减数百分位上为什么可以看作"0"？

生：因为利用小数的性质，在小数部分末尾添上 0 或去掉 0，小数的大小不变，所以 $11.4=11.40$。

小结：当被减数的小数部分末尾缺数位时，可以用 0 占位。

（秦笑老师提供）

教师根据学生的最近发展区域和典型的错例设置了这样的一题：$11.4-6.17=?$，学生往往会将得数写成 5.37，这是学生在学习小数减法计算中常常会出现的一种错误。本节课中教师巧妙地利用了学生的错误，把错误作为教学资源，使其变废为宝，故意安排让错误的答案呈现，然后引发学生的兴趣，激起学生的思维碰撞，引导学生得出正确的计算方法。学生在积极地思考中、辩论中、正误的比较中，意会和感悟正确的方法。他们在获得数学知识的同时，思维能力、口头表达能力、情感态度等方面都有了相应的提升，真真切切地体会到了"做"数学的乐趣。因此，合理利用学生资源，才能有效地促进课堂的动态生成，而课堂也因此变得更为精彩、丰富、有趣。

【策略6】 悬念设疑激法

〖定义〗 所谓悬念，又称"卖关子"、"设扣子"、"系包袱"等，悬念设疑引起学生强烈的好奇心，能激起学生强烈的求知欲望，为课堂教学创造良好的心理环境。它具有非常强的启发性，如果运用得当，效果明显，有利于培养学生的创造能力。

〖具体做法〗　1. 谈话交流。

　　　　　　　2. 猜想。

〖课堂片段〗　选自三年级第一学期数学学科《年、月、日》

师：同学们，每星期一的早晨我们都要进行庄严的升旗仪式，每当看到五星红旗冉冉升起的时候，你们的心情激动吗？那谁知道我们中华人民共和国诞生在哪一年，哪一月，哪一日？

生：中华人民共和国诞生在 1949 年 10 月 1 日。

师：到今年的 10 月 1 日，我们的祖国已经过了第几个生日？

生：已经过了第 60 个生日。

师：我们的祖国年年都在过生日。同学们，你们也年年过生日吗？

生：是。（全体学生异口同声回答。）

师：同学们，你们可真幸福。但是，我的一个学生他就不是这样，他在满 12 岁的时候，只过了 3 个生日，这是为什么呀？谁知道其中的秘密？

生：他是在 2 月 29 日生的。

师：他说的到底对不对呢？学习了今天的知识我们就能做出判断。这节课我们就来学习年、月、日的知识。（板书课题：年、月、日）

（潘月琴老师提供）

"学起于思，思源于疑"，疑问能使心理上感到困惑，产生认知冲突，进而拨动学生的思维之弦。"我的一个学生他就不是这样，他在满 12 岁的时候，只过了 3 个生日"使学生感到好奇，于是产生浓厚的兴趣，为了解事情的真相，便集中精力积极主动地去获取知识，探究知识。

三、实践：吸引每一个学生

心理学家皮亚杰认为"智慧从动作开始，学生的多种感官参与认知活动，可以使信息不断地刺激脑细胞，促使思维活跃，便于储存和提取信息，同时易于激发学生的好奇心和求知欲，产生学习的内驱力"。因此，在我们的磁性课堂中应该重视学生的操作活动，用操作活动启迪思维，使思维在操作中得到发展。

〖**策略1**〗 动手操作激趣法

〖**定义**〗 学生借助学具,通过亲自动手参与各种学习活动,以画画、剪剪、拆拆、装装、比比、拼拼、测测、量量等实践行为来构建新知,以此来激发好奇心和探究的愿望,使兴趣得以爆发,积极性得以提高,使抽象的知识在操作中转化为看得见的现象,从而达到化难为易的教学效果。

〖**具体做法**〗 1. 准备学具。

2. 明确动手操作的要求。

3. 学生动手操作。(可独立完成,也可小组合作。)

4. 交流操作后的结果。

〖**课堂片段**〗 选自一年级第一学期数学学科《不同标准的分类》

师:出示24个彩色图形片,选择其中的一个图形来描述一下它的特征。

生1:这是一片黄色的三角形。

生2:这是一个红色的小圆。

生3:这是一个小的正方形。

师:你能不能将这些彩色图形片进行分类?

师:如果要把这些图形片分类,你准备怎么分?(要求:学生个别操作,然后小组交流。)

生:动手分类并在组内交流了自己的方法。

生汇报:(边动手操作边说分类方法。)

生1:我按颜色分,可以分成四类:红色的、蓝色的、黄色的、绿色的。

生2:我按形状分,可以分成三类:正方形、三角形、圆形。

生3:我按大小分,可以分成两类:大的、小的。

师小结:同学们观察得真仔细,通过动手操作,我们将彩色图形片进行了分类,可以按颜色分,可以按大小分,可以按形状分,这些都是按照不同的标准分的,每次分的标准不同,分得的结果也是不同的。

师:请大家数一数按不同标准分类,每类图形片分别有多少片,一共有几片彩色图形片。

生:总数都是24片。

师:不管是哪种方法进行分类,总数都是相同的。

(秦笑老师提供)

操作是兴趣的激素、智力的源泉、思维的起点。利用学生好动、好奇的心理特征，把握教材的重点、难点，设计出让学生参与的各种活动，逐步放手让他们自己动手体验，并在此过程中建构新知。本节课中，教师采用了让学生在动手操作的过程中找到了多种分类的方法，起到了很好的效果。教师大胆放手让学生在操作分学具的过程中探索领悟出：虽然是同样的图形，但由于划分标准不同，划分的结果也会不同。正是因为动手，学生才能深切地体验到分类的方法，更好地突破了本节课的难点。

因此，利用数学学具让学生进行实践操作，在看一看、摆一摆、剪一剪、想一想等过程中，使他们感知学习内容，动中促思、玩中长知、乐中成材，使学习内容在有趣的操作中被牢牢记住。这种方法既激发了学生探索数学的兴趣，又发展了学生的创新意识。

【策略2】 快乐游戏激趣法

〖定义〗 游戏法就是以游戏的形式进行教学，把枯燥的学习内容和机械操练变成了充满趣味性的各种活动，从而有效地达到教学目标。游戏激趣法能有效地激发学生学习的积极性，吸引学生的注意力，达到良好的教学效果。以游戏为主，寓教于乐，让学生在学习中始终处于主动参与、积极活动的状态。

〖具体做法〗　1. 教师创设游戏内容和方法。

2. 明确游戏要求和规则。

3. 学生按要求完成游戏。

4. 在游戏中后及时进行小结。

〖课堂片段〗 选自一年级第一学期数学学科《10 的游戏》

师：同学们，我们来玩个小游戏好不好？

生：好。

师：我们一起来做一个拍手的游戏。我们双方拍手的数字合起来是 10。

师：谁愿意和老师一起玩一下。

师生互动：

师 1：我出 1。

生：我出 9。

师：谁愿意再来试试。

生 1：我出 2。　　生 2：我出 8。

师：大家会玩了吗？

生：会了。

师：两人一组，合作完成游戏。

师：我们来比一比，看哪组配合得好。

学生竞赛。

学生互评。

学生小结。

……

（秦笑老师提供）

小学生最爱做游戏。一说做游戏，他们的精神就来了。因此，在巩固知识阶段，利用游戏激趣法能迅速调动学生的积极性并取得明显的教学效果。本节课教师在帮助学生巩固10的加减法时，采用了拍手的游戏。这本来是很枯燥的一个计算练习，但由于运用了游戏的形式，就一下子调动了学生学习的热情，集中了学生的注意力。其实在我们的日常教学中，游戏激趣的形式很多，像"找朋友"、"摘苹果"等等，对中低年级尤为适用，但对高年级来说，只要精心选择内容，采用游戏激趣也能得心应手。游戏激趣法实际上为学生创造了一种极为良好的学习氛围。游戏的内容丰富、形式多样，能使人快乐。在这种实践中，不仅能集中学生的注意力，激发学生的积极思考，而且还能充分挖掘思维的潜力，充分发挥学生的聪明才智。但在游戏前，我们必须讲清游戏的方法、规则和要求，游戏结束后，要及时进行小结。这样，才能使游戏更好地服务于教学，使我们的孩子在玩的过程中得到更多的收获。

【策略3】　媒体操作激趣法

〖定义〗　随着现代信息技术的引进，原来只靠一个黑板、一根粉笔的教学得到改善，丰富多彩的现代多媒体课堂争得一席之地。与传统的黑板和幻灯演版相比，多媒体课堂教学课件具有以下特点：字体标准、排版整齐；可以产生色彩丰富的内容；图形、图片、动画、声音都可以出现在课件的演播中，可以有多种机动灵活的演播方式等。

〖具体做法〗　1. 观察法。

　　　　　　　2. 比较法。

　　　　　　　3. 动手操作法。

〖课堂片段〗　选自三年级第一学期数学学科《轴对称图形》

师：根据下图中一半的图形，你能猜出图中画的是什么？（多媒体出示）

生：枫叶、蜻蜓、天平、蝴蝶。

师：你们觉得这些图形美不美，它们有什么共同点？

生：美的，左右两边的图形是一样的。

师：这些图形从哪儿可以分为左边和右边？请再图中指出。

生：小组交流，指出左右两边的区分处。

师：你是怎么知道这些图形左边和右边完全相同的？

生：把图形对折。（板书：对折）

实验。（电脑演示对折过程）

（1）如下图，先把一张长方形纸对折，在折好的一侧沿折痕画图，用剪刀把图形剪下，再打开。

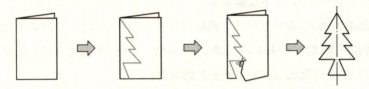

（2）学生动手操作。

师：把你们剪的图形在沿折痕对折，你发现了什么？

（板书：两侧的图形能够完全重合。）

师：像刚才剪下来的图形就是轴对称图形。

（板书课题：轴对称图形。）

师：谁来说说什么是轴对称图形？

（板书：一个图形沿一条直线对折，直线两侧的图形能够完全重合。）

师：画出你所剪的图形的对称轴。

（潘月琴老师提供）

通过课件演示，很形象、很直观地看出怎样的图形是轴对称图形，通过电脑演示对折过程这一环节的设计，化难为易，化抽象为具体，有利于学生看清演示的过程，激发学生的学习兴趣。通过计算机播放生活中美丽的轴对称图形,让学生真实地感受到轴对称在生活中的广泛应用,深深地感受对称美。

在新课教学中,让学生充分理解"对折"、"完全重合"是非常重要的,这里计算机的动画演示帮助学生清楚形象地弄明白制作轴对称图形的方法和过程,加深了学生对上述概念的理解,起到了常规手段无法替代的作用。

数学教学学生乐在其中

【策略4】　一题多解激趣法

〖定义〗　一题多解是指从不同的角度,运用不同的思维方式或不同的方位审视同一道题目中的数量关系,用不同的方法求出相同结果的思维过程。

〖具体做法〗　1. 情景引入。

2. 集体讨论。

〖课堂片段〗　选自三年级第二学期数学学科《两位数乘两位数》

师:瞧:动物运动会的团体操比赛开始了。看,小刺猬们上场了!(多媒体)你从图上得到了哪些信息?

生:每行12只,排成14行。要我们求共有多少只小刺猬参加团体操比赛?

师:那怎样来列算式呢?(14×12)

师:为什么要用乘法来计算呢?(求14个12连加是多少,用乘法计算。)

师:这就是我们今天要来一起学习的两位数与两位数相乘。(出示课题)

师:谁能来估一估,参加团体操比赛的小刺猬大约有几只?你是怎么想的?(同桌两人轻声讨论。)

全班讨论算法、交流算法并板演。(体现算法的多样。)

师:那 14×12 到底等于多少呢?你们能不能用已经学过的本领来算呢?

请你用算式表示出你的算法,然后根据你的算法在点子图上圈一圈。

请把书打开,翻到 14 页,你和书上哪个同学的算法相同,还有哪些方法你没想到的?请在组内交流。(学生看书,巩固方法。)

生:我的算法和小丁丁的相同:我是把 12 分成 $10+2$,14×12 就等于 $14 \times 10+14 \times 2$,最后得到 168。(教师出示算式)

小丁丁: 14×12

$= 14 \times 10 + 14 \times 2$

$= 140 + 28$

$= 168$

小巧: 14×12

$= 14 \times 3 \times 4$

$= 42 \times 4$

$= 168$

小亚: 14×12

$= 20 \times 12 - 6 \times 12$

$= 240 - 72$

$= 168$

小胖: 14×12

$= 5 \times 12 + 9 \times 12$

$= 60 + 108$

$= 168$

师:对这几种方法还有意见吗?

(潘月琴老师提供)

运用了一题多解使每个同学都掌握了其中的一个计算方法。一题多解训练不仅能培养学生思维的准确性和灵活性,克服思维定式带来的消极影响,而且能使学生从变题、解题的过程中体验到数巧变生趣,奥妙无穷的特点,从而激发学生的探求欲。

【策略 5】 体态引导激趣法

〖定义〗 老师的身体语言即体态是无声的语言,它能对教学起到恰到好处的补充、配合、修饰作用。可以使教师通过表情让内容的表现更加地准确、丰富,更容易为学生所接受。教师亲切而自信的目光、期待而专注的眼神可以使学生产生安全感,缩短教师与学生的感情距离。教师热情洋溢的微笑、友善慈祥的面容可以使学生获得最直观、最形象、最真切的感受,潇洒得体的身姿手势,无时不在感染着学生,激发着他们的学习兴趣。

〖具体做法〗 1. 在教学前仔细研究哪些肢体语言能够引起学生的共鸣与比较高的认知度。

2. 在教学中尽量使用简明扼要的肢体语言与口诀规律等,让学生能更轻松地使用体态语言来学习数学。

〖课堂片段〗 选自四年级第一学期数学学科《线段、射线、直线》

师：线段、射线、直线是有区别的，同学们跟我学。

（1）线段：双臂侧平举，两手握拳。

师：这是线段，有两个端点，不可延长。（全班同学跟着老师做动作。）

（2）射线：双臂侧平举，左手握拳，右手松开，掌心向下。

师：这是射线，有一个端点，可向一端无限延长。（全班同学跟着老师做动作。）

（3）直线：双臂侧平举，两手松开，掌心向下。

师：这是直线，没有端点，可向两端无限延长。（全班同学跟着老师做动作。）

大家记住了吗？

那能说一说线段、射线和直线有什么关系？（幻灯显示生说师填。）

（许靖老师提供）

在课堂上体态语言的使用必须服从教学内容表达的需要，并与教学内容融为一体，切忌生搬硬套，矫揉造作。一方面各种体态语之间的动作要互相配合，另一方面体态语言要与有声语言表达的内容和谐统一。体态语言是为了表达内容而服务的，它应该与表达内容有机的结合起来。教师在课堂上运用体态语言必须注意到这些问题，这样才能比较有效地激发学生的学习兴趣。

四、合作：眷注每一个学生

小组合作是一种富有创意和具有实效性的教学策略。小组合作学习既是一种教学策略，又是一种新的学习方式。通过师生互动、生生互动、全员互动等形式互相合作，互相促进，实现共同的学习目标。

【策略1】　小组合作激趣法

〖定义〗　合作是指两个或两个以上的学生或群体，为了达到共同的目的而在行动上相互配合的过程。小组合作学习是在班级授课制背景上的一种教学方式，即在承认课堂教学为基本教学组织形式的前提下，教师以学生学习小组为重要的教学组织手段，通过指导小组成员展开合作，发挥群体的积极功能，提高个体的学习动力和能力，达到完成特定的教学任务的目的。

〖具体做法〗　1. 安排合适的小组，如需要可以安排为同质合作以及异质合作。

2. 设计有层次的、合理的教学题材让每个学生都能合作完成学习。

3. 组织有效的课堂小组合作，选择合适的组长人选进行沟通学习。

〖课堂片段〗　选自一年级第二学期数学学科《两位数加减整十数》

1. 自主探究算理：

师：18＋30＝? 谁知道?

生：48。

师：你是怎么算的，小组讨论合作，并且请用我们学过的方法来表示你的想法。

（学生合作使用数射线以及位置图进行演算。）

组长进行交流：

(1) 数射线上演示。

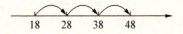

师指导：从几开始? (18)，加上 3 个十，到几?

在数值图中表示

十	个
○	○○○○
○ ○ ○	○○○○

(2) 师：你是怎么得到 48 的?

生：先把 18 拆成 10 和 8，再把 10＋30＝40，最后把 40＋8＝48。

（师指导格式，并板书。）

(3) 利用计算条：

（师演示课件，学生引导讲出算理。）

1 个十加上 3 个十就是 4 个十，4 个十和 8 个一合起来是 48。

师：你有什么办法能很快写出结果?

生：个位不变，只要十位相加就可以。（只要在 18 的十位上加 3。）

师小结：大家都很聪明，能够用我们已经学过的方法来解决问题。

2. 思考：30＋18＝?

(1) 学生独立思考。

(2) 结论：30＋18＝48，与 18＋30＝48 结论相同。

(3) 师生小结：在加法算式中，交换两个加数的位置，和不变。

3. 巩固练习。

（1）以小组为单位，合作完成，一人做一组题。

$49+10$	$36+10$	$53+10$	$10+21$	$10+67$
$49+20$	$36+20$	$53+30$	$20+21$	$67+20$
$49+30$	$36+40$	$53+40$	$70+21$	$30+67$

（2）请一小组汇报，其余小组互批。

（许靖老师提供）

本节练习课在设计之初就是以小组合作学习为主要教学手段，通过让学生在情景愉快教学的过程中，培养起他们之间的小组合作意识，激发他们学习数学的兴趣。而在这节课中，交流就显得尤为重要。通过设立小组长，锻炼小组长的组织能力、协调能力，以及在课堂学习中，如果出现不一样的意见时如何讨论、争辩，达到一致的答案。通过这样的讨论，可以培养学生的思考、分析、判断和表达能力。

而通过这样一个小组合作学习教学实践之后，不难发现学生对于练习课这样通常来说是十分枯燥的课，竟然也上的津津有味。这不光是情景教学上引发的兴趣，还有同伴之间一起合作、一起交流、一起共同完成一个又一个学习任务所带来的乐趣。"磁性"教学引导教师开展多种方式去展现数学课的魅力原来如此之大，学生自然也就乐于去学习了。

【策略2】 自主探究激趣法

〖**定义**〗 数学课堂教学过程应是以学生自主探究为核心的过程。那么如何让学生在再创造过程中获得成功的体验，那就是让学生自己在观察、实验、归纳、分析和整理的探究活动过程中，感受一个数学问题是怎样提出来的，一个数学概念是如何形成的，一个数学结论是怎样获得的，以及结论和规律是如何应用的，也就是把教材内含的知识，经过学生的再创造，转化为学生自己思维的成果，有所发现，有所创造。

〖**具体做法**〗 1. 营造一定的自主学习氛围，唤醒学生们自主学习的意识。

　　　　　　2. 提供相关学习的材料，创设学生们自主学习的条件。

　　　　　　3. 课堂上创设一定的自主学习机会，让学生能自觉参与自主学习。

〖**课堂片段**〗 选自一年级第二学期数学学科《两位数减一位数（退位）》

师：观察下列算式，被减数的数字和差的数字相比，你发现了什么？

$27-3=24$	$37-2=35$
$73-2=71$	$23-7=16$

$$32 - 7 = 25 \qquad\qquad 72 - 3 = 69$$

学生小组讨论后交流汇报。

生：被减数和差十位上的数字有的相同，有的少"1"。

师：请大家仔细观察为什么会有的相同，有的少"1"呢。

生：个位够减时，差的十位与被减数的十位相同，个位不够减时，差的十位比被减数的十位少"1"。

教师在学生汇报的同时，把差十位上的数字显示红色。

师：少的"1"跑到哪了？

生：被减数十位上的一个"1"跑到个位上了？

师：跑到个位变成几？

生：变成10。

教师再次出示训练题：判断这些算式的差的十位应该是多少？

$$24 - 6 = \qquad\qquad 54 - 7 =$$
$$63 - 8 = \qquad\qquad 76 - 4 =$$
$$40 - 9 = \qquad\qquad 81 - 4 =$$

生回答，师用红笔写出差十位上的数字，然后要求算出差个位上的数字。

（许靖老师提供）

学生是在探索过程中成长、发展的。教师要增强以人发展为本的意识，从学生的认识特性出发，把数学学习的时空留给学生，让学生亲自体验数学知识的"再创造"过程。本节课最大的特点是自始至终引导学生自主探索。探索是数学的生命线，学习任何新知的最佳途径是由学生自己去发现，因为这种发现能促使学生更容易掌握内在规律和联系。以上教案重视让学生参与发现被减数和差数字上的特点，他们通过观察、分析、小组讨论得出被减数和差十位相同和少"1"的不同特点，并且让学生知道少的"1"的去向，使学生不仅知其然，还要知其所以然，从而让学生体会到发现后的喜悦，同时突破了退位减法的难点。接着根据所发现的特点来解决差的十位上是多少的问题，从而加深理解两位数减一位数退位减法的内在规律，并掌握运用知识解决问题的能力，使学生探索的信心、学习的兴趣得以升华。

【策略3】 联系生活激趣法

〖定义〗 结合教学内容，引入生活知识从而激发学生的学习兴趣，这就是联系生活实际激趣法。

〖**具体做法**〗 1. 联系学生生活实际,从学生已有的生活经验出发,让学生产生认知的欲望。

2. 把要学的数学知识与学生的生活实际有机结合,使学生从熟悉的生活情境和感兴趣的事物出发,为他们提供观察和认识的机会。

〖**课堂片段**〗 选自二年级的第一学期数学学科《乘法应用题练习》

师:为了迎接国庆节,小胖要去大卖场给福利院的小朋友买礼物。走着走着,他发现了这个(酸奶),他要把它送给福利院的小朋友。(同时出示一张表格,填入商品信息和购买信息及问题。)

商品名	商品信息	购买信息	问题	算式
酸奶	一箱4罐	23盒	一共几罐?	

提出问题,一共几罐?

学生很顺利地答出来了。教师继续提出要求。

师:看书,书上的商品有哪些信息? 如有问题可在组内解决,还有问题再找老师解决。

学生根据老师的要求找出了猕猴桃、薯片、大米等等物品的信息同时计算出了它们的价格或重量。

(王可舟老师提供)

不论是数学中的生活还是生活中的数学,整堂课始终让学生感受到生活是一切知识的来源。《数学课程标准》在教学中的注意问题中,明确指出:"数学教学必须从学生熟悉的生活情景和感兴趣的事物中提供观察和操作的机会,使他们感受到数学就在身边,感到数学的趣味和作用,从而对数学产生亲切感。"这就要求教师在教学时,要善于挖掘生活中的数学题材,让数学贴近生活。这样教师在数学教学中要做的,就不仅仅是让学生在课堂中学几个例题,做几道练习就行了,而应该从过去枯燥无味的课堂学习中解放出来,架起数学与生活的桥梁,引导学生从生活中学到知识,在知识中体验生活。情景中的这位教师充分认识到了这一点,整个教学过程都充满了浓浓的生活气息。薯片、腰果、大米、猕猴桃、酸奶等无不来自于生活,而且这些都是学生所熟悉的事物。这样用学生身边的事物呈现在课堂中,增加了数学的趣味性和现实性,使学生体验到数学知识和日常生活息息相关,从而培养他们喜爱数学、学好数学的情感,调动学生学习数学的积极性。

【策略4】 展评激趣法

〖定义〗 通过开展各种富有趣味的作品展示形式，并加以点评，以此激发学生学习兴趣，提高学生美术技能。

〖具体做法〗 1. 学生完成作品。

2. 按照教学内容设计丰富有趣的展示形式。

3. 在展示过程中巧妙地进行学生作品评析。

〖课堂片段〗 选自二年级第二学期美术学科《装饰小夹子》

教师出示《小小木偶剧》的幻灯片剧场背景。

老师拿起一件学生已完成的作品(假设"小鸟")和自己的"瓢虫"作品，对台下示范表演：

"小鸟"说："小瓢虫，你看呀，小朋友们把小夹子装饰的真好看！"

"瓢虫"说："是啊，是啊！ 快请他们来参加我们的小小木偶剧吧！"

老师：请大家先用自己的小夹子和同桌一起编个小故事。

……(学生小组活动，按各自手中的作品编一个有趣的小故事。)

老师：哪一小组愿意来试一试？(作举手状。)

(邀请同学到《小小木偶剧》的"舞台"上来表演。)

……(学生小组表演。)

表演结束后老师带大家鼓掌，并在学生表演后进行评析。

(朱佳璐老师提供)

这一节课老师使用了"展评激趣法"，不仅在丰富有趣的展示过程中激励了学生的学习兴趣，同时恰当时机的点评又让学生在快乐的学习中提高了美术技能。老师一改静态的作品呈现方式，以"小小木偶剧"的形式给自己的作品扮演一个角色，以团队合作的方式编一个简短的小故事，到"舞台上"来试一试，说一说，演一演。以此进一步激发学生的美术兴趣，让学生能有展现自我的舞台，同时又给作品注入了崭新的生命。

总之，巧妙地使用好激趣策略，无论是对激发学生的学习兴趣和求知欲望，活跃课堂气氛，还是帮助学生理解课文都是大有益处的，同时，在课堂教学中使设疑中有思考，思考中又有设疑之处。精心而灵活地设计"疑"、"思"的内容和程序，使课堂教学中的知识难点突破，重点突出，课堂气氛活跃，学生的自主探究能力得以培养和提升，课堂教学的效果也能得到明显的提高，起到事半功倍的效果。

五、菜单：适合每一个学生

新课程标准的实施对我们各学科教学提出了新要求。构建与新课程理念相适应的学科作业是促进学生学习方式变革的一个重要方面。符合新课程理念的学科作业能引导学生关注生活，积极地学，灵活地学，有助于培养学生的综合能力与素质。

快乐作业——分层作业，它的核心理念是"使每一个学生获得适合自身发展的作业载体"，因此，保证处于不同发展层级的学生都可以针对自己的发展水平，并在此基础上有所提高是分层作业设计的基本价值追求。为此，我们的教师都树立了"为每个学生设计作业"的理念，打破原有的作业设计方式，还原学科作业以新的磁力，让我们的学生在充满生机和趣味的丰富多彩的作业中，感受到作业的乐趣、实践的充实、合作的收获和成功的快乐。

我校的"快乐作业——分层作业"的设计与实施就是基于学生的作业现状，反映学生的实际需求。我校学生75％左右为民工子女，他们的学习和作业习惯存在比较大的偏差。因此，在设计与实施"快乐作业——分层作业"之前对学生需求现状进行分析，调查学生学习的实际情况与作业需求，从而设计符合我校学生实际情况的"快乐作业——分层作业"。

"快乐作业——分层作业"的基本原则：夯实"基础层"＋扩展"中层"＋提升"高层"。"基础层"强调学生作业的兴趣性与知识性；"中层"强调学生作业的方法性与技巧性；"高层"保证学有余力的学生获得智力的启发与思维的训练。实现"始于兴趣与热情、基于知识与能力、指向学生均衡、公平的发展"的作业分层设计的目标。

"快乐作业——分层作业"包涵教师分层设置作业、学生自主选择完成两个方面。教师分层设置作业，指教师设置课内、课外作业时要依据教学内容、学习时间等因素，因人而异，区别对待，针对班级不同层次学生发展的需求，其内容与要求分类分层有所不同，体现作业的差异性、层次性和递进性。

学生自主选择完成指的是学生依据自己的学习基础、学习能力和内在的发展需求，自主选择适合相应层次的作业，并高质量完成。

（一）扬长避短——习题菜单

课内综合练习部分分层设置，练习设置★、★★、★★★三个层次。★、★★层为基础类，也是必做类，重在巩固基本知识，培养基本技能，达到课标规定的基本要求；★

★★层为拓展类,是选做类,适当地增加难度进行变式练习,达到课标要求的能力,拓宽学生思维,培养实践能力和创新能力,达到课标的较高要求。教师讲评时,★层内容面向中下层级发展水平的学生,点拨重点与难点,★★层内容面向中等及中上层级发展水平的学生,★★★层内容以理思路、讲方法为重点,保证优等层级发展水平的学生掌握,而中下层级发展水平的学生受到启发,保证各类各层级学生学有所获、学有所长、学有所成。

【回放】 **二年级数学   乘法练习课的分层习题菜单**

分层习题菜单

★（郭忠杰、董文浩、尧海平、梁万、石峰、陈丁、杨锦隆、黄慧颖、胡铮骏）

➡ 完成的同学升级到★★

1. 口算

$8\times 0=$ $4\times 2=$ $4\times 6=$ $0\times (\qquad)=0$

$15+2\times 4=$ $2\times 10-4=$ $5-5\times 0=$ $2\times 10=4\times (\qquad)$

2. 看图填空

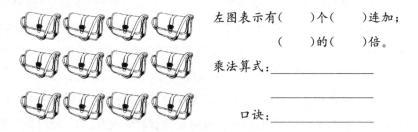

左图表示有(　　)个(　　)连加;
　　　　　(　　)的(　　)倍。

乘法算式:_____

_____

口诀:_____

★★（王翰飞、王樱、涂妤湉、刘子轩、吴稳通、段元弘、张沪、李冬阳、单翔宇）

➡ 完成的同学升级到★★★

1. 看图填空:

○○　　△△△△　　☆☆☆☆☆☆☆☆

(1) 将○看作一份,△个数有这样的_____份,△的个数是○的_____倍,就是_____的_____倍。

(2) 将△看作一份,☆个数有这样的_____份,☆的个数是△的_____倍,就是_____的_____倍。

（3）将○看作一份，☆个数有这样的_____份，☆的个数是○的_____倍，就是_____的_____倍。

（4）将○看作一份，图形总数有这样的_____份，图形总数是○的_____倍，就是_____的_____倍。

2. 64 ＝（　　　）×（　　　）

★★★

1. 　　　　　　　　　　　　　　根据左面的图列出算式：

　　　　　　　　　　　　　　　　_____

　　　　　　　　　　　　　　　　_____

2. 请根据生活中的情景，自编一道应用题。

　　生活中的乘法问题

　　_____，_____，_____？

　　_____×_____＝_____（　　　）

　　答：_____。

（数学教研组提供）

回放　**四年级数学　运算定律（乘法分配律）新授课的分层习题菜单**

分层习题菜单

★（曹腾飞、黄慧、王寰宇、杨琪苗、计哲桦、宋天睿、傅瑞刚、张君彦、张露、张金昌）

￣￣￣➡ 完成后可升级到★★

（1）填空

$(93 ＋ 28) \times 11 ＝ 93 \times \square ＋ 28 \times \square$

$\square \times (85 － 13) ＝ 29 \times \square － 29 \times \square$

$\blacklozenge \times \bigstar ＋ \bullet \times \bigstar ＝ (\square ＋ \square) \times \square$

$a \times (b － c) ＝ \square \times \square － \square \times \square$

（2）运用乘法分配律进行简便计算。

$47 \times (200 ＋ 3)$　　　　　$(30 － 8) \times 25$　　　　　$43 \times 27 ＋ 43 \times 73$

★★（秦天、王子耀、宋易芝、李欣杰、杨莹、易紫轩、赵俊杰、钱嘉豪、严琦、张德豪、李彬、吴海燕）

￣￣￣➡ 完成后可升级到★★★

（1）运用乘法分配律进行简便计算:

102×28　　　　　　　　$61 \times 99 + 61$　　　　　　　$63 \times 36 + 36 \times 36 + 36$

（2）对比练习:

$8 \times (125 + 25)$　　　　　　　$8 \times (125 \times 25)$

★★★

（1）用多种方法计算

101×99　　　　　　　　125×44

（2）运用乘法分配律进行简便计算:

$101 \times 91 + 25 \times 9 \times 4$　　　　$63 + 7 \times 91$　　　　$1050 - 34 \times 75 - 34 \times 25$

（数学教研组提供）

（二）因材施教——分层作业

课外作业是依据内容与时间情况,设置为★、★★、★★★三个层次。★★★层为探究类,主要是依据教学内容,面向学有余力的优等层级发展水平的学生设置的实践性、探究性和活动性作业。与课内作业相比,在选择上要提高要求:★层为必做类,★★层为中层级发展水平以上学生必做,学有困难学生选做类;★★★层为选做类,鼓励优等层级发展水平的学生完成,中层级发展水平的学生选做。

回放 **二年级数学分层作业文本**

数学分层作业

一、填空

★ 1. 钟面上有（　　　）大格,每大格有（　　　）小格,一共有（　　　）小格。

2. 时针走一大格是（　　　）小时,也就是（　　　）分钟;分针走1大格是（　　　）分钟。

3. 分针走一圈是（　　　）分。这时,时针走了（　　　）大格。

4. 用电子表的形式写出下面的时刻

　　　10时半　　　　　14时过6分　　　　21时少3分　　　　6时整

　　　（　　　）　　　　（　　　）　　　　（　　　）　　　　（　　　）

★★ 1. 100秒＝（　　　）分（　　　）秒　　　2. 1分40秒＝（　　　）秒

3. 1时＝（　　　）分　　　　　　　4. 1分＝（　　　）秒

二、看图完成问题

★ 正确地读出钟面上的时间。

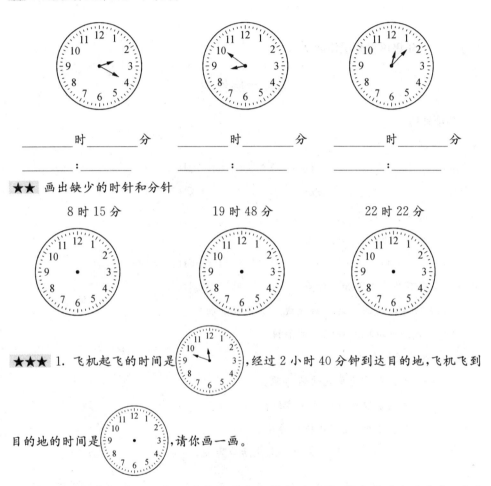

_____时_____分　　　_____时_____分　　　_____时_____分

_____:_____　　　　　_____:_____　　　　　_____:_____

★★ 画出缺少的时针和分针

8 时 15 分　　　　　19 时 48 分　　　　　22 时 22 分

★★★ 1. 飞机起飞的时间是 _____，经过 2 小时 40 分钟到达目的地，飞机飞到

目的地的时间是 _____，请你画一画。

2. 小丁丁在杭州一日游，下面是他到各大景点的时间，请在钟面上画出来，并写出他这天游玩的行走路线。

三潭印月　　　　　虎跑　　　　　断桥　　　　　花港观鱼

9:30　　　　　　15:25　　　　　11:08　　　　　13:00

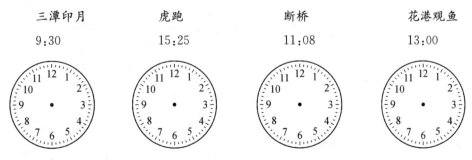

　　小丁丁的游玩路线是：(　　　)→(　　　)→(　　　)→(　　　)

（数学教研组提供）

回放　三年级语文分层作业文本

语文分层作业

一、单项训练

★ 1. 组词

副（　　　）　　　　　假（　　　）　　　　蕾（　　　）

福（　　　）　　　　　瑕（　　　）　　　　雷（　　　）

★★ 2. 照样子写词语

　　例：风（平）浪（静）

　　风（　）日（　）　　目（　）口（　）　　面（　）耳（　）

★★ 3. 给下面的句子加上标点

　　(1) 快点做功课　　老师对我说　　不要做小动作

　　(2) 我们一块玩游戏吧　　丽丽说

★★ 4. 照样子写句子

　　例：我们在雪地里欢快地奔跑。

　　　　我们欢快地在雪地里奔跑。

　　　　在雪地里，我们欢快地奔跑。

　　(1) 骏马在一望无际的原野上快活地奔驰。

　　_____

　　_____

　　(2) 小鸟在蓝天自由地翱翔。

　　_____

　　_____

二、阅读练习

（一）信

1. 读诗歌，做练习

★ (1) 我学会了写信，先后替_____、_____、_____、_____、_____、

_____。

★★ (2) 我替云给_____写,愿变成_____;替树给_____写,愿变成_____

_____。

(二)茉莉花

初夏的一天早上,我在阳台上惊喜地发现茉莉花长出了好多叶子,整株茉莉花都绿油油的了。枝上还露出了一个个绿色的花苞,它们正在贪婪地(吮吸 吸收)着甘甜的露水呢。

★ 1. 换部首,组词

茉(   )(   )   副(   )(   )

疏(   )(   )   瑕(   )(   )

★★ 2. 选词填空(圈出正确的词语)

(1) 枝上还露出了一个个绿色的小苞,他们正在贪婪地(吮吸 吸收)着甘甜的露水呢。

(2) 妈妈摘下一朵叫我闻,茉莉花的香味真醉人,花香(沁入 进入)了我的心田。

★★★ 3. 读读课文的2—4小节,仿照课文的描述,请你选择一种你喜欢的花写写花的生长过程和姿态。

_____

(语文教研组提供)

回放 四年级英语分层作业文本

英语分层练习

一、单词分类(★)

watermelon	winter	cherry	giraffe	black	pear	horse	sunny	sweet
yellow	chocolate	autumn	pie	purple	coat	bear	blouse	sweater	peach
biscuit	windy	fox	cloudy	grey	rainy	spring	jeans	summer

1) fruit _____

2) animal _____

3) food _____

4) clothes _____

5) weather _____

6) colour _____

7) season _____

二、按要求写单词(★★,9★★★)

1. I (宾格)_____   2. party (复数)_____

3. let us (缩写)_____   4. there (对应词)_____

5. outside (对应词)_____ 6. woman (复数)_____

7. who's (同音词)_____   8. wrong (反义词)_____

9. teachers (所有格)_____

三、用所给词的适当形式填空(★★,4,9,14★★★)

1. There _____ (be) some money in the packet.

2. These are _____ (teacher) offices.

3. In summer，David often _____ (sail) boats on the lake.

4. Can a monkey _____ the tree? Yes, it _____ now. (climb)

5. Whose _____ (knife) are those? They are _____ (Mark).

6. A blue and yellow kite _____ (be) in the sky.

7. Listen! Alice _____ (sing) an English song.

8. What _____ the children _____ (do) now?

9. Don't _____ (talk) loudly. My sister _____ (sleep) in her bedroom.

10. How _____ the green apple _____ (taste)? It's very crunchy.

11. Kitty likes _____ (swim) very much.

12. _____ (not make) any noises in the library.

13. These peaches are not for _____ (you). They are for _____ (I).

14. _____ grapes are those? They are _____ (peter).

15. Is it _____ cherry or _____ orange? (a)

16. The grapes are on a vine. The fox can't eat _____ (them).

17. "Those grapes _____ (be) sour." the fox _____ (think).

四、选择填空(★★,8,19★★★)

(   ) 1. How does the cherry taste? It's _____.

A. right   B. nice   C. red

(   ) 2. They are _____ sweet at all.

A. too   B. not   C. very

(   ) 3. _____ the ice cream. It's sweet.

A. Taste   B. Touch   C. Smell

(   ) 4. Taste _____. It's sweet.

A. the grape   B. a grape   C. grape

(   ) 5. Is it your book _____ his book?

A. or   B. and   C. for

(   ) 6. What's that? Let's have a look _____ it.

A. on   B. in   C. at

(   ) 7. The juice _____ sour. I don't like it.

A. taste   B. smells   C. tastes

(   ) 8. What can you see? I can see _____ fruit.

A. a   B. an   C. the

(   ) 9. Look at the bird. There is a grape in _____ mouth.

A. it   B. its   C. it's

(   ) 10. _____ the plum? It's sweet and nice.

A. How   B. How about   C. Is it

(   ) 11. Is the plum soft or hard? _____

A. It's soft.   B. They're hard.   C. No, it isn't soft.

(   ) 12. What do you want? I want _____.

A. a juice   B. many juice   C. a glass of juice

(   ) 13. The cherry juice _____ nice, I _____.

A. is, think   B. is, want   C. are, am

(   ) 14. What _____ he _____ in the art room?

A. do ... does   B. is ... doing C. do ... do

(   ) 15. What shape are the watermelons? They are _____.

　　　　　　A．green　　　　　B．round　　　　　C．sweet

(　　) 16. What _____ you _____? I can ride a bicycle.

　　　　　　A．are...doing　　B．can...doing　　C．can...do

(　　) 17. What's in the library? There are _____ books in the library.

　　　　　　A．lot of　　　　B．a lots of　　　C．lots of

(　　) 18. Have you got _____ bread? Yes, I've got _____.

　　　　　　A．some...any　　B．any...any　　C．any...some

(　　) 19. I _____ hear you. Louder, please. It's too noisy here.

　　　　　　A．can　　　　　B．don't like　　　C．can't

五、辩音(★★★)

(　　) 1. A. grapes　　　　B. this　　　　C. is　　　　D. books

(　　) 2. A. birthday　　　B. mouth　　　C. thin　　　D. smooth

(　　) 3. A. make　　　　B. mask　　　C. late　　　D. cake

(　　) 4. A. blow　　　　B. cow　　　　C. how　　　　D. house

(　　) 5. A. what　　　　B. hat　　　　C. bag　　　　D. cat

(　　) 6. A. ten　　　　　B. eleven　　　C. yes　　　　D. Betty

(　　) 7. A. here　　　　B. where　　　C. hear　　　　D. near

(　　) 8. A. chocolate　　B. chair　　　C. watch　　　D. school

六、改写句子(★★,5,6★★★)

1. Please have some cakes, Nancy. (否定句)_____

2. Are they basketballs or footballs? (单数句)_____

3. Lily can draw a picture. (划线提问)_____

4. I'm playing the violin at home. (划线提问) _____

5. These are Betty's white T-shirts. (划线提问)_____

6. Does Eric like the green ones or the blue ones? (回答问题)_____

(英语教研组提供)

　　总之,快乐作业充分地体现了作业的差异性、层次性和递进性等各个方面。分层作业的设计与实施既能调控好学生的作业量也能调控好学生的作业难度,放归予学生一定的作业自主权,学生们便会摆脱传统应试式作业的桎梏,走上快乐作业之旅程,在作业中找到自我、挑战自我、超越自我。

第六章 "磁性课程"的领导路径

磁性智慧——

　　大厦欲立,根基必固。对于建设"磁性课程"而言,"磁性课程"管理就是根基。从最初对课程进行价值判断,到整体规划,再到精细设计,最后深度实施,开发课程的每一个环节中,"磁性管理"就像一面旗帜,指引方向;又像一个漏斗,甄选良莠……

　　一声声"磁性"的呼喊,一次次管理的探索,一门门课程的建设,"磁性管理"下的课程呼之欲出,绽放出独特的"磁性"魅力!

　　学校课程管理是指学校依据上级的课程政策和自身的办学实际,对学校课程编订、实施、评价等方面的组织、领导、监督和检查,以使课程活动有效运作的活动或过程。它应该包含两方面的内容,一是国家规定的课程和地方课程的有效实施,二是校本课程的合理开发。学校课程管理的宗旨就是要帮助学校切实有效地履行课程管理的权责,提高学校课程的整体质量,促进全体学生主动地发展。

　　"磁性课程"管理是在推进二期课程改革和建设校本课程的大背景下,我校探索创新管理方式,为推进"磁性课程"而逐渐形成的。"磁性课程"规划开始后,学校积极建立课程管理的保障机制,确保"磁性课程"实施的有效性和科学性。整体设计与精细实施特色课程,需要课程管理上给予指导和保障,否则课程实施过程将会是一盘散沙,杂乱无章。为了更好地实施"磁性课程",也为了凸显学校和教学的"磁性"特征,我们在探索中走出了一条"磁性课程"管理之路。

　　探究"磁性课程"管理之路,首先要对它进行全面的考查规划,特别是跟本校实际情况结合起来。

　　"磁性课程"管理在我校表现为学校课程规划是以深入的研究为基础,全校上下,齐心协力,共享创造,积极主动地投入课程建设,在主课题的基础上由各学科教研组分别就各学科的实际特点寻求相应的子课题研究方向。进一步提升学校的民主管理意识，关注师生发展的需要，形成科学的管理方式。管理是为了更好地教学，也是为了更好地实施课程目标。"磁性课程"管理即在对课程进行价值判断、整体规划、精细设计和深度实施的每一个环节都做到规范、科学、有效，对从课程设想到课程成熟整个设计和实施的过程进行管理保障。

第一节　价值判断：从"课程提议"到"课程审议"

课程对于学生的发展和学校教育品牌的形成都具有重大的作用，什么样的课程符合学生的发展需求，符合课改的要求，符合学校发展的方向，这是建设任何一门课程首先要考虑的问题。因此，对课程进行价值判断是课程管理的第一步。

一、价值取向：健康、快乐比什么都好

学校建设"磁性课程"的过程中始终坚持二期课改的基本价值取向，即"以学生的发展为本，坚持全体学生的全面发展，关注学生的个性健康发展和可持续发展"。同时，始终坚持学校"磁性教育"的教育理念。从课程的规划到实施，每一个环节都有价值判断的考核。我们从学校实际和学生的学情出发，围绕"学生的发展"这一基本价值理念，不断构建学校富有吸引力的课程体系。

以学生发展为本，遵循教育规律，尊重学生身心发展规律，学校积极创造有利于学生成长的物质和心理环境，不断寻找最佳的教育方法和途径，为学生提供一种有吸引力的成长、学习途径。为了兼顾学生的全面发展和个性发展，兼顾教学目标和学生的个性发展，兼顾校内校外的需求，学校统整教学内容和教学经验，重新设计课程体系，使知识技能、经验等以螺旋上升的方式呈现给学生，让学生主动实践体验，在自省中完成知识的学习、技能的提高，不断拓宽自己的眼界，提高解决生活问题的综合能力，进而形成可持续发展的能力。

学校建设"磁性课程"时，从课程愿景到材料的开发研究，从课程提议到课程的审议，各个环节都有严格规范的管理，特别是课程委员会对课程提议到课程审议的价值取向。我们开发的课程应该是符合国家二期课改的要求，符合学生家长的要求，符合学校发展的要求。

我们的观点:在综合中寻求平衡。前述评价的价值取向所反映的是人们站在不同的立场上对教育的不同看法,我们认为学校教育应该有一个能包容各方的综合质量观,我校的磁性课程建设将努力在综合中寻求平衡。我们对磁性课程的评价就是在遵循教育客观规律与学科自身内在逻辑的基础上,既让学生满足社会现实和长远需要,又让学生的个性能充分发展。

首先,我校"磁性课程"的开发以及课程的校本化必须保证其学科知识的科学、准确无误。教育有着自身客观的规律、科学有着自身发展的逻辑,我们的课程必须尊重这种规律和逻辑,让学生能接受较为系统的科学知识,为今后的学习做好储备。

其次,我校"磁性课程"的开发融入了校园周边在地文化资源,关注学校所处的社区以及上海、卢湾的文化资源,以适应并满足社会现实及长远发展的需要。学生是一个社会人,作为社会的一份子,他必将回归社会,融入社会。

最后,我校的"磁性课程"要充分关注学生的个性发展,为学生的发展奠定扎实的基础,并满足其多样、丰富的发展需求。

总之,"教学生五年,想学生五十年,想民族五百年",这是我们永恒的目标。

我们以"磁性课程"管理的价值取向为方向标,在学校发展中,"磁性课程"管理体现出它独特的魅力和特色。

在迈向新世纪的过程中,随着课程改革的演进和课程开发模式的变革,各国均强调课程改革的民主参与,打破了原有的课程权力分配极端化的开发和管理模式,走向权力分享。我校"磁性课程"管理主要体现出以下一些特色。

(一)民主性

我国传统的课程管理是一种集权型模式,教育行政机构习惯于"自上而下"的管理模式。随着课程改革的演进和课程开发模式的变革,各国均强调课程改革的民主参与,打破了原有的课程权力分配极端化的开发和管理模式,走向权力分享。"磁性课程"管理注重发挥学校党支部的政治核心和保障作用,同时发挥教职工代表大会民主参与作用,坚持校务公开,持续创建和谐校园。加强学校内部管理,建立社会、家长共同参与学校管理的多元参与机制。

(二)科学性

教学是学校的中心任务,是课程实施的主要形式。同时,教学管理也是学校管理的中心。传统的课程由于注重以纲为纲、以本为本，使得教师只能依据国家制定的课程计划与教材来教学、评价学生，而学校和教育主管部门也以是否依纲，是否按本来评价老师。所以，传统的课程管理实质上是课程实施管理或者是教学管理。如今，教育的大众化趋势决定了在课程建设中必须坚持民主参与、科学决策的方针，必须建立有效的教育行政管理人员、教育研究人员、校长、教师以及社会各界广泛参与、平等对话的机制，以在课程管理方面实现权力的分享。学校对课程管理主体权责的内容发生了变化，这意味着学校的课程管理就不再仅仅局限于课程内容，学校管理的中心从教学管理走向了课程管理。

"磁性课程"管理是在全校师生和家长社区的共同努力下，形成的民主型管理方式，这不仅体现了学校对课程的校本要求，也体现了社会家长对课程科学性、有效性的要求。另外，在多方合作管理的方式下，我校的课程同时满足不同层面的要求，也同时接受不同层面的监督管理，体现了管理的科学性。

（三）吸引力

教师要提高学生的主体参与意识，培养学生的自主管理能力，吸引学生自主学习。新课程强调学生的自主学习，而自主学习能否收到良好的效果，有赖于学生在学习过程中自我管理能力的高低。在课堂管理中，教师要尊重学生学习的自主权，对学生的学习进行有效的指导，吸引学生参与到课堂管理中来，让学生认识到学习是自己的事情，课堂的管理也是自我的管理，学生本人也是课堂的管理者。通过构建平等、民主的管理机制，就会使课堂管理充满活力，更富吸引力，就会在课堂上真正实现师生互动，促进学生的发展。

正是"磁性课程"管理的魅力，吸引着我校师生员工更加主动积极地投身到教学改革和管理改革之中，正是"磁性课程"管理独有的瑞二小学特色，吸引着周围的学生走进校门，促使周围的课程资源被开发与利用。为了让"磁性课程"管理更具体，更具统领性，学校制订了一系列课程开发管理制度。

二、用制度确保课程富有磁性

"磁性课程"的规划与实施，离不开学校一系列相关支持性制度。支持性制度是学校共同遵守的，落实课程计划和课程方案，有效促进学校课程开发、实施、管理和评价的一系列规范和行为准则。它不是对课程开发及教师实施行为的刚性约束，而是一种使课程实施富有价值的行为导引。学校已经形成"磁性课程"有效落实的相关支持性制度,如课程委员会制度、校本课程开发制度、校本教研制度、课程资源管理制度、课程评价制度等。

(一)课程提议

学校在对课程材料研究开发的基础上,形成校本课程。在课程开发的过程中,教师首先要向学校课程委员会提出课程申请,详细介绍申请教师的信息、课程名称、教材、课程类型、课程课时、开课班级和招生范围等具体信息。要对课程委员会简介该课程的主要内容、教学目标和开课理由等信息。教师提交申请后,课程委员会要组织会议,召开课程审议会议,并由申请教师做课程推介,进行集体讨论。

进行学情分析

↓

研究课程资料

↓

编写课程大纲

↓

课程提议申请

每一个环节我们都有专门的管理措施。首先,在学情分析时,学校要求教师对一定比例的学生进行问卷调查和座谈,收集学生的信息资料,并对资料做出初步分析,再将其一并交给教研室做进一步的分析研究。通过这种方式了解学生的现状,发现存在的问题,这为我们设定课程起到导航的作用。其次,针对学生的情况,教研组和教导处展开合作,收集相关课程资料和教材,进行研究,梳理出符合要求的教学内容和教学大纲,并编写教材和大纲。集体讨论后,将任务分工,责任到人。第三,拿出课程开发的初步成果,以教学大纲和教材的形式展现出来。最后,向学校领导小组提交课程提议申请,等待申请结果。

课程提议管理既有专门的规章程序来约束,也有实施的时间节点。一般,课程提议的流程是:第一步,教导处组织会议,确定下学期准备开设的课程;第二步,教导处组内成员讨论研究,同时教研室参与协商,明确课程要求和内容;第三步,根据教师特长和课程特色,选择任课教师,并对课程进行研究。时间一般是学期结束前一个月完成前三步,同时给予任课教师充分的时间,利用寒暑假研究课程。

在下学期开学前一周,任课教师向学校申报开设课程,以"瑞金二路小学校本课程申报表"的形式呈现出来,等待学校课程开发领导小组的审核。

表1　瑞金二路小学校本课程申报表

申报教师		职称			教龄	
现任教年级			现任教学科			
课程名称			申报课程类别			
总课时			拟开设的年级			
教材情况	使用课程(项目)教材名称		课程(项目)教材来源(打√)			
			借用			
			自编			
课程简介						
审批意见						

(二) 课程审议

在课程提议的基础之上,学校课程开发领导小组建立了课程审批管理制度。这是为了更好地促进瑞二小学校本课程开发的规范性,提高我校校本课程开发的质量,同时对每一门课程的开发进行价值判断和质量把关。

校本课程的开发是在充分调动教师积极性、学校各方面人员充分参与的基础上进行的,需要调动学校各方面的教育资源。为了有效进行校本课程的开发,必须建立民主开放的管理体系,健全动力机制、内部反馈和激励机制,创设广泛而通畅的交流渠道,这样有利于校长、教师、课程专家、学生、家长之间的良好沟通。

我校校本课程的申报和开发流程:

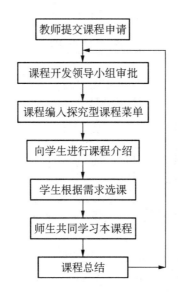

第一步:确定课程。通过组内讨论,确定下个学期开设的课程。

第二步:申报课程。开学前一周,教师向学校申报开设校本课程。

第三步:初审课程。学校课程开发领导小组组织课程审评人员对课程进行初审,通过初审后的校本课程编撰成菜单,以供学生选择。

第四步:选择课程。学校课程开发领导小组公布初评通过的课程及教师名单,向学生提供清单,指导学生选择校本课程。学生自愿选择校本课程,填报意向表。

第五步:开授课程。教导处依据学生的选课情况,确定开设校本课程的科目和任课教师,安排教室,确定开课时间,形成《探究课课程表》,通知教师开课。学生根据课表按时参加学习。

第六步:评价课程。教导处对教师和学生分别进行过程性和终结性评价。

第七步:反思课程。每学期或学段结束,开课教师要对自己开课的情况进行反思,提交校本课程文本和总结材料。

在整个审批制度中,我们的课程开发要处理好学校特色、教师特长和学生需求的关系,要在充分了解学生发展需求的前提下,结合教师特长进行课程开发。教学内容要有一定的连续性,课程要体现教师个性和特长。

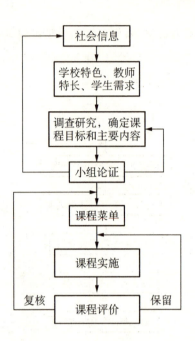

依据我校教师的实际情况和学生的反馈意见，"磁性课程"的实施首先由我校教师承担，教师通过调查学生实际，了解他们的意愿、兴趣、需求，结合自己的专业特点、专长，自选内容，自编教材、教案、开设课程。每门课程的课时数不少于16课时，开设的课程经课程领导小组初审通过后，将在校内公布各位教师的课程类型、课程目录。然后由班主任负责，学生自由选择课程，选择结果由教导处进行核实、汇总，依据汇总结果，编排校本课程课表，确定授课地点、时间及组织实施。

调查研究是对拟开发的校本课程的一个初步构建的过程，主要是在社会发展和学生发展需求的基础上，确定课程目标和主要内容。

课程领导小组审查课程时，要在实践角度对可行性进行分析，要对课程设计是否可行，是否符合学校课程价值取向，是否有利于学生的成长发展等方面进行考核。课程领导小组一般会举行专题会议，对所申报的课程做专题研究，指出课程设计的优缺点，并列出改进意见。若申报的课程违背了学校的课程价值取向，或者不利于学生的学习，难易程度不符合学生的发展现状，则无法通过审批。申报的课程能否通过审批，在全体小组成员的集体讨论研究后，举手表决，实行一票否决制。如果课程被一位小组成员否定，那么课程就无法进行设计实施。

审批通过的课程则确定进入学校课程菜单，或提出调整建议，让教导处或者任课教师继续修改课程。每学期结束，开课教师要对自己开课的情况进行反思，提交校本课程文本、实施资料和总结材料。

　　"磁性课程"管理的价值取向为我们指明了课程管理的方向,一系列的规章制度也为学校课程的发展奠定了基础。于是我们对课程进行了整体规划,让我们把"课程哲学"落实到具体的"课程设计"之中。

第二节　整体规划:从"课程哲学"到"课程设计"

　　学校从分析在地文化入手,通过理念的厘定、目标的设计、课程框架的搭建,整体设计与规划"磁性课程"。

　　在"磁性课程"建设过程中,课程类型不断丰富,课程特色不断彰显,学生对课程的热爱也日渐明显,学校开始对课程进行整体规划管理。学校以"'磁性课程',魅力课堂,自主发展"为办学理念,按照市教委的要求,在保证实施国家小学课程计划的基础上,结合学校实际,以培养学生个性特长为目标,全面开设基础型课程,拓展型课程和探究型课程。课程领导小组在充分考虑学校"磁性课程"的共同愿景、课程目标、计划构想、进程安排、可行性等诸多方面因素基础上,将不同类型的课程进行归类合并,最终形成了学校"磁性课程"总体框架结构:

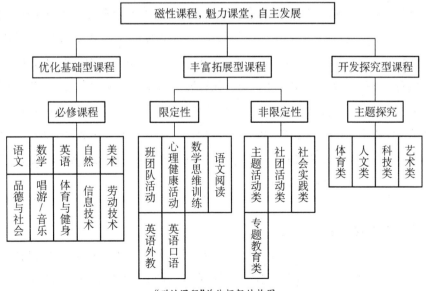

"磁性课程"总体框架结构图

我们课程规划的宗旨是为每一个儿童的发展提供最佳的最有吸引力的课程。学校将各项课程重新整合，开设类型丰富、特色鲜明的课程。因为我们相信学校提供的课程越丰富，课程结构越科学，特色越鲜明，就越能调动学生参与的积极性，激发他们学习的兴趣和主动性，这样学生的收获也就越多，成长空间也就越大。

学生童年时代接触的不同领域的知识越多越生动，他们积累的综合知识也就越丰富越牢固，以后发展中也就越有兴趣和基础。所以，学校提供的课程要充分满足学生成长所需的知识，满足他们不同的兴趣爱好，同时也要以生动形象的课程吸引学生的注意力，让学生主动参与学习过程。

课程领导小组不仅从大的方向上管理学校所有的课程类型和体系，同时也进一步深入到每一个类型，做出具体的规划。

一、基础型课程框架：自能发展的课程

基础型课程，重在奠定学生的能力基础。学校按照市教委的课程计划所规定的基础型课程的周课时数来设置课程，让学生能优质高效地完成小学阶段的教育。目前，我校主要通过将"两纲"实施融入各学科教学中、创新教学方式、实施分层作业等方式来凸显基础型课程的吸引力。

（一）将"两纲"实施融入各学科教学

充分挖掘教材中的"两纲"教育资源是教师实现"两纲"教育与基础型课程无缝对接的良好举措。例如，教师在语文、品德与社会学科教学中渗透中国先进文化的内涵；在数学教学中渗透思维训练能力的培养；在英语教学中渗透本土及国际化文化意识和爱国主义情感教育；在自然教学中渗透环保意识、国防意识等科学人文主义思想；在体育教学中渗透全民健身意识；在音、美教学中渗透真、善、美鉴赏能力的培养等。学校在基础型课程实施过程中还注重将周边资源纳入"磁场"。通过编撰校本教材，开发绍兴路、田子坊、思南路的文化资源，与基础型课程中的相关学科建立起相应联系，激发学生兴趣的同时，拓展他们的思维。

（二）创新教学方式

目前，学校各学科围绕着学校的主导课题《小学特色课程的整体设计与精细实施研究》进行子课题研究。如：语文学科以目前存在的诸多教学困惑与问题为突破口，开

展了"和趣课堂"研究,以建构趣味、和谐、高效的语文课堂;数学学科以激发学生学习数学兴趣为抓手,开展了课堂教学"激趣 20 招"的研究,增强学生对数学的求知欲,提升课堂教学的磁性魅力值;英语学科根据自身学科特点,开展"文本再构"的有效教学设计研究,旨在英语教学中合理进行"文本再构",优化英语课堂,将零散的字、词、句融入语篇教学之中,增强学生的语用能力。综合学科包括音乐、美术、自然、体育四门学科。尽管每门学科具有不同的特性,但它们都有其共同的特点,即这些课程充满了童趣。因此,综合学科根据不同学科的特点开展"童趣课堂"的研究,其出发点与着眼点都是学生。

(三) 实施分层作业

作业是深化知识、巩固知识、检查学习效果的重要手段。根据学校学生的实际情况,教师编撰主学科分层作业并将其装订成册。作业按照难度分为一星、二星及三星,学生可以根据自己的学习能力选择适合自己程度的作业。通过分层作业的实施,教师可以适当把作业的自主权交回学生,使学生成为学习的主人,引导学生对自己的学习自主选择,自我挑战,激发他们学习的积极性。教师在分层作业的三星级设置中,非常注重学生综合运用能力及创造力的培养。

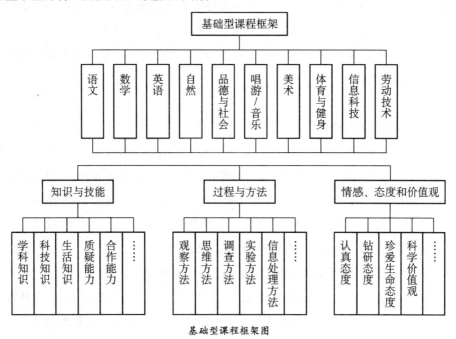

基础型课程框架图

二、拓展型课程框架：个性成长的课程

拓展型课程，重在发掘学生的个性潜力。学校以校为本，以师为本，从学生实际出发，积极丰富拓展型课程，编写教材。我们通过师生的问卷调查，根据教师的特点和学生的实际需求，不断地对拓展型课程进行调整。

学校拓展型课程设置充分考虑到多学科内容，涵盖心理、思维训练、信息技术、语文和英语各门学科，主要通过与基础型课程相交融、与创新实践相结合的方式贯彻"课程即磁铁石"课程理念。

（一）与基础型课程相交融

学校构建以"磁性课程"为主线的拓展型课程体系，多方面满足学生的学习需求，拓宽学生的知识面。通常的做法是进一步挖掘和延伸基础型课程内容。基于此，学校开设了语文阅读课、头脑风暴、英语口语、心理活动、围棋、书法、英语外教等众多拓展型课程，并在实施这些课程过程中尝试灵活多样、依据学生年龄特征与心理特征的教学方式激发学习的学习兴趣，培养学生的思维能力。

其次，学校还将拓展型课程与各学科教学相融合。例如，学校的《生命保护伞》课程融入于自然、品德与社会、美术等学科教学及少先队活动之中。在自然教学中让学生知道火灾、地震发生的原因；在品德与社会教学中要求学生掌握自救、自护的技能；在美术教学中要求学生绘制消防标志与标识；在少先队活动中，要求学生进行校园安全隐患大搜索活动。

（二）与创新实践相结合

课程不仅仅是学科知识的简单传授，还应和学生的生活经验相结合，注重学生的生活体验。"磁性课程"应该是学生生活的课程，注重学生体验的课程。学校依据"磁性课程"的理念，让德育回归生活，在充分研究学生成长需要的基础上，为适应和引领学生成长需要而建设"磁性课程"。鼓励和引导学生参与教育设计活动，拓展活动空间，拓宽活动自由度，吸引学生在实践、体验、感悟中形成认识、增强能力、培育人格，为每一个学生的自主发展创造充满"磁性"的空间。基于此，学校开设了《多彩世界》、《红色主旋律》、《书海拾贝》、《生命保护伞》、《品味卢湾故事》、《心海扬帆》、《艺术畅想》、《探索与发现》、《快乐嘉年华》等众多基于学生创新实践、重在体验的拓展型课程。其

中《多彩世界》课程是学校拓展型课程的典范。学校充分抓住上海召开世博会契机,利用世博会的教育资源,开发和实施了《多彩世界》课程。主要围绕"漫步地球村,相约世博会"系列主题开展"礼仪使者"展示风采、"国家展馆"领略风情、"世博愿景"我们描绘、"新闻发布"点缀世博、"知识手册"绽放智慧、"实践手册"快乐旅行、印象世博难忘回忆、"世博心语"寄托祝福等系列教育活动,让学生感悟世博、体验世博、分享世博。

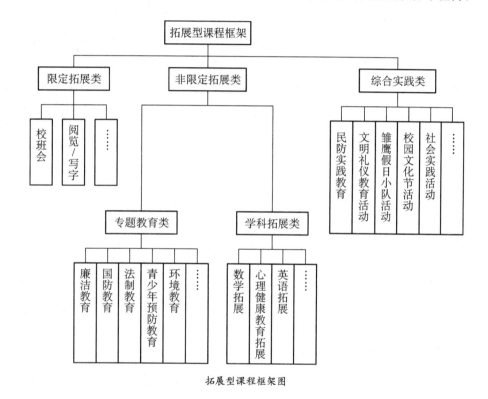

拓展型课程框架图

三、探究型课程框架:素质提升的课程

探究型课程,重在激发学生的未来发展。学校以培养学生团队合作精神、实践能力和探究能力为目的,从学生实际出发,积极开发探究型课程,为满足不同层次、不同发展方向的同学需要,倡导主动参与、乐于探究、勤于动手的学习态度。学校的探究型课程从体育、人文、科技、艺术各方面统筹,实施过程中主要通过以下两点凸显"磁性"。

(一)以自主选择为原则

目前,学校已初步形成规范的探究型课程实施流程。首先由教师撰写探究型课程方案,填写申请表。然后由学校课程委员会审核通过后,申报教师手绘招募海报,并在午会课上用简洁的文字介绍课程的主要内容及特色。学校根据课程内容和要求向学生发布课程菜单,让学生根据自己的需要和能力自主选择自己喜欢的课程,最后由教导处统一汇总并辅之实施。全校学生以走班制的方式自主选择探究型课程。

（二）与小课题探究相结合

我校开展的探究型课程门类繁多,如有涉及在地文化资源的课程如"品味绍兴路"、"寻访田子坊"、"漫步思南路";也有涉及生活类的课程如"上海小吃的探究"、"食品包装纸上的信息";也有文化艺术类的课程如"西方风情"、"中华大家庭"、"古诗词探究之旅"、"中国传统节日的探究"、"创意象形字"、"中国传统戏曲的探究"、"上海方言的探究";还有科学类课程如"黄豆的一生"、"鸟类的奥秘"、"探究动物的尾巴"等。这些课程都是一个个小课题,每位教师都根据研究背景、研究目标、研究内容、研究过程、研究结果等方面开展课题研究。教师成为课题的组织者和指导者,学生成为课题的开发者、参与者与研究者。

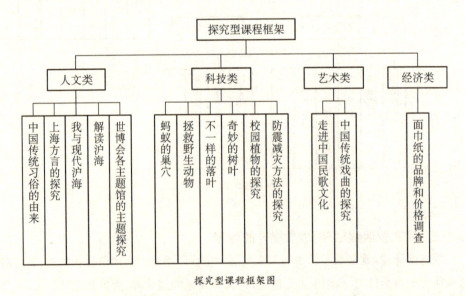

探究型课程框架图

不同类型的课程,需要管理制度等方面的保障。在管理保障上,学校的基础型课程、拓展型课程、探究型课程主要由教导处牵头,各年级任课教师实施落实。为了更好地减轻学生过重的课业负担,按市教委要求,一、二年级不留书面家庭作业;三、四、五年级的课外作业,控制在1小时以内完成。在课时保障上,拓展课、探究课安排进总课时,确保落实。在制度保障上,加强指导与检查,确保教研时间、行政听课、参与研究;

制定相应的教学流程管理制度;将教师参与校本课程的研究和成果,作为考核的一个内容。在师资保障上,配备好学、肯钻研、善于创新和探索的教师任教;充分利用学校资源、教师资源,为实践活动拓宽途径。

学校对课程的整体设计,不仅从宏观上把握了课程发展的脉络,更是保障了课程的发展符合我校的特色。课程整体规划是我们的课程蓝图,有了这张蓝图,我们就可以从精细设计的角度,具体规划设计每一门课程,让我们的"课程愿景"体现到我们的"课程目标"和实施过程中。

当然,课程整体规划需要有管理上的指导和监督,学校建立了"磁性课程"管理层,专门负责学校课程的规划和实施,成立了学校"磁性课程"领导小组,对课程规划及其相关工作进行管理,为课程的顺利实施和进一步改进提供保障。

学校贯通教导处、德育处和科研室等部门,将学校的课题研究和教学等系统整合,从不同层面指导我们的课程。这样既可以让科研课题指导我们的课程和教学活动,也能以课程为基础,深入科研的内容和课题,使科研和教学相结合,相互促进。实现我们课程的统整,不仅有利于单个学科内部的统整,也有利于学科之间的相互融合,协作教学。

学校通过建立以校长室为领导的"磁性课程"实施委员会,组成由校长室引领,教导处具体实施,大队部和科研骨干教师共同参与的"学校课程骨干活动小组",定期开展研究活动。学校通过外聘课程专家对科研骨干教师开展指导培训活动,不断完善学校"磁性课程"主体。学校全体教师广泛参与,各部门协调合作,在多级课程实践活动中承担不同类型的研究任务,为研究工作各线开展好服务基础,从而共同达成建构学校"磁性课程"体系的整体目标。

学校实行以教导处为核心的二级管理体系,借鉴传统教育教学管理的合理因素,建立了学校课程关系的新体系。同时,加强对课程工作的领导,成立学校课程管理领导小组,统一领导和组织全校课程改革工作。课程管理领导小组的组织形式与学校的常规组织机构教导处、教研组、年级组整合,把课程改革工作与日常的教育教学管理工作有机结合在一起,定期研究课改进程与成效。

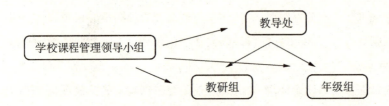

同时组建了三支队伍，群力群策：一支以校长为核心，中层干部和骨干教师积极参与，具有超前意识、质量意识和国际意识的课程领导力合作团队；一支以开发教师潜能为目的，具有良好竞争意识、合作意识和创新意识的课程执行力团队；一支以张扬学生个性、促进学生全面而和谐的发展为目的，具有良好发展意识、合作意识和创新意识的课程管理团队。

第三节　精细设计：从"课程愿景"到"课程目标"

课程实施是实现课程理想与课程愿景的重要手段，也是将课程方案付诸实践并不断完善的动态过程。课程愿景只是抽象的课程哲学、理念，是我们设计课程时的方向标，是一种理想的状态。而课程设计则是将这种理想转变为现实，形成具体的、生动的、可见的课堂教学。从"课程愿景"到"课程目标"，再到精细设计，我们还有很长的路要走。特别是课程管理层的指导和实施要起到支柱作用。具体来说，我们经过了以下一些管理程序。

一、从"磁性"课程愿景出发

课程愿景是在分析学校现状基础上提炼而成的。开发"磁性课程"，打造"磁性学校"，让学校课程更富吸引力是我们一贯追求的课程愿景。

课程委员会在分析自身课程情况时，提炼课程愿景时考虑了三个方面：第一，共同愿景是由个人愿景汇聚而成的，只有凭借个人愿景的汇集，共同愿景才能获得能量和培养心愿；第二，系统思考是建立共同愿景的重要支撑，因为事件导向只会排除真正的愿景，留下的只是空洞的宣言；第三，愿景的提炼与表述要清晰明确、坚定有力、激情生动、令人信服。

课程设计之初，课程委员会先在教师中间开展宣传，传播课程设计的愿景理念，让每位教师做到心中有数。带着对课程共同的愿景，教师不断讨论，选择感兴趣的课程，进行精细设计,针对课程设计过程中出现的各种问题,教师需要在课程愿景的指导下,寻求解决办法。

课程委员会不断深入课堂,实地考察课程的教学情况,对课程教学做出客观的评价,指出课程存在的问题。同时对教师和学生进行考查,如对教师执教态度、执教方法、课程目标的达成情况等进行考查,对学生的兴趣、学情、掌握情况进行评估。采用考查和访问相结合的方式反复对课程进行管理评价。

从"课程愿景"出发,设定具体"课程目标",这一过程凝聚了学校的管理,使管理让精细设计变为现实,让课程不断成长。

二、从"愿景"到"目标"

我校认为"磁性课程"应该建立在不加重学生的学习负担的基础上,并且校本课程的内容丰富务实,评价方式灵活有效,能够吸引学生、家长和社区的共同参与。为了达到这个目标,学校从基础型课程、拓展型课程和探究型课程三方面入手设计。课程改革是现代学校教育改革的核心问题,它直接影响着学校培养目标的实现和教育质量的全面提升。为了使我校的校本课程设置能深深地吸引每一位学生,适应并促进学生的发展,我校基于学校自身的特色,进行富有磁性的课程研究,让学生更加好学、乐学,从而"吸引"学生来我校愉悦学习、健康成长,"吸引"教师资源的合理流动,"吸引"周边社区资源关注、支持、合作,促进学校整体的可持续发展。

只有当学校成为学生所向往的可以自主学习的地方,学校才能充满魅力。"磁性课程"的实施希望达成以下几点目标:

——通过开发"磁性课程",整合校内外资源,促进学校办学特色的形成。

——通过参与"磁性课程",挖掘学生潜能,提高学生自主学习的能力,促进学生个性与社会化的和谐发展。

——通过开设"磁性课程",发挥校本培训的功能和优势,提升教师课程开发、教学改革的专业能力。

这也是我们管理课程的目标和方向。只有整合校内外资源,学校才能办成符合自己特色的教育品牌,这是我们努力建设课程时管理制度的要求。挖掘学生的潜能,促进学生的全面发展,这是我们课程管理对学生培养目标的要求。提升教师课程开发和教学改革的专业能力,这是学校课程管理对教师的发展方向的要求。

（一）我们的培养目标

"合格＋特长"，即我们的学生在文化学习方面成绩达到合格以上，在科技知识方面具有一项以上的特长拓展。

（二）我们的课程目标

初步形成正确的人生观、价值观和世界观，具有民族精神和国际视野；具有适应终身学习的基础知识、基本技能和学习策略；具有初步的创新精神、外语交际能力和实践能力；具有健康的个性和良好的身心素质，成为"会学习、会交流、会娱乐、会探究与会发展"的学生。

表 2　课程目标设置

内容	目标要求	
	低年级	中高年级
会学习	初步体验到学习的愉快。 能独立阅读，学会独立思考，能与同学和老师进行口头交流。 养成良好的学习习惯和同学间互相帮助的品质。	对学习产生兴趣，能主动学习，喜欢动手多实践。 能从自己的学习中发现问题、提出问题，并设法解决问题。 培养独立钻研、不怕困难与抗挫折的良好心理品质。
会交流	激发学习科学知识的兴趣，养成大胆学习探究的习惯。 通过各种渠道扩大学习科技知识，能学会简单的科学实验，并在生活中加以应用。	加强科学环境的熏陶，加强思维能力的培养，逐步养成良好的探究习惯。 掌握一定的科技文化素养，能就生活题材用科技知识进行合作交流。
会娱乐	激发科技探究的兴趣，发展基本实验活动能力，增进学知。 初步获得科学实验的基本方法和技能。 初步掌握有关艺术门类的基本科学知识。 培养不怕困难的良好品质。	了解科学探知对心理健康的作用，发展体能。 掌握科技健身的基础知识、基本方法和技能。 初步学会通过各种艺术活动，主动体验审美过程，领悟审美基本方法。 培养互助合作和积极进取的精神。
会探究	愿意接触和亲近大自然，感受科学探究的乐趣。 养成爱动脑、会动脑的探究习惯。 初步认识和了解一些常见的自然现象和规律，获得最基本的事实和概念。	树立正确的科学观，养成实事求是的科学态度。 初步了解一系列基本科学探究方法的一般环节，体验科学探究的主要过程。 能够尝试运用所学的科学知识和技能去解决日常生活中的问题。
会发展	在教师的指导下，获得良好的体验，为以后的学习、生活作一定的积累。	在原有的起点上不断拓展知识、培养能力、发展个性，促进综合素质的提高。

三、学校管理不仅仅是领导的事情

从课程愿景到课程目标,这需要我们对课程进行精细化设计。从课程资源的分析到课程的开发,这个过程需要管理上的支持和保障,才能凝聚各方面的资源,形成合力。

我们在这一过程中,主要依靠"磁性管理"。"磁性管理"旨在提高服务意识,创新管理方式,让师生的发展需要受到更为充分的关注,让智慧得到更大程度的激发和挖掘,师生共同融入充满吸引力的学校之中,形成科学的管理方式。

我们深信,管理的艺术不是分配式的,而是激发式的,是充满"磁性"的,能吸引到员工主动积极参与其中。作为学校,教师是首要的管理对象,又是管理的主体。因此,学校管理不仅仅是学校领导的事情,更需要作为学校主人翁的队伍——教师发挥出他们应有的主体意识和作用。学校通过开展"校长邀您做客",让教师参与学校的管理,加强学校领导与普通教师的双向沟通,增进校长与教师之间的相互吸引,让教师主动探索并贡献自己的智慧,使学校管理更加科学化和民主化。

在对课程资源进行分析时,我们课程领导小组带领学校员工实地考察,在身临其境中,激发了员工设计的灵感。因为喜爱,不少教师主动请缨,承担了感兴趣的资料采集和分析的工作。在对课程资料收集分析的基础上,我校"课程委员会"从绩效的角度,给不同任务分量的课程开发工作设定合理绩效绩点,并研究确定开发的课程名称和要求,在此基础上,让学校职工按照自己的兴趣和空余时间进行合理选择。

在精细设计课程的过程中,学校课程委员会和课程领导小组定期召开课程会议,听取开发设计者的进度报告,解决遇到的疑难问题,并提供资源和技术等方面的支持。

每一门优质课程的形成都是需要时间考验和改进的,毫不例外,我们的课程也需要经历时间的检验,需要不断改进,需要进行深度实施,唯有如此,才能让我们的课程逐渐成为精致课程。

第四节 深度实施:从"课程统整"到"课程精致"

学校整体设计和规划"磁性课程"后,需要一定的真实载体(开发系列"磁性课程")及实践活动(精细实施"磁性课程")才能有效进行,否则只是空中楼阁、纸上谈兵。这里的真实载体就是"磁性课程"。也就是说课程开发实施后,我们还要对课程进行深度改进实施，根据教学效果和反馈作进一步的课程分析，做到单科和各学科的课程统整，做到课程精致化。

"磁性课程"管理的理念具体表现为以下几个方面：

第一，变"办公室管理"为"现场管理"。"磁性课程"是在学校系统的组织下，学生与学业互动，学生发展、成长的进程，是教师、教材、学生、教学环境的有机整合。有效地课程管理，是达成课程目标，并不断完善课程的基础。学校的课程实施主阵地是课堂，因此，课程管理的主战场也相对应的从办公室转移到课堂教学现场。

第二，变"领导"为"指导"。"磁性课程"的实施可以参照二期课改对探究型课程的设置管理，学校掌握自由灵活的管理权利，管理方式可以更加新颖，管理的手段和层次可以依据学校实际和需要进行调整和完善。在研究过程中，在对课程的开发和设计过程中，学校管理部门要变"领导"为"指导"，多为研究者解决实际困难，主动提供理论与实践方面的支援，承担好学校研究大局的"舵手"。

第三，变"管理"为"服务"。学校课程开发和设计主要依赖于学校教师自身，因此教师资源本身就是最主要的课程资源。教师是课程的具体执行者，同时也是课程的创造者，既包括对国家课程的创造性实施，也包括利用自己的专业和非专业优势，在学校的课程框架内，按课程的基本要素，为学生提供可选择的教育教学资源。学校要充分认识到教师资源的意义和价值，并按课程建设的逻辑和要求开发和服务。

一、统整：让课程开发有序起来

校本课程组织是指确定课程的构成要素、课程内容和课程的呈现形式。它是校本课程开发过程中一项关键而又复杂的工作，直接关系到校本课程的成败。我校"磁性课程"的构成要素主要由课程大纲、教师用书、教材、学材和其他辅助材料构成。近年来，随着我校校本课程的充实和完善，新增了数门校本课程。随着学校"磁性课程"的发展壮大，原有课程内容、课程理念在不断更新。为了规范新增课程的教学，更新原有课程教学内容，促进教学模式改革，提高教学质量，我校经过研究商讨，核定我校"磁性课程"统整纲要。

统整不仅是单学科的统整，更是各学科的统整，不仅是教师间、教导处的统整，更是教研室等各部门、全体师生的统整。我们课程领导小组打通各学科和教导处、科研室等部门的界限，定期举行课程建设圆桌会议，将语、数、外、音、体等学科单元课程统整，将知识点相联系，梳理大纲，同时教导处和科研室商讨课程的改进方案。"磁性课程"既要关注课程的独立性，也注重课程之间的相互关联性和相互融合性。通过课程模块设置的静态整合和操作过程的动态整合,使学校课程系统最终达到为学生提供丰富的、可供选择的学校课程的目的。在学校开设的各类课程中,学生可以根据自己的不同需求、学习特点、兴趣爱好选择最适合自己的课程进行学习,改变原先单一的学科课程设置,为学生学习的多元选择提供平台。

通过近几年的"磁性课程"开发,我校校本课程更具草根特色,更加符合独特的人文环境和教育需求,更能体现学校的办学特色。因为教师最了解学生需求、能力、兴趣和特点,所以他们能够开发出学生满意的校本课程,并且能够根据情况的变化,经常修改校本课程。校本课程能提高教师对课程的兴趣和满意程度。校本课程的开发增加了课程对不同类型学生的吸引力,扩大了教师的自主权,调动了教师的积极性。校本课程鼓励和吸收教师、学生、家长和社会人士参与,在提高课程质量的同时,也有利于不断提高教师、学生、家长和社会的满意度,也让我校的课程建设更加有序。

二、深度实施:责任比能力更重要

如果说对课程的统整是全体师生领导智慧的结晶,那么对课程的深度实施则是管理责任具体到人,成效有目共睹的过程。

课程的开发设计是各个部门共同努力的结果,但是如果对课程的实施仍然采用集体责任制,那么课程的执行就会大打折扣,无法调动执行者的积极性,也无法对课程的成效进行激励性的评价。因此"课程领导小组"研究决定采用责任到人,责任到部门的制度,将课程的执行责任落实到部门。

由不同部门负责不同主题的教育活动,具体见下表。

表3 拓展型课程实施安排

类型	内 容	负责部门
主题教育类	1) 瑞二小学校园文化节 第一学期:世界博览专场、心理健康教育专场、读书专场、科技专场、体育健身专场、安全专场等。 第二学期:礼仪专场、艺术专场、阅读专场、安全专场等。	德育处
	2) 纪念日、节庆日、传统节日 第一学期:教师节、国庆节、重阳节、中秋节、感恩节等。 第二学期:三五日学雷锋、三八节、植树节、清明节、六一儿童节、端午节、元宵节等。	德育处 大队部
	3) 仪式教育 一年级的入团、二年级的入队、三年级的十岁生日、五年级的毕业典礼等。	教导处 大队部

续　表

类型	内　容	负责部门
专题教育类	一年级:心理教育、卫生广播、环境教育、行规教育、廉洁教育、健康教育、航天教育、十分钟队会	教导处
	二年级:心理教育、卫生广播、环境教育、民防教育、廉洁教育、健康教育、航天教育、十分钟队会	
	三年级:心理教育、卫生广播、环境教育、民防教育、廉洁教育、健康教育、航天教育、十分钟队会	
	四年级:心理教育、卫生广播、环境教育、民防教育、民族团结教育、健康教育、航天教育、十分钟队会	
	五年级:心理教育、卫生广播、国防教育、毒品预防教育、法制教育、健康教育、航天教育、十分钟队会	
社会实践类	第一学期:孙中山故居(一年级)、青少年科技探索馆(二年级)、田子坊(三年级)、公安博物馆(四年级)、禁毒教育馆(五年级) 第二学期:瑞金宾馆、绍兴路文化街(一年级),周公馆(二年级),龙华烈士陵园(三年级),中共一大会址(四年级),团中央旧址(五年级)	德育处大队部
社团活动类	科技类——车模、摄影、纸模、测向、电子百拼、机器人、环保、能源、OM基础等。	教导处
	艺术类——美术、合唱、舞蹈、创意时装秀、阅读与朗诵等。	

　　探究型课程的实施中,设置不同主题,由学生自主选择,全员参与各主题探究,并将课程的执行责任细化到任课教师。例如:

表4　2009学年度第一学期探究型课程管理责任

编号	主　题	任教教师
1	探究蚂蚁的巢穴	许　靖
2	拯救野生动物	王可舟
3	不一样的落叶	杨　璐
4	走进中国民歌文化	杨　皓
5	探究中国传统习俗的由来	储　颖
6	校园植物的探究	黄佩琴
7	房子的奥秘	余　婧

编号	主　题	任教教师
8	解读卢湾	秦　笑
9	上海方言的探究	王佳莉
10	中国传统戏曲的探究	徐雪君
11	我与现代卢湾	陶　怡
12	面巾纸的品牌和价格调查	潘月琴
13	探究奇妙的树叶	陈　都
14	防震减灾方法的探究	蔡　岚
15	世博会各主题馆主题探究	吕桂英

　　任课教师根据每次课堂教学的实际情况和学生反馈,对教案进行反复的修改,做到精益求精。教导处和科研室也会启动完善的监督评价机制,对教师各自负责课程的执行情况进行随时监控。每次课程结束后,任课教师需要对使用教材情况进行评价分析,指出优缺点和改进的地方,同时分析自己课堂教学的实施情况,将根据学情做过的调整,在课堂上对课程的生成等情况做一个详细的汇报。教师要上交教案、教材研究成果、教学反思笔记等进行备案。而科研室和教导处则要组织专家和课程委员会成员对课程进行综合考核和评价,特别是衡量课程实施的程度和效果,对学生的反馈情况进行重新分析,并将课堂教学的改进意见反馈给任课教师,任课教师根据反馈意见再次实施教学。

　　经过三番五次的深度实施和改进,我们的课程改进经过反复多次的深度执行和研究修改,不断成熟,不断向精品化课程前进。

三、课程开发:一个精致化的过程

　　作为课程开发管理者,我们心里非常清楚,从课程开发的长远目标以及课程管理的核心任务来说,课程的完善、精致化是一条很长的路,这个过程要不断创新、改进。因为课程开发是一个长期的、渐近的、精致化的过程,我们的管理支点是到实践中去了解,再将新的改进运用到实践中去,如此反复改进我们的课程。

　　课程委员会在对学校课程进行管理的过程,充分发挥小组成员的积极性,对已有课程进行精致化管理,使课程不断改进,完善。具体有以下一些做法:

(一) 深入课堂,观摩教学

"没有调查就没有发言权",为了能对课程进行直观地评价,学校实施推门课,由课程委员会负责,不定期突发地走入课堂,跟随学生一起上课,在课堂中感受课程的实施情况。不仅观察学生的参与度,学习的状态和吸收情况,也观察教师对教材的处理,对教学方法的运用和对教学目标的执行情况。没有特别的准备,也没有提前的通知,深入课堂,观摩到的就是学校的常规课程,了解到的就是学校教学的真实情况。

在实际调查中,课程委员会分析课程的魅力和缺陷,由观摩人员负责撰写观察报告,反馈课堂教学实情,提交给课程领导小组,进行集体交流探讨。

(二) 访谈师生,交流教学收获

除了课堂观察外,我们还在期中和期末时对学生和教师进行访谈调查。详细询问学生课程感受:课程是否有吸引力,是否能学到知识、提高技能,自己的学习习惯和学习能力是否有所完善等。这既是对学情的了解调查,也是对课程实施的调查,能一定程度上反映课程真实现状,课程的优缺点得以呈现。特别是课程需要改善的地方能被众多学生发现。

通过详细询问任课教师,对课程目标的完成情况是否满意,课程教学方法是否妥当,教学效果是否明显等,让教师进行自我反省,这不仅能改善课程,还能提高教师自身的教学技能。

(三) 课程研修,引领专业发展

学校"磁性课程"研修活动主要通过教研组这个基层专业组织来开展形式多样的教研活动,以提高教师的业务水平。学校还搭建了理论学习的平台,如每年邀请一些专家开展专题讲座,以及开展一些教师读书活动,引领教师走上专业发展之道。此外,教师还可以参与校外进修课程学习以及进行校际交流,这些学习活动都是教师研修的重要内容。学校还常常开设教师教学展示活动,供同伴互助学习,共同分享教学成果,通过教学展示活动也可以让教师进行自我反思。另外,参与课题研究是提高教师科研水平的重要途径,也是解决教学问题的主要出路。教师参与课题后,学校还尽力要求教师撰写科研论文,记载自己的科研成果。因此可以说,"专业引领、自我反思、同伴互助、整体推进"是学校开展教研活动的主要方式。

(四)广开言路,完善课程

"磁性课程"围绕办学理念,扎根本土,群众参与、自下而上地实施开展,并根据时代发展要求和学校办学理念,加大课程研究和开发的力度。随着学校与社会、学生与社会交往的日益频繁,"磁性课程"的实施要体现开放性的时代特征,真正体现新、活、实的特点,改变学生传统的学习方式,给学生提供开放性地获取知识的多渠道。同时,"磁性课程"实施过程中,我们不断借鉴他校成功的经验,邀请专家、家长、社区及校外各界人士参加到"磁性课程"的实施建设中来,真正体现为学生终身发展奠基,为学生多元发展铺路。而为了更好地了解课程实施情况,也为了满足家长和社会对课程的期望,学校特别对学生家长和社区等进行问卷调查,将更多的人纳入课程建设的队伍中,积极吸取家庭、社会对我们课程的意见和建议。具体见"瑞金二路小学课程与教学学生、家长调查问卷"。

瑞金二路小学课程与教学学生、家长调查问卷

亲爱的家长:

您好! 感谢您一直以来对学校各项工作的支持和理解! 瑞二小学拓展型课程、探究型课程的校本实施已有几年了,为了更好的满足您的孩子成长需要,打造学生喜欢的、富有吸引力的课程,让您的孩子健康快乐地成长。请您与您的孩子一起完成此次问卷调查,我们想了解您和您孩子真实的想法和建议,感谢您的支持与合作!

瑞金二路小学校长室

1. 您和您的孩子对我校所开设的拓展型、探究型课程的总体感觉和评价。(   )

   A. 满意   B. 一般   C. 不满意

2. 您和您的孩子认为学校所设置的拓展型课程是否合理。(   )

   A. 合理   B. 一般   C. 不太合理

3. 您和您的孩子认为是否还需要开设新的课程。(   )

   A. 需要   B. 不需要   C. 不清楚

若需要您认为可以增加哪些课程?

_____

4. 您认为学校现在所开设的课程内容是否新颖、是否能满足您孩子学习的需要。

   (   )

    A.满足   B.一般   C.有待改进

5.您认为教师指导学生进行探究学习、实践操作的方法是否有效。（　　）

    A.有效   B.一般   C.有待改进

6.您认为学校现在所开设的课程对您的孩子以后的职业导向是否有帮助。（　　）

    A.有启发   B.不清楚

7.如果学校招募一批有志于参与学校课程开发实施的家长志愿者，您是否愿意尝试成为其中一员？（　　）

    A.愿意   B.不愿意

如果愿意成为志愿者，您希望以怎样的方式为我校提供帮助？（　　）

    A.提供一次讲座   B.带领部分学生参观、实践

    C.可以为学校推荐课程资源

8.您想参与开发的课程内容是：

_____

班级_____   学生姓名_____

    在对课程有了真实的了解和调查后，我们课程领导小组就课程存在的问题进行深入调研，聘请专家学者对课程进行修正，形成课程改进意见，反馈给我们的教导处和任课教师，让他们对课程存在的问题进行集体研讨，将改进意见进行具体实施，不断完善我们的课程。在每次改进中，我们都有精心的准备，特别是课程委员会牵头提供课程交流探讨的平台。我们会进行一课同构，一课多讲的比赛，课后教导处教师共同展开头脑风暴的讨论，任课教师进行反思，其他教师进行评课，课程领导小组给于咨询指导。所以每一门课程的完善都凝聚了我们瑞二小学全体领导、师生的智慧，是我们群策群力的结晶。

    综上所述，良好的管理可以保证高效益，特别是在进行二期课改的关键时候，在学校树立品牌的关键时候，要想引领学校成功地做出自己的品牌，完成课改的要求，创建"社会满意，家长放心，学生喜欢"的学校，我们更应该在管理上大胆创新，让我们学校的管理更加科学、民主，更高效地服务于"磁性课程"的建设。

    这些年来，我们在"磁性课程"管理方面有了明显的成效：首先，引导课程的价值取向。学校教师的课程，特别是校本课程的开发，都要精心准备，进行申报，并要通过学

校管理层面的审核,才能继续进行。在开始环节就进行管理审核,这是对课程价值的判断和引导,只有对学生的成长有帮助或者价值取向积极向上的课程,才能通过审核。这样既保障了课程选择的科学性和合理性,也帮助老师少走弯路,更高效地进行课程的选择。其次,规范课程设计和实施。从课程的设计到实施有大量的工作要完成,良好的管理指导和管理程序能帮助课程进行合理规划。从收集材料到研究材料再到形成教材教法,我们形成了一套完善的程序和管理机制,保证课程设计的规范化。我们建立社会、家长共同参与学校管理的多元参与机制,创新合理有效的学校领导决策体制,为创建和谐校园提供有力地保障和支持。最后,促进课程向精细化发展。从课程的形成到课程的实施,再到课程的反复改进,这个过程需要大量人力物力的保障。我们只有更大程度地挖掘课程的信息和教育作用,让课程走向成熟,这需要管理到位,才能保证课程的精细化发展。

第七章 "磁性课程"的评价考量

磁性智慧——

我们明白，相互吸引是产生磁性的根本缘由，为此在这过程中我们不断创生磁力，寻找鲜活的、快乐的元素，因为我们深知"评价最重要的意图不是为了证明，而是为了改进"。于是，我们融通教与学的过程，关注学习表现，一起参与到评价的过程之中，营造富有吸引力的文化场。我们坚信：智慧从此处生根发芽……

课程改革是基础教育改革的核心内容，而评价改革是课程改革的重要组成部分，那么如何通过科学而富有磁力的评价来促进课程的发展呢？我们认为，学校"磁性课程"的设计是否合理、课程实施过程是否恰当、课程实施后是否有效，都必须通过科学的课程评价才能回答。评价作为一种反馈机制，它的改进功能也会促进学校"磁性课程"设计更趋向合理，实施更加有效。

我校"磁性课程"更加关注的是过程而非结果。它不应该是教师编写、形成一种教材式的一成不变的东西，再由教师执行的，物化的、静止的、僵化的文本形态。这样会把课程编制和课程实施（主要指教学）再次人为地分裂。"磁性课程"是师生在教学过程中共同创生的，鲜活的、过程性的、发展着的形态，是课程开发与课程实施合二为一的。因此，课程不是外在于教学，作为一种教学的手段而存在，它本身就内涵地要求课程与教学统一，"磁性课程"开发的过程，同时也是教师组织课程教学的过程。由此，对于"磁性课程"的评价既不是以往意义上的课程评价，也不是教学评价，而是课程评价与教学评价自然地统一。因此，我校"磁性课程"的评价就是对自身开发历程进行评价的过程，是对自身开发过程的一种质量的监控过程。

基于这样的认识，结合我校"磁性课程"申报开发的程序，我们从以下几方面展开评价。

第一节 "磁性课程"之愿景评价

一、"磁性课程"立意的评价

"磁性课程"的立意是"磁性课程"建设的指导思想,关系着课程实施的成效。因此"磁性课程"评价的价值取向就显得尤为重要,它关系到课程立意的正确性、科学性、可行性。"磁性课程"价值取向的评价指标主要表现为:是否与社会的教育价值观相一致、是否与学校发展的实际情况相一致、是否与受教育者对教育的客观需要相一致等。即"磁性课程"要坚持"为了每一个学生的全面发展"的教育理念,同时要考察学校课程的实际情况,重点要关注学生发展的实际需求。我校"磁性课程"的基本价值取向偏重于两方面,一是合于人性,造就全人,以人格完善和人的发展为目的的课程价值观;二是以"有用性"满足学生的某种需要为目的的课程价值观。因此,结合以往的课程评价取向选择,我校"磁性课程"评价的价值取向界定为在综合中寻求平衡,即在遵循教育客观规律与学科自身内在逻辑的基础上,既让学生满足社会现实和长远需要,又让学生个性能充分发展。在确定学生发展需要指标上,我校主要是通过教师家访、学生家长问卷调查、座谈会等多种方式,了解学生的家庭背景情况,并分析学生的实际需求。据此,我们了解到我校的学生学习经历比较单一、封闭。学生家长的受教育程度普遍不高,但却和其他父母一样抱着望子成龙、望女成凤的心态。学生家中藏书量比较匮乏,但他们却对读书持有浓厚的兴趣,部分学生随父母来到上海,渴望尽快融入这座城市,了解居住地的文化……学校将"磁性课程"的理念确定为让每一个学生健康、快乐地成长,"磁性课程"从开发到实施始终关注学生的成长需求,力图打造学生喜欢的、对他们有吸引力的、并且可以促进学生成长的课程。

二、"磁性课程"计划的评价

"磁性课程"计划是"磁性课程"实施的前提,只有通过该项评价的课程才能获得正式的立项。它包括对课程设置、课程结构、课程内容、课程形式和课时安排等方面的评价。

对课程设置的评价主要看其是否与课程目标相一致、是否与国家要求的课程体系相一致,这是保证课程价值实现的首要因素。在课程设置上,我校按市教委的要求,结合学校实际,以培养学生个性特长为目标,全面开设基础型课程、拓展型课程和探究型课程。与培养学生"学会学习、学会合作、学会创新、学会实践"的目标相一致,优化、丰富和开发三类课程,增强了学生自主发展能力,也促进了教师的专业发展。

课程结构表现为各类课程之间的比例及相互关系。我校基础型课程,拓展型课程和探究型课程三类课程之间并非割裂、独立的关系,学生资源、教师资源、社会资源的多元课程背景下三者被有机结合在一起,简言之具有链接性、贯通性和丰富性的三个特征,并以此作为评价课程结构的原则。

课程内容的评价,即选择的学科内容与教学经验能否满足学生的价值需要,它们的组织是否最为有效。具体表现为:课程内容选择是否是学生关心的、感兴趣的或者迫切需要的问题或材料;课程内容组织是否依据学生身心发展的特点;课程结构的编排方式是否按各个学段、年龄的教育特点排成满足学生需求的体系。

课时安排评价,主要包括课时总量的合理性、课时在各年级安排的合理性、周课时安排的合理性等。课程形式的评价,我校主要是从色彩、编排、装帧等指标进行,如色彩方面,色彩鲜艳,符合学科特点和本年级学生年龄特点,吸引学生;编排方面,图文并茂,安排得当,给人以美感;装帧方面要细致精美等。

整体而言,"磁性课程"计划要经过一个审议过程,具体如下图所示:

图 1 "磁性课程"计划的审议

三、"磁性课程"目标的评价

课程目标是课程及教学活动的蓝图,也是衡量课程最终成效的标准。一定的课程目标是一定的教育价值观的体现,也是一定的教育思想的反映。课程目标的评价要素包括课程目标是否与学校课程总目标导向一致;课程目标是否符合学生发展需求与学生学习的兴趣;课程目标对知识、技能、情感态度要求如何;课程目标是否清楚可行;目标的表述是否有层次性,能适应不同学生的不同学习需求;各项目标之间是否协调统一,形成一个有机的整体。整体设计"磁性课程"的初衷在于促进我校学生健康、快乐地成长及可持续发展,我校将"磁性课程"的目标设定为:让每一个瑞二小学的学生学会学习、学会合作、学会创新、学会实践。因此,我校在进行"磁性课程"目标的评价时,主要是考虑以下要素:确定课程目标是否与学校办学目标相一致;是否具有现实可行性;是否考虑学生发展的实际水平,遵循"最近发展区";是否将知识界定为吸引和促进学生发展的知识;课程目标表述是否正确。

第二节 "磁性课程"之投入评价

课程准备与课程投入评价是为课程开设服务的,这是开课的必备条件,立项的课程只有通过此项评价才能被正式列入学校的课程计划中。"磁性课程"的准备与投入中,学校与教师占据着重要的地位,因此,评价指标主要是从这两个角度提出:学校方面,即教育教学设施的准备情况;教师方面包括教师的知识基础与师资准备情况、教学材料的准备情况、教学设计与教学组织准备情况等。

一、教育教学设施准备的评价

教育教学设施是课程实施的重要辅助因素,也是课程的重要组成部分,是教学物理环境中最核心的部分。它包括硬件设施和软件设施,硬件设施包括学校面积,教室、操场的大小、体育设施等;软件设施包括师资力量、教学管理、后勤服务、生活住宿、学校教学环境等。这些要素关系着学校的教学规模及发展前景。我校开展"磁性课程"的整体设计与精细实施研究,所涉及的教育教学设施从硬件的角度看,主要包括教学场所和教学用具。教学场所方面,包括校内教学场所的准备和建立,校外教学场所的联系与确定。我校开设的拓展型课程,如《心灵驿站》心理健康教育系列课程、《多彩世界》世博系列主题活动等都需要校内教学场所的整合、组织、安排,而《生命保护伞》生命安全教育课程及探究型课程的开设则需要校外教学场所的联系与组织。教学用具方面,涉及"磁性课程"开设过程中所要运用的实物媒介,如《探索与发现》科技教育系列课程中的模型、校外课堂中的实物展示等。因此,教育教学设施准备的评价内容主要在于教学场所和教学用具准备的充分程度如何。

二、教师的知识基础与条件的评价

"磁性课程"的开设与实施对教师的素质有着更高的要求，包括认知、能力、心理等方面素质的要求。就拓展型课程和探究型课程而言，这些课程与基础型课程有着不同的知识体系，知识的视野更宽阔、更全面、更富有时效性，因此，要使这些课程得到很好地开发与实施，首先就需要教师做好知识上的准备。教师结合自己所教学科的特点开设拓展型和探究型课程，同时有意识地补充这些课程中所涉及的必备的知识，完善自己的知识结构，为学生提供全面的知识体系。同时有些教师有过开设这些课程的经验，鼓励他们将已有的经验迁移，并与其他教师分享。其次，除了教师自身的努力外，可以借助校外专家的力量，在专家的指导下，教师可以更有针对性地改善自己的知识结构。因此，教师的知识基础与师资准备的评价内容就包括教师的知识基础是否完全能胜任本课程的教学，是否有开设拓展型课程或探究型课程的经验；校外的专家是否已经落实；与其合作的教师是否有了充分的知识准备。

三、教学材料准备的评价

教学材料的准备也是保证"磁性课程"得以真正落实的重要因素，教学材料包括课程计划、教材或者教义等。在校本教材的评价方面，我校与专家合作，召开研讨会议，形成校本课程开发评估小组，确定试点校本课程与负责教师的名单，然后查询国内外相关资料，拟定校本课程开发质量评估试点计划，制定评估程序、校本课程课堂教学评估表，校本课程教材评价表和校本课程开发评估报告格式，以及校本课程开发管理制度。专家与教师组织听课、评估教材，撰写校本课程开发评估报告。其中，"校本课程教材评价表"是为评价教师编写校本课程教材质量而制定的量表，包括教学应用、编辑、评价方案三个方面的评价指标，每个方面都有具体的评定标准，并进行等级评定。具体见下表：

校本课程教材评价表

评估项目	评分要求	效果评价				具体事例
教材使用指南	综合反映课程基本情况，包括：教学目标，教材核心内容与特色，适用年级，教与学的方法和评价方法	优	良	一般	加油	

续　表

评估项目		评分要求	效果评价			具体事例
教学应用	目标适应性(10分)	课程目标适应学校课程目标,体现学校办学理念与特色;符合学生的能力与发展				
	内容合理性(10分)	符合课程目标、教学目标的要求,取材合适,分量恰当				
	认知规律性(10分)	符合认知规律,富有启发性,便于学习,易于激发学生学习的兴趣和动机,培养各方面的能力				
	内容完整性(10分)	包含使用指南、绪论、正文、练习题、参考文献和评价方案				
	结构合理性(10分)	教学内容组织及结构合理,模块设计科学、新颖,学习路径明确,前后知识关联				
编辑	语言文字(10分)	文字规范、简练,符合语法规则,语言流畅,通俗易懂,叙述生动				
	图表(10分)	图文并茂,配合恰当,清晰准确				
评价方案	方法的合理性(10分)	诊断性评价、形成性评价、总结性评价或表现性评价、体验性评价等方法的选择和应用,符合课程特点				
	操作的可行性(10分)	评价方案易于操作				
	结果的推进性(10分)	能够综合反映学习过程和学习效果,利于学生进一步发展				

通过以上的评价指标,使校本教材更具科学性、可行性。因此,对教学材料准备的评价内容主要包括课程计划是否完整、成熟,教材或讲义是否可以使用。

四、教学设计与教学组织准备的评价

教学设计关系着"磁性课程"的具体落实,教学设计是根据教学对象和教学目标,确定合适的教学起点与终点,将教学诸要素有序、优化地安排,形成教学方案的过程。它是一门运用系统方法科学解决教学问题的学问,以教学效果最优化为目的,以解决教学问题为宗旨。教学设计指导着每一学段课程的进行,每一堂课的进行。教学设计的评价指标在于,一是"为什么学",即学生的学习需要和教学目的;二是"学什么",即结合教学目的确定具体的教学内容；三是"如何学"，即采取何种教学策略；四是"学得怎样"，即采取何种方式评价学生的学业成绩。一个完整的教学设计要包括以上这四个方面。教学组织，是指为完成特定的教学任务，教师和学生按一定要求组合起来进行活动的结构，它是"磁性课程"具体开展的形式。拓展型和探究型课程的教学组织形式灵活多样，结合课程特点，可以采取班级授课、分组教学、个别教学、课外实践活动等组织形式。教学组织的评价就在于与课程特点、学生学习特点的契合度。总体而言，教学设计与教学组织准备的评价内容包括是否有完整的教学设计与教学安排，是否有明确且成熟的学生学业成绩评价方案。

综上，"磁性课程"准备与投入的评价标准具体见下表：

"磁性课程"准备与投入的评价标准表

指标体系	评定标准及其得分			
	4分	3分	2分	1分
教师的知识基础与师资准备情况	1. 教师的知识基础完全能胜任本课程的教学，有开设拓展型课程或探究型课程的经验。 2. 校外的专家已经落实。 3. 合作教师已经有了充分的知识准备。	1. 本校教师的知识基础基本可以胜任，但没有该课程的授课经验。 2. 主要依靠校外的课程专家基本落实。 3. 本校合作教师有了初步的准备。	1. 本校教师目前无法胜任该课程的教学，需要继续学习。 2. 主要依靠的校外专家尚未落实。 3. 本校合作教师准备不充分。	1. 本校无法找到合适的教师担任该课程的教学。 2. 校外落实相应的专家也比较困难。
教学材料的准备情况	1. 教师系统全面掌握了本领域的知识。 2. 课程计划完整、成熟，教材或讲义已经可以使用。	1. 教师全面掌握了本领域的知识。 2. 课程计划基本完整、成熟，教材或讲义等教学材料基本准备完毕。	1. 教师基本掌握了本领域的知识。 2. 课程计划还在修改，教材或讲义上处于编写或选择中。	1. 教师部分掌握了本领域的知识。 2. 没有完整的课程计划，没有相应的教材或讲义。
教学设计与教学组织的准备情况	1. 有完整的教学设计与教学安排。 2. 有明确且成熟的学生学业成绩评价方案。	1. 教学计划与教学组织安排已经确定，尚需要继续完善。 2. 有学生成绩评价办法。	1. 教学计划与教学组织只有初步考虑。 2. 学生学业成绩评价正在酝酿中。	1. 没有明确的教学计划与教学组织安排。 2. 没有形成学生成绩评价的办法。

续　表

指标体系	评定标准及其得分			
	4 分	3 分	2 分	1 分
教育教学设施的准备情况	教育教学设施使用已经落实(有参观要求的已经落实接待单位)。	教育教学设施的使用基本落实(有参观的也基本落实),但尚需要进一步明确。	教育教学设施有初步打算(参观的已经有意向),但没有更具体的落实。	教育教学设施还没有安排(参观或社会实践正在选择中)。

第三节　"磁性课程"之实施评价

"磁性课程"实施过程的评价,即关注教的过程的有效性,主要是对教学的评价,这样的实施过程包括了各种教学形式和教学环节(比如参观、试验等均包括在内),评价集中在教师"教"和学生"学"两个方面。在课程投入和准备一定的情况下,影响教师"教"的主要是教师的教学态度、教学方法、教学管理等方面;影响学生"学"的主要是学习情趣、课程教学与学生经验和体验的联系、教师的教学管理和激励等。课程实施过程的评价应更多关注学生在课程实施过程中的种种表现,其结果将用于对教师学校课程教学工作的考核。

一、更多地关注学生的学习表现

对"磁性课程"实施过程的评价应更多地关注学生在学习过程中的表现,因此,从学生的角度看,应该遵循以下原则。

趣味性原则。课程是否采用各种手段获取学生的兴趣信息(观察、访谈、问卷等),研究、评估本校学生的兴趣,明晰学生兴趣的范围、层次和类型,学生对该课程是否有兴趣。

创生性原则。课程是否充分挖掘现有的、可用的校内外资源,如人、财、物、时间、空间、信息等,最大程度地满足学生的多方面需求,为学生提供多样化的表现、表达兴趣的机会。

草根性原则。课程是否保障了学生和学生家长的宏观决策权。学校提供的所有课程都应关注学生的兴趣，处理好与学生兴趣的关系。此外，"磁性课程"还必须处理好与国家课程的关系、与学校特色的关系、与教师特长的关系，与学生校外专项训练的关系等。

激活性原则。该课程要充分考虑到学生兴趣发展的过程性。在课程实施过程中，在保障学生课程选择权的同时，还要保证目标设置、内容安排、教学方式、评价方式、管理方式的适用性。激发学生的学习兴趣，发展学习能力。

二、一起参与到"磁性课程"评价之中

师生一起参与到"磁性课程"的评价之中是我校"磁性课程"实施过程评价的主要方式，从教师和学生的角度，我校主要采取两种评价方式。

（一）听课评课

课堂观察，从教师的教学态度、教学方法、课堂师生互动、课堂气氛、学生表现出的兴趣等方面进行评价。学校课程领导小组成员每学期对全校教师开展随堂听课，各教研组开展互听课活动，通过对每一位教师随堂听课及时了解教师课堂教学情况，从教师行为、学生行为等方面进行评价；每学期学校还将深入一个年级进行调研，组织教师听课评课，探讨课堂教学的有效性，并实施考核评价。

（二）学生和家长对课程实施的评价

通过对服务对象问卷调查来了解课程实施的情况、对该课程的喜欢程度等。学期结束，学校将发放家长问卷和学生问卷，召开学生座谈会、家长会，开展"我喜欢的课程"学生论坛（或征文征话）等活动，从课程开设的情况、课堂实施的情况、学生是否喜欢课程等来评价，及时了解学生对课程的需求。

三、融通"教"的过程与"学"的过程

从评价内容上来看，"磁性课程"最大的评价特点是融通"教"的过程与"学"的过程。我校对"磁性课程"实施过程的评价主要是从三个方面进行，教师"教"的过程的评价、学生"学"的过程的评价、师生互动过程的评价。

教师"教"的过程主要包括教师的教学态度、教学组织、教学环节、教学方法、教学管理等。教学态度主要表现为教师对教学投入的精力和热情、教师的教学情感、

教学意志。教学态度评价即教师是否具有强烈的责任感、是否认真备课、是否认真执行教学计划。教学组织主要是指教师以何种形式组织教学,教学组织的评价即教师是否认真思考并选择了恰当的组织形式。教学环节主要是指教师整堂课的流程安排,教学环节评价即教学是否具备规范性、流畅性和逻辑性。教学方法主要是指教师在教学过程中运用的方式与手段,教学方法评价即教师是否采用了与课程相适应的教学方法、教学是否具有启发性、教师是否能根据学生的反应及时调整教学。教学管理是教学过程的辅助手段,它能保证教学过程的有序、顺利进行,教学管理主要表现为课堂纪律管理、课堂学生状态的调整、课堂突发事件的处理等。教学管理评价即对课堂的有序性、教师是否关注学生的学习状态、教师教育机智的运用等的评价。

学生"学"的过程主要包括学生的学习状态、学习兴趣和学习参与度。学生的学习状态是指学生的课堂学习态度,是充满活力还是压抑等待,学习状态的评价即关注学生学习热情的强弱。学习兴趣是指学生学习的积极性,学习兴趣的评价即关注学生学习动机的强弱。学习参与度是指学生参与教学过程的频率与程度,学习参与度的评价即学生是否积极参与并主动思考。

师生互动过程是指课堂教学过程教师与学生运用言语或者非言语媒介进行的沟通交流。师生互动过程的评价即课堂气氛是否活跃、媒介运用是否恰当、师生互动的频率与程度如何。

"磁性课程"实施过程的评价标准具体见下表:

"磁性课程"实施过程的评价标准表

指标体系	评定标准及其得分			
	4分	3分	2分	1分
教师的教学态度	对课程教学有很强的责任心,认真备课、精心组织教学,能根据课堂情境和学生反映而不断改变教学,教学计划得到认真执行。	对课程教学具有较强的责任心,能够认真组织教学,注意听取学生意见,能够保证教学时间、完成计划的教学内容。	课程教学的责任心一般,基本能够认真组织教学,有时能主动改进教学方法,基本能够完成教学大纲的教学任务。	课程教学的责任心较差,缺乏充分的课前准备,教学失误较多,无法保证课程大纲得到全面执行。

续　表

指标体系	评定标准及其得分			
	4分	3分	2分	1分
教师的教学方法	教师采用了与课程相适应的教学方法,各种教学技巧运用娴熟,能借助各种教学手段提高教学效果,能充分调动学生参与教学,能够根据学生的情况及时调整教学。	教学方法基本恰当,教学技巧运用不够娴熟,能有意识运用多种教学手段,能根据学生反映及时调整教学,基本能调动学生兴趣,学生有一定程度的教学参与。	教学方法呆板,对课程的针对性不强,较少运用教学技巧,教学手段单一,学生较少参与、兴趣不高,不能根据学生的反应及时调整教学。	教学方法陈旧落后,教学手段单一,学生没有参与,经常是教师自顾自地教学,学生明显不满。
课堂教学状况观察	课堂气氛活跃、师生互动积极、探究气氛浓郁,学生表现出了很高的学习兴趣,参与度高。	课堂气氛比较活跃,师生有一定互动,能够共同对一些问题进行探究,基本没有学生做其他事情。	课堂教学气氛有些沉闷,师生互动少,部分学生做其他事情,学生基本没有积极的探究。	课堂沉闷、没有师生互动、没有探究,半数以上学生不能集中精力于教学中。
学生对课程实施的评价	学生调查对课程评价很高,多数学生愿意向其他同学推荐该课程。	学生调查对课程评价较高,但学生评价意见有分歧,部分学生愿意向同学推荐该课程。	学生调查对该课程评价较低,极少有学生给出高的评价,极少有学生愿意向同学推荐该课程。	学生调查评价很差,而且意见比较一致,没有学生愿意主动向要好同学推荐选修该课程。

第四节　"磁性课程"之成效评价

　　"磁性课程"实施成效的评价即关注学生学的过程的参与性,主要是了解课程目标的达成度。学校"磁性课程"的实施效果评价需要与课程设计的目标联系在一起。根据磁性课程的总体设计,课程的开设主要是发展学生的潜能,促进学生个性特长的发挥,培养学生的创新精神和实践能力,因此磁性课程实施效果评价主要是评价本门课程的目标达成度、学生的发展情况、学生的满意度、其他方面对课程实施效果的评价等。

一、把学生的参与度作为首要原则

"磁性课程"实施成效的评价主要是关注学生学的过程的参与度,因此,评价的原则主要表现在以下几个方面。

(一)正面评价原则

重在发现和肯定学生身上所蕴藏的潜能,关注学生所具有的优势,并给予积极的引导和强化,增强学生的自信心,激励学生在活动中不断创新和实践,获得更多的知识和能力。

自然学科实验活动评价表

评价项目	自己评			伙伴评			老师评		
	真棒	还行	加油	真棒	还行	加油	真棒	还行	加油
实验材料准备充分									
实验器材摆放正确									
实验活动分工合作									
实验过程交流创新									
实验记录仔细完整									
实验结果表达清楚									

(黄佩琴老师提供)

(二)重视过程原则

在关注学生活动结果时,更关注学生学习的过程,如学习的体验、参与活动的态度和兴趣、学习行为的逐步改善,并及时做好记录,作为最终评定结果的重要依据。

如在数学学科应用题的教学中,一般都以列式计算及结果来评价学生的学习情况,列式正确再加上计算正确则评价为已经掌握,而对其过程中思维状况关注极少。于是老师们就根据单个教材中的知识要点来确定其学习的情况,以便关注思维过程,针对个别差异,因材施教。

列方程解应用题评价量表

评价项目	要　素	自评	互评	教师评
1. 审 题，弄 清题意	能正确分析已知数与未知数、已知数与未知数的关系	☆☆☆☆	☆☆☆☆	☆☆☆☆
2. 引 进 未 知 数（写设句）	正确用 x 表示所求的数量或有关的未知量	☆☆☆☆	☆☆☆☆	☆☆☆☆
3. 找出等量关系	等量关系适合题意	☆☆☆☆	☆☆☆☆	☆☆☆☆
4. 列出方程	根据等量关系正确列出方程	☆☆☆☆	☆☆☆☆	☆☆☆☆
5. 解方程	正确解出未知数的值	☆☆☆☆	☆☆☆☆	☆☆☆☆
6. 检验	正确书写检验的步骤	☆☆☆☆	☆☆☆☆	☆☆☆☆
7. 答句	完整地写出答句	☆☆☆☆	☆☆☆☆	☆☆☆☆

（潘月琴老师提供）

（三）重视应用原则

掌握知识和技能只是学习成效的一方面，更重要的是学生能否把学到的知识技能应用到实际问题的提出和解决中，在问题的提出和解决中主动获取知识，应用知识。并同时将其内化到已有的知识结构和能力结构之中，成为解决更深层次问题的知识基础和能力基础。

如在语文教学中写作能力最能体现学生在实际生活中的应用，因而我校语文教师就写作、写信等设计了评价量表，以凸显实际应用上的评价。

记事作文评价量表

评价项目	内　容	自评	互评	教师评
中心思想和内容	作文始终围绕事件而展开。	☆☆☆☆	☆☆☆☆	☆☆☆☆
	小作者描述事情时，结构严谨、内容充实、详略得当。	☆☆☆☆	☆☆☆☆	☆☆☆☆
	在叙事的过程中有适当的心理描写。	☆☆☆☆	☆☆☆☆	☆☆☆☆
	文章的中心突出。	☆☆☆☆	☆☆☆☆	☆☆☆☆

续　表

评价项目	内　　容	自评	互评	教师评
遣词造句	作文语句通顺。	☆☆☆☆	☆☆☆☆	☆☆☆☆
	作文的语言流畅、错别字少、标点符号使用正确。	☆☆☆☆	☆☆☆☆	☆☆☆☆
	文章中使用的词句恰到好处。	☆☆☆☆	☆☆☆☆	☆☆☆☆
书写	书写工整。	☆☆☆☆	☆☆☆☆	☆☆☆☆

（季霞芳老师提供）

写信评价量表

评价项目	要　　素	自评	互评	教师评
信封	发信人和收信人地址完整,书写正确	☆☆☆☆	☆☆☆☆	☆☆☆☆
句子和段落	句子完整,段落清晰	☆☆☆☆	☆☆☆☆	☆☆☆☆
格式	符合写信正确的格式	☆☆☆☆	☆☆☆☆	☆☆☆☆
语句	语句生动,没有书写错误	☆☆☆☆	☆☆☆☆	☆☆☆☆
整洁	字迹端正,没有错误、涂改	☆☆☆☆	☆☆☆☆	☆☆☆☆
标点符号	没有任何标点符号的错误	☆☆☆☆	☆☆☆☆	☆☆☆☆
内容	有一定的篇幅,有真情实感	☆☆☆☆	☆☆☆☆	☆☆☆☆
观点	很清晰地表达观点,观点思想健康	☆☆☆☆	☆☆☆☆	☆☆☆☆

（杭丽老师提供）

（四）重视体验原则

"磁性课程"要求不能将学生每时每刻禁锢在书本和课堂中,而是要让他们积极参与社会实践,打开他们的视野,增长他们的社会经验,激发他们的情感,因而在实施评价中就要重视学生的体验,评价学生综合能力的发展。如在暑期活动中,学校设计了"踏上父母上班的路"职业体验活动,让学生跟随父母上班,感受父母职业的辛劳,感恩幸福生活。在此活动中学校就精心设计了一份评价量表,重在实践中评价记录学生体验的心境。

瑞二小学"踏上父母上班的路"暑期学生实践体验活动评价量表

踏上父母上班的路	
一个特殊的日子：	＿＿＿＿年＿＿月＿＿日的一天
一次特殊的旅程：	（追随父母上班的行程，体验父母忙碌的经历）
一段特殊的文字：	（以日记的形式记录从早起跟随父母上班行程中的真实感受）
一种特殊的感动：	（了解父母为家操劳的不易，感念那份不图回报的养育之恩）
让我们踏上父母上班的路……	
"感受幸福，你我品味" （可选择以下1—2组对象填写）	
同伴心语	感动指数：👍👍👍👍👍 签名：
父母感言	感动指数：👍👍👍👍👍 签名：
师长共勉	感动指数：👍👍👍👍👍 签名：

　　学生活动的结果是学习成效的重要内容，但同时也要关注学生在探究过程中亲自参与探索性活动，开展人际交往以及解决实际问题过程中所获得的感悟和体验，并以此积蓄积极正面的情绪、情感，增强自我效能感。

瑞金二路小学　探究动物的尾巴探究型课程评价表

	自己评			伙伴评			老师评		
	真棒	还行	加油	真棒	还行	加油	真棒	还行	加油
学习兴趣与参与度（出勤、兴趣、任务完成等）									
乐于和伙伴交流、讨论、合作学习									

续　表

	自己评			伙伴评			老师评		
	真棒	还行	加油	真棒	还行	加油	真棒	还行	加油
勇于提出问题,分析问题,解决问题									
能将知识运用融合在生活中									
敢于创新与求异									

1. 所研究的小动物中,你最喜欢哪种小动物?　_____
2. 在完成探究任务时,你主要采取哪些方法?(可多选)
a. 查找资料　　　　　b. 绘画描述　　　　　c. 创意制作
3. 通过探究任务,你知道了_____(小动物)尾巴的作用是_____。
4. 你最喜欢的探究模式是?(可多选)
A. 观看资料短片　　　B. 网上查阅资料　　　C. 动手绘画制作
5. 你觉得这门探究课对你感兴趣的内容在学习上有帮助吗?
A. 很有帮助　　　　B. 一些帮助　　　　C. 基本无帮助
6. 你觉得在这门探究课上老师在指导过程中对你有多少帮助?
A. 很有帮助　　　　B. 一些帮助　　　　C. 基本无帮助

学生姓名:_____

(许靖老师提供)

二、更多地运用"质性"评价方式

我们以质性评价方法来记录学生的各种行为表现、作品等,不仅仅是一个分数,更多的是以描述和记录为主,真实、深入地再现学生发展的过程。质性评价方法颇多,诸如评语、行为观察、成长记录袋以及下文的情境性测验等。如我校心理健康教育课程实施后效果的评价目的之一就在于使课程能真正满足学生心理发展的需要,在课程评价中我们就强调质性评价方法的应用,将质性评价方法运用到学校心理健康教育课程评价中,有效地描述学生心理健康发展状况。

(一)考查性评价

充分利用《上海市学生成长指导手册》,对学生学习成绩及表现作测定,努力达成形成性评估与终结性评估的统一。一门课程学习结束后,要对学生的学习情况进行一个全面的考查,了解学生的实际学习水平,进行终结性的评价。评价的结果,采取等级加评语，每门课程的评价结果都将进入学籍档案并将评价结果向教师、学生、家长及相关人员或社会公布，接受社会对课程实施的监督。

（二）协商性评价

摒弃那种教师"绝对权威"的评价方式，构建一种师生"协商对话式"评价。把评价视为评价者和被评价者"协商"进行的共同心理建构过程。我们倡导评价是一种民主协商、主体参与的过程，而非评价者对被评价者的控制过程，学生（被评价者）也是评价的参与者、评价的主体。它改变以往教师作为"唯一"评价者的身份，通过教师与学生之间的协商对话来对课程实施后效果进行评价，学生作为教育的主体，他们的评价"声音"是真实、客观、有价值的。

故事作文评价量表

评价项目	内　　容	自评	互评	教师评	协商评价
故事的构思	有故事的六要素，能体现故事的完整性。	☆☆☆☆	☆☆☆☆	☆☆☆☆	
	内容连贯、详略得当。	☆☆☆☆	☆☆☆☆	☆☆☆☆	
	对人物有适当的语言心理动作描写。	☆☆☆☆	☆☆☆☆	☆☆☆☆	
	中心明确。	☆☆☆☆	☆☆☆☆	☆☆☆☆	
框架结构	语句通顺，标点使用正确。	☆☆☆☆	☆☆☆☆	☆☆☆☆	
	段落间过渡流畅，符合逻辑。	☆☆☆☆	☆☆☆☆	☆☆☆☆	
书写	错别字少。	☆☆☆☆	☆☆☆☆	☆☆☆☆	
	书写工整。	☆☆☆☆	☆☆☆☆	☆☆☆☆	
一句话点评					

（王佳莉老师提供）

（三）情境性评价

"磁性课程"是发端于生活世界又依附于生活世界的新型课程理念，其实施效果很难通过考试等书面形式完整地反映出来。情境性评价是指设计与学生学习、生活相关的活动场景，使其在较为自然的状态下表达自己的内心世界、思想状况和学习收获，从而对学生进行评价。

在课程评价中,教师创设一定的情境,提供给学生真实的任务,以全面、真实、深入地再现评价对象发展的特点,使其主动参与评价,而不是消极适应,最终促进每位学生都能在已有知识的基础上获得积极的学习经历和丰富的情感体验。如在我校迎世博倒计时400天主题活动中,我们把各个国家的风土人情、自然风貌用环保的废旧材料制作展示出来,让学生通过讲解、舞蹈、表演等形式再现各国家的民族特色,激发学生的学习兴趣,在过程中学习评价。

"漫步地球村,共游世博会"学生观博实践手册(之一)

	埃及馆 主题:开罗,世界之母	
	我了解	我发现
场馆	● 埃及是历史悠久的文明古国,位于非洲东北部,它的首都是_____。(亚历山大、开罗) ● 世界最长的河流_____(尼罗河、黄河)从南到北贯穿埃及,被称为埃及的"生命之河"。	● 埃及馆的展馆位置在_____片区。 ● 埃及馆的国家馆日是_____。 ● 埃及馆的外观以_____两色为主色调,现代感十足。馆内展示空间以_____式(开放、封闭)的半圆形隔开。
文化	埃及文化你了解多少? ● 埃及是四大文明古国,是人类文明的发祥地之一。( ) ● 古埃及千年不腐的"木乃伊"闻名于世。( ) ● 埃及有神秘的大金字塔。( )	● 埃及馆内以丰富的实物展品、_____、_____等(图片、影片、书籍)呈现埃及悠久的历史和璀璨的文明。 ● _____(三国、法老)时代的古董珍品,配以精彩的幻灯片、纪录片和音乐等,展示几千年来埃及城市居民生活的方方面面,体现了_____(中国、开罗)及其城市的发展。
美食	● 埃及人口味偏重,喜欢浓郁、软滑、焦香、麻辣味道的,他们不吃_____(猪肉、牛肉)类食品。	● 蚕豆是埃及的"国菜",是人们食用最多的食品之一。( ) ● 烤全羊是埃及和阿拉伯国家的一道大菜。( )
喜爱指数:👍👍👍👍👍		
学习方式:实地考察( ) 资料查询( ) 　　　　调查访问( ) 其他( )		盖　章　处

（四）汇报性评价

由学生通过展示、汇报、竞赛、展览等形式来表达自己在课程中的感受和收获，可以把文字、图片、照片用 ppt 形式展现，也可以是调查小报告、观察日记和小论文等。如学校探究型课程在做评价时，采用了参与该课程学习的学生集体汇报的形式。学生们商讨汇报的形式，分工合作，将在该探究活动的过程、结果用不同的形式展现出来，接受大家的考评，在展示中评价自我，评价他人。

瑞二小学探究型课程版面展示评价量表

项目	描　　述	获得的评估				
		学生代表	教师代表	家长代表	社区代表	小计
主题	初次见到版面时，能清楚知道它的主题是什么。					
主要思想	版面恰当地阐述了与主题相适应的思想。					
细节	细节恰当而正确，对主要思想和主题起支持作用。					
目的	很好地达到了版面展示汇报的目的。					
图片	所有图片和说明文字都增加了版面的效果和趣味性。					
书法与语法	没有语法和书写错误。					
设计	版面的组织、设计、排版、色彩搭配，以及空间分配都增加了版面的趣味性，并有效地传达了信息。					
创造性	版面是新颖且有创造性的。					
布局	整个版面是整洁美观的，有学生的原创元素。					
总体						

三、把"鲜活"、"快乐"作为评价标准

"鲜活"、"快乐"是"磁性课程"实施成效评价的标准，从学生的角度看，主要包括以下几个方面：

参与创造的水平。"磁性课程"的内容鲜活,这也决定了在课程评价标准的制定上,课程内容是否具有多元的背景,是否有机地将在地文化资源融合在一起是我们评判的标准之一。

实施的质量水平。拓宽评价的维度,实行全程评价,从而有效地调控学生的学习和教师的教学。因此在评价中注重平时的了解、考查,包括问卷调查、访谈记录、课堂、家庭作业,还有课堂学习中的参与情况及参与状态、参与广度、参与时间、参与品质等。

学生接受反应水平。学校和教师不仅要评价学生对知识与技能的掌握情况,还要对过程与方法,情感、态度与价值观方面进行评价。同时,还要注重对学生搜集和处理信息的能力、获取新知的能力、批判性思考的能力以及学习兴趣、学习态度、心理品质、动手操作、合作交流等的评价。

《食品包装纸上的信息》探究课评价量表

指标体系	评定等级				得分			
	A	B	C	D	生评	互评	师评	小计
学习表现	对《食品包装纸上的信息》这门课程很感兴趣,能积极主动投入并参与其中,起到一定的带头作用。	对《食品包装纸上的信息》这门课程较有兴趣,能主动投入。并能参与到活动中,愿意和组内成员合作交流。	对《食品包装纸上的信息》这门课程兴趣一般,基本能参与但不积极。在组员的帮助下能基本完成任务。	对《食品包装纸上的信息》这门课程毫无兴趣,不能参到探究活动中。缺乏合作和沟通能力。毫无探究的意识。				

续　表

指标体系	评定等级				得分			
	A	B	C	D	生评	互评	师评	小计
信息收集	能积极地从各种渠道收集各类包装纸供组内同学共同探究。	能积极地收集各类包装纸与组内同学合作探究。	能收集一些包装纸但与组内同学合作分享的意识不够。	从来不带任何包装纸,总是向其他同学借。				
学习能力	善于思考,勇于探究,并有很强的表现欲,乐于将自己的观点表达出来和大家一起探究。	能积极回答老师的问题与组内成员也有一定的探究、合作的意识。	能主动回答老师的问题,也能参与探究与合作但不敢积极。	不愿主动回答老师的问题,缺乏探究与合作精神,学习能力较差。				
实践能力	根据所学的知识,能掌握包装上的主要信息,并运用到实践中,同时对讨论的内容能提出质疑。	能将所学知识运用到实践中,知道在超市中购物的诀窍,并能与同学共享。	能将所学知识运用到实践中,知道在超市中购物的诀窍。	知道相关知识,但还无法熟练运用。				

注:评价结果分四个等级:A 为优秀、B 为良好、C 为达标、D 为需努力。

（王可舟老师提供）

四、关键是"达成度、满意度和后劲度"

结合"磁性课程"实施成效评价的标准,整体而言,"磁性课程"实施成效的评价关注的是课程目标的"达成度"、学生的"满意度"以及课程促进学生发展的"后劲度"(如学生的发展情况、后续探究性问题的形成与发展、其他方面对课程实施效果的评价等)。

课程目标是课程实施的指导思想和蓝图,考察课程实施的成效,首先要关注目标的达成度。课程目标的达成度,即依据预先设定的课程标准和课程目标,结合课程实施的实际情况,了解二者之间存在的差距。目标达成度的评价在于是否达到了课程大纲所设定的课程教学目标。

学生满意度的评价即学生对"磁性课程"实施的感受程度,是积极还是消极,是正面还是负面,或者各占多少比例。后续探究性问题的形成与发展的评价,即学生在学习过程中,是否积极参与探究、是否完成探究性作业、是否形成后续的探究性课题等。其他方面主体对课程实施效果的评价主要包括家长的评价和同行教师对课程本身及其课程实施效果的评价,即这些主体对"磁性课程"实施成效的看法和满意度。

学生发展的后劲度,即通过"磁性课程"的实施,学生所获得的成长,包括知识、技能、情感等方面。学生发展情况的评价除了考查学生的学业成绩外,更多地应采用形成性的评价方法,即学生在"磁性课程"的开发与实施中,学习观念的转变、学习行为的改善、学习情感的加强等。

"磁性课程"实施成效的评价标准具体见下表:

"磁性课程"实施成效的评价标准表

指标体系	评定标准及其得分			
	4分	3分	2分	1分
本门课程目标的实现程度	完全达到了课程大纲所设定的课程教学目标,部分方面甚至超过了预设目标。	基本达到了课程设计的目标,部分目标根据实际情况有所调整,目标的总体达成质量较高。	多数课程目标已经实现,部分目标未能达到,或者教学目标达成的质量不高。	勉强完成计划的教学任务,实施效果与原来的计划目标差异较大。
后续探究性问题的形成与发展	大多数学生在本门课程提出了探究性的问题、完成了探究性作业,一定数量的课题进入后续研究性学习中。	较多的学生提出了探究性问题、完成了探究性作业,但只有很少形成后续研究性学习的课题。	部分学生提出探究性问题、完成了探究性作业,基本没有形成后续的研究性课题。	个别学生提出了探究性问题、完成了探究性作业,没有形成后续的研究性学习课题。
学生的满意度	学生调查问卷表明,85%以上的学生对本课程非常满意和比较满意。	学生调查问卷表明,70%以上的学生对本课程非常满意和比较满意,非常不满意的比例不高于5%。	学生调查问卷表明,50%以上学生对本课程非常满意和比较满意,非常不满意比例不超过10%。	学生调查问卷表明,学生对本课程非常满意和比较满意的比例低于50%,或非常不满意的高于10%。

续　表

指标体系	评定标准及其得分			
	4分	3分	2分	1分
教务管理部门了解的学生和家长的反映	对该课程的总体评价很高。	对该课程的总体评价较好。	对该课程的总体评价一般。	对该课程的总体评价较差。
同行教师对课程本身及其课程实施效果的看法	对该课程的总体评价很高。	对该课程的总体评价较好。	对该课程的总体评价一般。	对该课程的总体评价较差。

"磁性课程"开发的过程性，决定了课程评价的过程性。"磁性课程"的评价着眼于学生的个性与能力的发展和提高，注重从指导思想、师生参与程度、创造性的发挥、学校办学育人的特色等方面，对学生发展、教师发展和校本课程本身的质量进行评价。评价过程本身及评价之后的反馈，可以使我们以清醒的头脑和不断上进的心态，完善师生发展、学校发展和课程体系的有效运行机制。

第一，建立有效的促进学生自主成长的评价制度。根据我校学生现状，在不改变社会主导的考试等终结性评估手段的同时，要更好地利用好《上海市学生成长指导手册》。不只是对学生学习成绩及表现作测定，而更重要的是在评估之后对学生提出改进的建议，不只是重视学生的外显行为，还要评估学生学习兴趣以及在学习中的投入程度，实现形成性评估与终结性评估的统一。

第二，建立起促进教师专业发展的评价体系。我校实施《教师个人发展规划表》，为每位教师提供了规划个人发展的平台，并为日后反思提供蓝本，也为形成性的过程评价提供基础。通过阶段性规划反馈，形成一个连续的周期性的评价，促进教师在新的课程理念的引导下，自觉地对自己的教学行为与教学信息作反思，以改善自己的教学技能。

第三，建立起促进学校课程良性发展的评价机制。学校课程不是一成不变的。每年在课程改革等领导小组的组织下，学校要对课程本身作系统评估。这个评估不仅仅考虑实施成效，而更重要的是对日后的课程计划作修正，从而更周密、更仔细、更有效地考虑课程目标的设置,课程内容的组织以及学校资源的调拨,进而保证学校课程的承继性、序列性,并在实践中不断革新、不断完善。

每个学校都是一个独特的个体,因此,磁性课程开发的内在本质必然是追求学校发展的个性化和特色。课程评价作为贯穿学校课程开发始终的一个重要组成部分,既是保证课程开发质量的前提条件,也是一个充分体现学校、教师首创精神的过程,也是要求学校、教师增加自我责任意识和面对新课程改革增强自身适应性的过程。我校将基于自己的课程实践,创造性地开展课程的评价,让每一位教师在评价中获得发展,让每一位学生在评价中感受成功,让每一门"磁性课程"在评价中得到提升。

后记

静静地思索着，细细地品味着。

上海市黄浦区瑞金二路小学走过了八十余年的历史，一直在探寻着自己的发展道路。2007 年，学校开展了第一轮区级重点课题研究——《"磁性课程"的设计与开发研究》，初步开发了一些具有我校特色的"磁性课程"，并在区域范围内具有一定的社会影响力，与此同时也初步确定了我校"磁性教育"的办学理念。2010 年，为了进一步深化"磁性教育"办学理念，让更多的"磁性课程"在我校破土而出，我校的《小学特色课程的整体设计与精细实施研究》课题研究应运而生，并被立项为上海市教育科学规划课题。

此项课题研究对我校来说，是天赐良机，也是巨大挑战。我们带着喜忧交加的心情开展着这项课题研究。喜的是，我们可以借助于课题研究使我校的"磁性教育"办学理念更加清晰化、明了化，让更多的教师、学生、家长甚至社会人士了解我校的办学特色。忧的是，这是一条我们从未走过的路，沿途中可能处处充满着荆棘，我们可能会绕不少的弯路，也时常会惶恐，常常会退缩。但是在王校长的带领下，我们怀着一颗坚忍不拔的心，从课题的开题步步走来，直到课题的结题。

《磁性课程：当文化与儿童相遇》一书是我校《小学特色课程的整体设计与精细实施研究》课题研究成果的汇编，也是我校该项课题研究参与上海市教育科学研究项目的重要研究成果，同时也是我校课题研究成果正式出版的处女作。正是怀着"初生牛犊不怕虎"的精神，参与该书撰写的教师团队才将无尽的汗水化作一个个动人的字符。全书共有七个章节，每位教师在王校长的悉心带领下，积极完成书中章节的撰写。具体撰写者如下：第一章由张林玲执笔；第二章由王平、刘冬梅执笔；第三章由陶怡执笔；第四章由曾慧芳执笔；第五章由施文娟执笔；第六章由王平执笔；第七章由丁红执笔。书中的每一个字词及标点符号都倾注了教师们的大量心血。

我校课题《小学特色课程的整体设计与精细实施研究》并不是闭门造书，而是在众多市、区领导与专家的关怀下，以及在向兄弟学校的经验学习中并在不断地实践中顺利完成的。因而可以说，课题研究还使我们学会了感恩。感谢上海市教育科学研究院杨四耕老师，是您总是在我们课题研究感到无助与困惑时给我们指点迷津，让我们拨开云雾见青天，当我们撰写书稿感到惆怅时，您的一言总能点醒梦中人；感谢黄浦区教师进修学院科研室的张音和陈玉华老师给我们的课题研究提出了一些宝贵的意见与建议；感谢市、区的众多领导与专家对本课题研究的大力支持与帮助；感谢我校所有的教师们，是你们平日里的辛勤付出，才获得学校今日的"成就"；感谢我校所有的孩子们，你们才是该书的活水源头，是我们今后前进的不竭动力。

《磁性课程：当文化与儿童相遇》一书中留下了我校探寻《小学特色课程的整体设计与精细实施研究》的具体脚印，它不只是记录了我们对"磁性教育"、"磁性课程"、"磁性课堂"、"磁性管理"、"磁性评价"等一系列"磁性"名词的理解，不单单让我们悲喜交加，还交织着我们的心血，播撒着我们殷切的希望！《磁性课程：当文化与儿童相遇》一书的出版只是形式上课题的终结，并不意味着我校"磁性教育"探寻之路走到了尽头。我们衷心地希望，今后能以一种新的心境、新的思绪、新的感受继续自己未走完的路途，为"办富有磁性的学校、成为学生喜爱的教师"而孜孜不倦地追求。

上海市黄浦区瑞金二路小学

2012 年 12 月

图书在版编目(CIP)数据

磁性课程:当文化与儿童相遇/王平主编. —上海:华东师范大学出版社,2012.9
(变革的课程领导丛书)
ISBN 978 - 7 - 5617 - 9980 - 2

Ⅰ.①磁… Ⅱ.①王… Ⅲ.①德育—教学研究—小学
Ⅳ.①G621

中国版本图书馆 CIP 数据核字(2012)第 236488 号

变革的课程领导丛书

磁性课程:当文化与儿童相遇

丛书主编 杨四耕
主　　编 王　平
策划编辑 刘　佳
项目编辑 孙　娟
责任校对 邱红穗
装帧设计 卢晓红

出版发行　华东师范大学出版社
社　　址　上海市中山北路 3663 号　邮编 200062
网　　址　www.ecnupress.com.cn
电　　话　021 - 60821666　行政传真 021 - 62572105
客服电话　021 - 62865537　门市(邮购)电话 021 - 62869887
地　　址　上海市中山北路 3663 号华东师范大学校内先锋路口
网　　店　http://hdsdcbs.tmall.com

印 刷 者　上海商务联西印刷有限公司
开　　本　787×1092　16 开
印　　张　14.75
字　　数　253 千字
版　　次　2013 年 1 月第 1 版
印　　次　2016 年 1 月第 2 次
印　　数　5101—6200
书　　号　ISBN 978 - 7 - 5617 - 9980 - 2/G·5941
定　　价　29.00 元

出版人　王　焰